U0045069

第**2**版

進出口通關自動化實務

學科篇

Customs Procedure and
Automation Process

林清和　著

推薦序

感謝全台各大專院校多年支持採用本教科書作為貨物進出口通關之教學指定用書，並參與高雄市報關商業同業公會所舉辦之「海空運報關專業人才認證」。

該認證自 2005 年推動至今已連續獲得 2007 年及 2011 年兩屆教育部民間證照採認通過，是坊間唯一同時具有產業及學界認同及高度肯定的專業證照。今年度 2019 起本書已重新調整為學術科均注入「關務署關港貿單一窗口」之新法規與實務內容，並將術科進出口通關資訊系統操作說明內容改為雲端線上下載，以因應關務署的新系統規範及邏輯檢查。

依據世界銀行（World Bank）每兩年所公布之全球最新物流績效指標（LPI）評比中，臺灣在 2018 的 LPI 評比為第 28 名，「通關流程效率」為六大項評量的首要指標，其他五項分別為『貿易運輸基礎設施、國際運輸，物流服務、貨況追蹤，運送即時性』等。可見各國均對進出口貨物通關效率極為重視。臺灣為海島型國家，每年進出口貿易總額達 5,000 多億美元，是全球前 20 大貿易國，臺灣桃園機場是全球第 10 大航空貨運機場，高雄港是全球第 15 大海運貨櫃港，進出口貨物通關效率更是攸關成品與半成品在全球供應鏈及國際物流貨物達交率的重要 KPI 績效指標，隨著企業全球化的佈局，政府與民間都應共同為產業打造商流、物流、金流到資訊流各構面的競爭力基盤，而財政部關務署通關自動化、經濟部國貿局貿易便捷化及交通部航港局單一窗口均是頗具成效的項目之一，尤其是全新關港貿單一窗口，以 XML 訊息全面取代過去海空運之 EDI 訊息，順應新趨勢潮流。此外，關務署持續推動中的 AEO 優質企業供應鏈安全認證，均是將貨物通關作業視為主要關鍵核心能力。臺灣學校教育提前投入進出口通關作業教學是最有意義的人才培訓，更能提升學生畢業後的就業力。

本書學科作者為具備海關實物及教學經驗豐富的關稅總局林清和前局長，再搭配宇柏資訊之空海運通關資訊系統實作篇，融合理論與系統操作的結合。因此建議前者學科教學為 36 小時，後者術科為 12 小時，兩者合計授課 48 小時，並於期末報名參加「海空運報關專業人才認證」考試，通過者除可獲得公會頒發證書，讓專業證照成為學生的第二張畢業證書。

秦玉玲

宇柏資訊 / 董事總經理

臺灣國際物流暨供應鏈協會理事長

2019 年 6 月

林序

　　整合財政部「海關通關系統」、交通部「航港單一窗口服務平台」、經濟部「便捷貿 e 網」三大經貿資訊系統，達成資料之共享共用，而建置之「關港貿單一窗口」制度，自 2013 年 8 月 19 日起我國海關已由出口貨物通關率先實施，並於 2015 年全面實施。以簡化進、出口作業流程，加速通關作業時效，節省業者重複鍵輸資料之營運成本，建立與國際接軌之國家級經貿單一窗口，俾未來與他國海關、航港或貿易簽審機關進行資料交換提供商民便捷、安全、優質之整合性進出口服務，逐步達成「一次申辦，全程服務」之一站式服務目標。

　　為讓修習關務作業之在校學生、參加關務與專責報關人員考試人士及從事進出口貿易的相關業者，對海關最新關務資訊有所瞭解，個人爰參酌財政部關務署公布之「預報貨物通關報關手冊」及近年來我國海關因應關港貿單一窗口計畫，對關務法規與通關作業所作修正，再訂正本書內容。

　　本書共分八章，第一章為關務組織與職掌、報關業、通關自動化等概念之介紹。第二章至第五章分別說明進口、出口、轉運及保稅貨物之通關作業細節與表單之填報方法。第六章為國際郵包、貨物樣品、快遞貨物、瀕臨絕種野生動植物、戰略性高科技貨品、展覽物品、復運進出口貨物、使用暫准通關證貨物等之通關作業簡介，第七章介紹海運、空運運輸工具進出國境之通關作業要點。第八章敘述入出境旅客行李之通關規定。每章末並檢附習題供讀者習作，以便深入瞭解各章內容之重點，並將通關作業之主要法規關稅法及貨物通關自動化實施辦法條文列於書末供讀者們參閱。

　　我國關務法規及通關作業之簡化、修訂工作仍持續進行，尤其是近兩年來在進出口貨物、轉運貨物、保稅貨物、快遞貨物及運輸工具通關作業上皆大幅度修正，本版已配合修改，如有疏漏，仍請各界先進不吝指正。

林清和

2021 年 7 月　謹識

目錄
CONTENTS

運輸工具之通關

Chapter 07

旅客行李之通關作業

Chapter 08

通關主要法規

附錄

參考文獻

1

概述

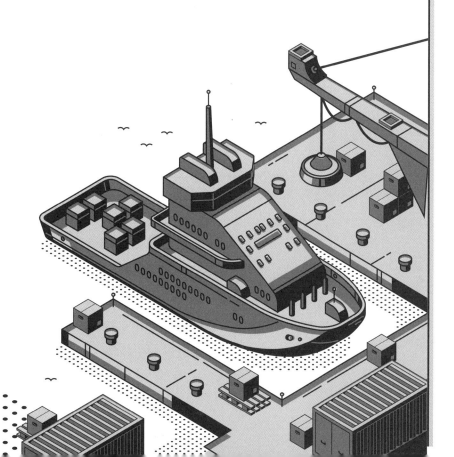

通關（Clearance）是指貨物、運輸工具、旅客、郵包，完成進口、出口或轉換另一關務程序所需的海關手續。

臺灣係海島型國家，在經濟方面，依賴對外貿易之程度甚深，而進、出口通關作業在整個國際貿易過程中是十分重要的環節，海關即為此一重要環節的執行者。在進行通關作業手續說明前，本章先就海關、報關業、通關自動化等項相關概念作介紹。

1-1 海關

海關（Customs）即一般人所稱的稅關，係隸屬財政部之關務執行機關，負責關稅稽徵、查緝走私、保稅、退稅、貿易統計等業務。

1-1-1 海關之組織系統

我國分設基隆、臺北、臺中、高雄四海關。各海關設有分關、業務組、稽查組、法務緝案組、機動稽核組、儀檢組等業務單位；秘書室、人事室、政風室、主計室、資訊室等行政單位。

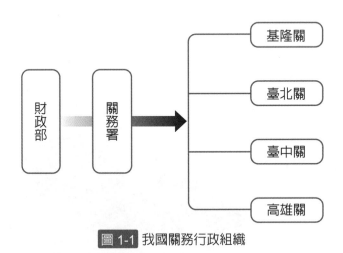

圖 1-1 我國關務行政組織

財政部 → 關務署 →
- 基隆關
- 臺北關
- 臺中關
- 高雄關

至於各地區海關之轄區及稅收概況如下述：

基隆海關轄區包括基隆、臺北、蘇澳、花蓮等 4 個港口。因皆係海港，故該關以海運貨物之通關為主要業務。基隆海關全年之關稅收入約佔全國關稅總收入 51 %，為 4 個地區海關之冠，主要是因為自基隆港進口貨物，大都屬稅率較高的消費品之故。

　　臺北海關主要業務爲辦理桃園中正國際機場空運旅客、貨物，與進出新竹科學園區貨物之通關，以及新竹、花蓮以北保稅工廠之管理。該關辦理之通關作業以空運爲主，關稅收入約佔全國關稅總收入百分之 17%。

　　臺中海關轄區包括臺中港、臺中科學園區、臺中科技產業園區、麥寮工業港，並監管苗栗縣以南、雲林縣以北地區保稅工廠。該關辦理之通關作業以海運爲主，關稅收入約佔全國關稅總收入 17%。

　　高雄海關轄區包括高雄港、高雄國際機場，及嘉義、臺南、高雄、屏東、臺東、金門、澎湖等縣市地區，轄區遼闊。業務包括海運、空運、旅客入出境、查緝、保稅、科技產業園區、郵包等項，是業務項目最齊全的關區。高雄港之貨物吞吐量約佔全國總吞吐量三分之二，但因進口貨物大多爲低稅率或免稅之工業原料、機器設備與大宗物資，故高雄海關業務量雖大，但關稅收入約僅佔全國關稅總收入 15%。

圖 1-2　我國各地區海關轄區分佈

1-1-2　海關之主要業務

　　海關辦理之主要業務包括下列 5 項：

一、稽徵關稅（Revenue Collection）

　　海關依據關稅法及海關進口稅則等法規，對進入國境貨物（含一般進口貨物、超過

海關規定限額之入境旅客行李及由國外寄遞進口之郵包）課徵關稅。

出口貨物免徵關稅，惟應代徵推廣貿易服務費。

二、查緝走私（Anti-smuggling Operations）

走私會影響國家稅收，破壞國內經濟與繁榮，如私梟私運武器或毒品，將危及國家安全與社會安寧。因此海關配置有巡邏車、巡緝艇、X 光檢查儀器等裝備以查緝走私。

海關緝私之範圍，包括中華民國通商口岸，及依海關緝私條例或其他法律得為查緝之區域或場所。凡有規避檢查、偷漏關稅或逃避管制，未經向海關申報而運輸貨物進出國境，或雖經申報但仍有虛報不實而致逃漏稅捐或違反其他法令規定之走私活動，均為海關查緝之對象。

三、保稅、退稅（Bonding，Duty Drawback）

保稅制度是對進入科學園區、科技產業園區、保稅工廠、保稅倉庫等保稅區的進口原料、物料、半成品等，海關准予先在帳上登載數量；待其加工製成成品外銷後，按外銷數量折算成原、物料、半成品等實際應用數量予以銷帳。進儲保稅倉庫的貨物亦准僅在帳上登載數量，如進儲貨物在存儲期限內退運出口，僅需按實際出倉數量辦理銷帳；如係提領出倉內銷時，始需向海關申報進口、繳納關稅。

退稅制度是准許外銷品之進口原料稅自該項原料進口放行之翌日起、國產原料之貨物稅自該項原料出廠之翌日起一年六個月內，檢附有關出口文件，申請退還已繳稅款之措施。

保稅與退稅制度是政府為鼓勵廠商拓展外銷的一種優惠措施。

四、貿易統計（Trade Statistics）

海關依據進出口報單檔案的資料，按月編製「中華民國進出口貿易統計月報」，並製成貿易統計磁帶及縮影軟片，定期或不定期提供各有關單位作為釐訂財經政策及研究分析的參考，或供民間廠商作為營運計劃之參考資料。

五、代辦業務（Entrusted Functions）

海關接受其他機關委託辦理代徵稅費（推廣貿易服務費、營業稅、貨物稅、菸酒稅等）、代執行新臺幣、外幣及貿易管理（查核入出境旅客攜帶之外幣、新臺幣數量，及對限制輸出入貨品，驗憑輸出、輸入許可證放行等）、代執行其他輸入或輸出管理規定（查對與核銷商品檢驗合格證及檢疫證等）等多項業務。

1-2 報關業

進口貨物應自裝載之運輸工具抵達我國通商口岸後，依海關所規定方式辦理各項手續，謂之報關。報關手續除由進、出口廠商自行申辦外，亦可委由報關業者依海關所訂報關程序辦理。所謂「報關業者」（Customs Brokers），係指經營受託辦理進、出口貨物報關納稅等業務之營利事業。

為防少數報關業者藉機牟利，甚至勾結貨主從事私運管制物品進出口情事發生，海關訂有「報關業設置管理辦法」加以規範。「報關業設置管理辦法」之主要內容如後。

1-2-1　辦理自行報關廠商之登記

進、出口廠商，得檢附申請書、工廠登記證、向經營通關網路之事業取得連線契約證明等文件，向海關申請登記為自行報關廠商。

海關經審查申請者確係經有關機關登記之廠商，即核准登記。惟不發給營業執照登記證，但得申請借用候單箱號，並限報運廠商本身之進出口貨物。

1-2-2　報關業之設置

一、申請文件

設置報關業應檢具下列文件向所在地海關或其分支關申請核發報關業務證照：

1. 申請書：應載明報關業之名稱、統一編號、地址、資本額、組織種類、負責人及其授權掌理報關業務之經理人之姓名、出生年月日、地址、職業、身分證統一編號，並檢附其他相關文件。

2. 報關業之組織為合夥者，應檢附合夥人名冊；為公司者，除股份有限公司檢具董事及監察人名冊外，應檢附公司股東名冊。

3. 專責報關人員名冊、考試及格或資格測驗合格證書。

4. 所在地報關商業同業公會之會員證。報關業所屬之縣（市）如無報關商業同業公會者，得檢具加入所在地海關所屬之其他縣（市）報關商業同業公會之贊助會員證。

二、審查項目

　　㈠資本額

　　　　申請設置報關業，資本額應在新臺幣應 500 萬元以上（於離島地區設置、經營之報關業，應在新臺幣 100 萬元以上），其員工應有 1 人以上具有專責報關人員之資格。

　　㈡實務經驗

　　　　報關業負責人或其授權掌理報關業務之經理人應具有 3 年以上報關實務經驗。

　　㈢電腦連線設備

　　　　報關業應設置電腦及相關連線設備處理報關業務。但情形特殊之地區，經海關核准者不在此限。

三、不准設置之規定

　　報關業者負責人或其授權掌理報關業務之經理人有下列情事之一者，如申請設置報關業，應不予許可，已許可設置者，不予發給報關業務證照，已發給者，應限其於 10 日內變更之，逾期未變更者，廢止其報關業務證照。

　　1. 受破產之宣告尚未復權。

　　2. 逃漏稅捐受有處分尚未結案。

　　3. 曾觸犯關務法規，情節重大，不宜受託辦理報關業務。

　　4. 無行為能力或限制行為能力。

　　5. 前所負責或掌理之報關業因違反關務法規規定，經廢止報關業務證照尚未逾 2 年。

　　6. 曾犯偽造文書、詐欺、背信、侵占罪或違反工商管理法令，經宣告有期徒刑 1 年以上之刑確定，尚未執行、尚未執行完畢，或執行完畢、緩刑期滿或赦免後未逾 2 年。

　　7. 有重大喪失債信情事，尚未了結或了結後尚未逾 2 年。

　　8. 曾犯槍砲彈藥刀械管制條例、懲治走私條例、毒品危害防制條例或組織犯罪防制條例規定之罪，經有罪判決確定，尚未執行、尚未執行完畢，或執行完畢、緩刑期滿或赦免後未逾 5 年。

四、營業處所之限制

　　㈠同一關區報關

　　　　報關業在同一關區內之營業，應憑當地海關或其分關所核發之報關業務證照辦理登記並指定接洽公務之報關人員。

　　　　經核准設置之報關業，其營業處所，在每一縣市內以一處為限。但得視需要報經海關核准後增設。每一營業處所均應指定接洽公務之報關人員。於離島地區設置之報關業，合於臺灣本島地區設置條件並經海關核准，始得在臺灣本島地區設置營業處所經營報關業務。

　　　　經核准設置之報關業應向所在地海關或其分關借用候單箱。

　　㈡跨關區報關

　　　　經核准設置之報關業，擬在其他關區營業時，仍應分別依規定向所在地海關或其分關申請核發報關業務證照。但報關業得憑任一海關核發之報關業務證照，向其他海關或其分關申請辦理跨區連線申報並指定接洽公務之報關業。

五、業務證照之核發、校正、補發、廢止

　　設置報關業者，應檢具申請書及海關規定之文件，向所在地海關或其分關申請。

　　經核准設置之報關業，由海關發給報關業務證照，並應每 5 年向海關辦理校正 1 次。校正時應有當地報關商業同業公會之校正簽章或文件。報關業務證照遺失時，應即申請補發。

　　經核准設置之報關業有變更負責人、組織或合夥人、名稱或增減資本額、遷移地址之情事者，應事先以書面報經海關許可後，再向其他有關機關辦理變更登記，並應自完成變更登記之翌日起 30 日內向經管海關辦理變更登記、換發證照。報關業有授權掌理報關業務之經理人變更、負責人或其授權掌理報關業務之經理人死亡之情事者，應自事實發生之翌日起 30 日內以書面向海關報備。

　　報關業者以偽造、變造或其他不實之文件，取得報關業務證照，經查明屬實者，廢止其報關業務證照。報關業經海關廢止其報關業務證照者，自廢止後 2 年內不得以同一名義再行申請設置。

1-2-3　委任之受理

　　報關業須受進出口人之委任方得辦理報關並應具有委任書。如受固定進出口人委任經常辦理報關者，應於報單或轉運申請書等單證上申報其受委任之海關登錄號碼，以備查核。並依下列規定辦理通關事宜：

一、報關單證之填列

　　報關業者受委任辦理報關，應切實遵照關稅法、關稅法施行細則、出口貨物報關驗放辦法及其他關務法規之規定，詳填各項單證書據及辦理一切通關事宜。

二、報關文件或電腦檔案之保管

　　依貨物查驗或文件審核通關方式處理之貨物，報關業向海關遞送進出口報單後應自行保留報單副本或其電腦檔案，並依關稅法規定之期限妥為保管，於保管期間，海關得隨時查核或調閱。

　　依免審免驗通關方式處理之貨物，或依貨物查驗或文件審核通關方式處理之貨物放行前，海關未透過電腦連線或電子資料傳輸方式通知報關業補送備供查核之有關文件，而逕予通知繳稅、放行者，其書面報單及其他有關文件或其電腦檔案，由報關業依下列規定之期限妥為保管，海關於必要時得要求其補送或前往查核（非以電腦連線或電子資料傳輸方式辦理通關之報單應蓋報關業印章及負責人或授權掌理報關業務之經理人印章）：

　　1. 受託辦理進出口貨物連線申報所依據之報關有關文件：自貨物放行之翌日起 1 年。

　　2. 書面報單及自有報關文件或其電腦檔案：依關稅法規定之期限。

三、驗貨作業之配合

　　報關業者於海關關員查驗貨物時，應備足夠員工或臨時性勞工負責辦理應驗貨物之搬移、拆包或開箱及恢復原狀等事項。

1-2-4　專責報關人員之管理

　　報關業員工應有 1 人以上具有專責報關人員之資格。專責報關人員須經專門職業及技術人員考試專責報關人員考試及格。但曾經海關所舉辦之專責報關人員資格測驗合格，領有合格證書者，得繼續執業。

　　專責報關人員執行業務，應由其服務之報關業檢具專責報關人員考試及格證書或資格測驗合格證書，向所在地海關辦理登記申請核發報關證。申請書應載明專責報關人員姓名、性別、出生年月日、身分證統一編號及住址；專責報關人員考試及格或資格測驗合格證書字號；服務之報關業名稱及地址；遵守本辦法規定之承諾；無「報關業設置管理辦法」第 8 條各款規定情事之聲明等事項。

專責報關人員之職責及執業之限制如下：

一、審核簽證職責

專責報關人員辦理之審核簽證業務包括：

1. 審核所屬報關業者受委託報運進出口貨物向海關遞送之有關文件。

2. 審核並簽證所屬報關業者所填報之進出口報單。

3. 審核所屬報關業者向海關提出之各項申請文件。

4. 負責向海關提供經其簽證之報單與文件之有關資料。

專責報關人員辦理上述簽證業務，應遵照關務法規之規定，切實審核報單及其有關文件並連線申報。申報時，其電腦申報資料與報關有關文件之內容必須一致。辦理審核及簽證業務時，均應於有關文件上註明本人姓名及報關證字號並簽章。但其以連線申報者免於進出口報單上簽章。

海關對專責報關人員簽證之報單、經連線申報之電腦申報資料或其他文件有疑義時，得通知專責報關人員到海關說明。專責報關人員經通知參加海關自行舉辦或委託其他機構舉辦之專責報關人員進修講習時，除有正當理由經請假獲准者外，均應參加。

二、執業之限制

㈠不得跨區跨報關業者執行業務

1. 專責報關人員以任職 1 家報關業者且在同一關區執行業務為限，但已辦理登記跨區連線報關業之專責報關人員得跨關區執行業務。

2. 專責報關人員變更服務關區或報關業，應重新向服務所在地海關辦理登記並申請核發報關證。

㈡專責報關人員不得有下列行為：

1. 容許他人假借其名義執行業務或將供連線申報傳輸之通關專屬憑證或憑證密碼借供他人使用。

2. 利用專責報關人員資格作不實簽證。

3. 要求期約或收受不正當酬金。

4. 以不正當之方法招攬業務。

5. 明知所申報之報單內容不實或錯誤而不予更正。

6. 於空白報單預先簽名、蓋章或類似情事。

7. 洩漏客戶所交付之貿易文件內容或工商秘密。

8. 其他違反關務法規情事。

㈢應拒絕簽證事項

專責報關人員遇有下列情事之一者,應拒絕簽證,並向海關報告:

1. 委任人或所屬報關業者意圖使其作不實或不當之簽證者。

2. 委任人或所屬報關業者故意不提供真實或必要之資料者。

3. 其他因委任人或所屬報關業者之隱瞞或欺騙,致無法作正確之審核簽證者。

三、報關證之繳銷

專責報關人員離職時,應由其服務之報關業向所在地海關申報並繳銷其報關證。

1-2-5　報關業之責任

報關業不得有下列行為:

1. 洩漏客戶所交付之貿易文件內容或工商秘密。

2. 與委任人串通舞弊。

3. 對於海關員工與職務有關之行為,行求、期約或交付賄賂或其他不正利益。

4. 向委任人浮收費用,詐取錢財或故意延遲辦理進出口貨物報關納稅及提領等手續。

5. 在其他報關業兼職。但臨時性勞工不在此限。

6. 其他違反關務法規情事。

1-2-6　帳簿及其他資料之查核

報關業應按年設置專簿(得採用電腦登錄並以磁片、磁帶、光碟等方式儲存),逐日將經辦之進出口報單號碼詳予登記。海關得隨時知會報關商業同業公會查核有關帳簿單據或其電腦檔案,報關業應隨時配合海關查核需要,提供書面資料。

1-2-7　獎懲之規定

一、獎勵

對表現優良之報關業者或優良之專責報關人員海關訂有獎勵措施。

㈠優良之報關業者

　　依優質企業認證及管理辦法第 18 條第一項規定取得安全認證優質企業之報關業者、第二點所稱之第一類及第二類報關業者，其承受進、出口廠商之委託申報進、出口貨物時，分別按海關進、出口報單抽驗規定之抽驗比率予以降低，其降低抽驗比率，安全認證優質企業報關業為 51% 至 75%，第一類為 26% 以上至 50%，第二類為 25% 以內。降低抽驗比率之期間為 1 年，自當年 4 月 1 日起至翌年 3 月 31 日止。但依規定必驗者，不得降低抽驗比率。

　　另依「報關業者申請降低貨物抽驗比率作業規定」第二點，為降低貨物抽驗比率，報關業者具備下列條件者，得於每年 2 月底前檢具證明文件，以書面向所在地海關申請報關業者分類：

1. 申請之前一年，設立達 3 年以上。

2. 申請之前一年，年錯單率（錯單數量與申報之報單總數相比）未超過千分之三。

3. 申請之前二年，報關業員工無對關員威脅、利誘或施暴，經依關稅法及報關業設置管理辦法規定處分，並完成送達程序。

4. 申請之前二年，申報之進、出口貨物有違反海關緝私條例規定，其所漏進口稅額、溢沖退稅額或經處分沒入貨物之價值超過新臺幣 50 萬元，經海關依法處分，並完成送達程序，每一年合計未超過 3 次，或雖超過 3 次但未逾全年報單總數量千分之二。

5. 申請之前二年，申報之進、出口貨物有侵犯智慧財產權或違反高科技貨品輸出入管理規定，經主管機關依法處分，每一年合計未超過 3 次。

6. 申請之前二年，報關業者經依關稅法受警告或罰鍰處分，並完成送達程序，每一年合計未超過 6 次。

7. 申請之前二年未受停止報關業務處分。

8. 申請之前一年所僱用之專責報關人員未受停止報關審核簽證業務、廢止執業登記之處分。

9. 申請之前一年所僱用之專責報關人員受警告及罰鍰處分，並完成送達程序，合計未超過 3 次。

10. 申請之前一年，全年報單數量在該關區居前 70%。

11. 申請之前一年，員工人數達 6 人以上。

12. 僱用之專責報關人員按時參加海關所舉辦之講習。

具備上列 12 款條件者爲第一類報關業者，具備上列第 1 款至第 9 款各款及第 10 款至第 12 款中任二款所列條件者爲第二類報關業者。海關於每年 3 月底完成審核，並應以書面將審核結果通知原申請報關業者。

(二)優良之專責報關人員

依「報關業者專責報關人員獎勵作業規定」第二點，報關業者之專責報關人員具備下列條件者，得於每年 3 月檢具證明文件，以書面向所在地海關申請核頒獎狀，以資獎勵：

1. 執行專責報關業務滿 3 年以上，並繼續執業中。

2. 申請之前一年度所簽證之進出口報單（不含轉運申請書）在 500 份以上，且年錯單率（簽證錯單數量與簽證報單總數相比）未超過千分之一。

3. 申請之前一年度未受停止報關審核簽證業務、廢止執業登記處分。

4. 申請之前一年度未受警告或罰鍰處分。

5. 申請之前一年度，其在報關業者之每月薪資不低於勞基法所公布當年最低基本工資。

海關於審核後 10 日內，應以書面將審核結果通知原申請專責報關人員。經依規定獎勵之專責報關人員，各海關應予定期表揚，以激勵其敬業精神。

二、處分

(一)報關業

報關業者違反關稅法第 22 條第三項所定辦法中有關變更登記、證照申請、換發或辦理報關業務之規定者，海關得予以警告並限期改正或處新臺幣 6,000 元以上 3 萬元以下罰鍰；並得按次處罰；處罰 3 次仍未完成改正或違規情節重大者，得停止 6 個月以下之報關業務或廢止報關業務證照。

(二)專責報關人員

專責報關人員違反關稅法第 22 條第三項所定辦法中有關專責報關人員職責之規定者，海關得予以警告並限期改正或處新臺幣 2,000 元以上 5,000 元以下罰鍰；並得按次處罰；處罰 3 次仍未完成改正者，得停止 6 個月以下之報關審核簽證業務或廢止其登記。

1-3 貨物通關自動化

為因應海關業務成長，並加速貨物通關，財政部於 1992 年 9 月發布「貨物通關自動化實施辦法」，各地區海關自 1992、1994 年先後實施空運、海運貨物通關自動化，利用通關網路與通訊設備，以電腦代替人工處理有關貨物通關事宜，並於 2004、2005 年分別受理空運、海運網際網路報關作業。

1-3-1　意義

貨物通關自動化（Cargo Clearance Automation）係指海關與所有相關業者（報關業、承攬業、進出口業、運輸業、倉儲業、貨櫃集散站、個人或其他與通關有關業務之業者或其代理人）及相關單位（主管有關進出口之航港、貿易簽審、檢疫、檢驗、外匯或其他貿易管理等行政機關或受各該行政機關委託行使其職權之機構），透過通關網路與關港貿單一窗口，以電腦連線或電子資料傳輸方式，取代傳統人工遞送文書，及以電腦自動處理替代人工作業，辦理貨物通關手續，以加速貨物通關之便捷措施。

1-3-2　作業模式

凡申報或通知以電腦連線傳輸者，設計「訊息」（Message）供傳輸；凡申報或通知須遞送書面文件者，則設計「表格」（Form）供填報。其以訊息傳送者，使用 XML（Extensible Markup Language；可擴展標示語言）格式為主，提供標記自定之便利性與可讀性，廣泛應用於網際網路之電子資料交換。

1-3-3　到達時間之認定

連線業者之連線申報，以電腦連線方式辦理者，於輸入關港貿單一窗口並經電腦記錄有案時，視為已到達海關；連線核定依通關資料庫記錄核定時點，推定已到達應受通知之人。以電子資料傳輸方式辦理者，在輸入通關網路，經電腦之檔案予以記錄時，視為已到達海關；連線核定於輸入單一窗口之電腦記錄有案時，推定已到達應受通知之人，並適用關稅法規有關規定辦理。

連線申報，其適用關稅法規基準日之認定，與未連線業者發生差異時，得適用最有利於連線業者之基準日。

以電子資料傳輸方式辦理者，其傳輸時間及內容，當事人得向經營通關網路之事業申請證明，經營通關網路之事業不得拒絕。

參與業者透過關港貿單一窗口傳輸之電子文件或所接受之核定通知，得申請傳輸時間與內容之證明文件及其所傳輸之電子文件資料。核定通知之申請應自該電子文件或核定通知於關港貿單一窗口電腦檔案紀錄之翌日起 5 年內為之。

1-3-4 報單通關方式

海關對於連線通關之報單實施電腦審核及抽驗，其通關方式分為下列 3 種：

一、免審免驗通關（C1）：免審書面文件免驗貨物放行

核列為免審免驗通關方式處理之貨物，於完成繳納稅費手續後，海關應以連線核定方式將放行通知傳送報關人及貨棧，報關人憑電腦放行通知及有關單證前往貨棧提領。其報關有關文件，應由報關人依關務法規規定之期限妥為保管；經海關通知補送資料者，報關人應於接到通知後 3 日內補送。

二、文件審核通關（C2）：審核書面文件免驗貨物放行

經核列按文件審核通關方式處理之貨物，報關人應於接獲海關連線核定通知之翌日辦公時間終了前，補送書面報單及其他有關文件以供查核。但經海關公告得傳送文件電子檔之文件，得以連線申報方式取代書面補件。貨物之繳納稅費、放行及提領之作業方式同 C1 通關。其備供查核之文件如採連線申報方式辦理，並經海關電腦核銷、比對相符者，得准免予補送書面文件。

三、貨物查驗通關（C3）：查驗貨物及審核書面文件放行

經核列按貨物查驗通關方式處理之貨物，報關人應於接獲海關連線核定通知之翌日辦公時間終了前，補送書面報單及其他有關文件以供查驗貨物，海關並得通知貨棧配合查驗。但經海關公告得傳送文件電子檔之文件，得以連線申報方式取代書面補件。貨物之繳納稅費、放行及提領之作業方式同 C1 通關。其備供查核之文件如採連線申報方式辦理，並經海關電腦核銷、比對相符者，得准免予補送書面文件。

1-3-5 備援措施

連線通關因電信線路或電腦故障（指關務署主機端硬、軟體故障，或關務署與關區電腦間之數據專線線路故障），致未能開始或繼續進行線上作業者，進口案件達 60 分鐘、出口案件達 30 分鐘時，通關單位得改以書面人工作業方式辦理（通關單位主管亦可

視實際情況彈性處理）。在異常狀況下，關員可憑業者之傳送記錄先予人工處理，事後由業者補送相關存證資料。

1-3-6　電腦檔案保存期限

一、報單檔案

　　通關網路或單一窗口記錄於電腦之報單及其相關檔案應自進出口貨物放行之翌日起保存 5 年，期滿予以銷毀。

二、艙單、出口裝船清表檔案

　　通關網路記錄於電腦之艙單、出口裝船清表檔案，應自進出口貨物放行之翌日起保存 5 年，期滿除另有約定外予以銷毀。

本章習題

一、選擇題

(　　) 1. 原料進口時，僅於帳上登記進口數量，暫免繳納關稅；俟成品出口時，原料數量准予除帳之制度，稱為　(A) 沖稅　(B) 保稅　(C) 退稅　制度。

(　　) 2. 實施通關自動化後報單通關方式分　(A) A1、A2、A3　(B) B1、B2、B3　(C) C1、C2、C3　三類。

(　　) 3. 經海關核准登記自行報關之廠商　(A) 可接受其他廠商委託代辦報關手續　(B) 僅可申報本身貨物之進出口通關手續　(C) 以上二者皆可。

二、問答題

1. 海關的主要業務項目是哪些？
2. 報關業辦理之通關作業最主要的項目有哪些？
3. 專責報關人員辦理之審核簽證業務包括哪些項目？
4. 海關對優良報關業者在通關上有哪些優惠措施？
5. 海關實施通關自動化後報單的通關方式分為哪幾種？

三、簡答題

1. 何謂保稅、退稅？
2. 何謂通關自動化？

2

進口貨物之通關

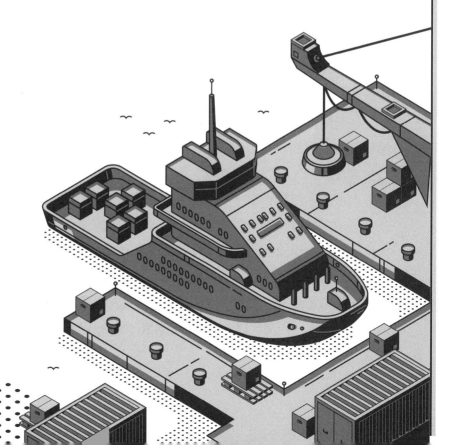

由國外進口貨物，應依關稅法及相關法令規定辦理申報及通關手續。進口貨物通關程序，包括收單、驗貨、分估、徵稅、放行等 5 步驟。

　　進口貨物通關作業是本書內容最多、最重要的部分，本章依照進口貨物通關步驟，分別對進口貨物的通關程序、進口貨物如何辦理報關、進口貨物如何查驗、如何辦理進口貨物的稅則分類、如何核估進口貨物的完稅價格、進口貨物的徵稅規定、進口貨物的放行作業等各個步驟加以介紹，務使同學們對進口貨物通關的全盤作業有所瞭解。

2-1 通關程序

　　由國外輸運貨物進口，應依關稅法及相關法令規定辦理申報及通關手續。

　　進口貨物通關程序，包括收單（Registration of Declaration）、驗貨（Examination of Cargo）、分估（Tariff Classification and Valuation）、徵稅（Duty Collection）、放行（Release of Cargo）等五步驟。電腦連線收單係海關受理報單及必備文件申報之作業；驗貨係海關就報單所申報事項與運輸工具進口時所遞呈之進口艙單及實到貨物查驗、相互核對，並就稅則分類、核估價格所需事項填列之作業；分估係關員審查進口貨物應行歸屬稅則號別、完稅價格及簽審文件，並就稅則稅率，依完稅價格核算應納稅額之作業；徵稅係關員辦理稅費計徵，以及報關人持憑海關填發之稅款繳納證或依海關規定方式繳納應納稅額之作業；放行係報關人完稅後憑海關核發之放行通知單向駐在倉庫之關員核明提領原所申報之進口貨物，完成貨物提領手續之步驟。

　　在通關自動化制度下，連線業者採與海關電腦連線或電子資料傳輸方式，其經海關邏輯檢查通過視為已受理收單。進口報單經完成收單程序後，由海關專家系統核定 C1（免審免驗）、C2（應審免驗）、C3（應審應驗）等通關方式。經核定為 C1 通關方式者，直接進入徵稅作業，於報關人完納稅費後，即予放行提貨；核定為 C2、C3 通關方式者，由電腦自動以訊息通知報關人於次日辦公時間終了前，補送書面報單經報關專責人員簽證後，連同其他有關文件送海關分估單位，由收單人員以有關程式自報單檔調出畫面，經審核比對電腦資料無訛及檢視應備文件或各類書表齊全後，於報單檔註記，並於報單加蓋通關方式（C2 或 C3）章戳後完成收單。其中以 C2 通關方式者，經分估後，進入徵稅、放行作業。以 C3 通關方式者，須先經驗貨作業後，再進入分估、徵稅、放行作業。

進口貨物各通關步驟之內容將分別於本章各節加以說明。至於進口貨物通關流程圖、進口貨物通關各步驟與相關業者及機關配合事項，請參閱下列二圖（資料來源：財政部關務署預報貨物通關報關手冊）。

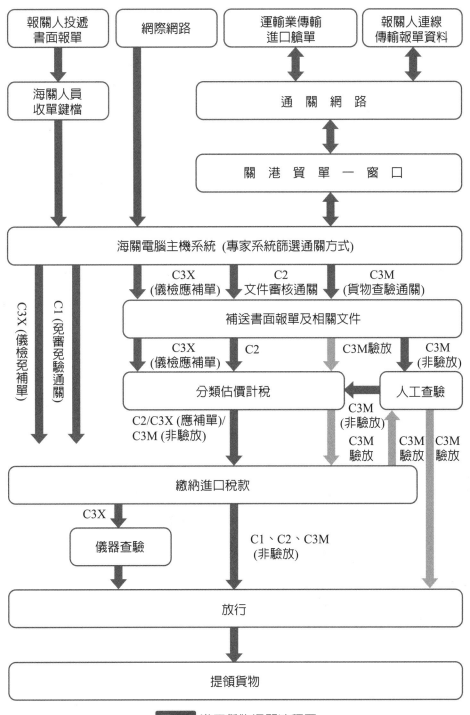

圖 2-1 進口貨物通關流程圖

通關步驟	相關業者及機關	配合事項
	運輸業	1.依規定連線傳輸艙單資料並檢具有關文件向海關申報運輸工具進口 2.申請貨物卸船（機）進儲准單 3.簽發小提單
（通關前）	倉儲業	進倉資料登錄及傳輸
	簽審機關	事先受理核發書面簽審文件
1.收 單	進口廠商	提供發票、裝箱單（原提單）及必備文件
	報關業	1.換領小提單（D/O）（或空運提單） 2.報單XML連線傳輸或不連線報關
C2 C3	簽審機關	簽審文件以下列方式比對核銷： 1.透過便捷貿e網傳輸NX802訊息，憑以辦理通關 2.透過通關網路傳輸簡5701訊息至海關電腦，憑以辦理通關 3.核發書面文件，憑以辦理通關
2. 分估	報關業	配合海關通知補辦事項
C3	倉儲業	1.接收查驗通知 2.配合吊櫃
C1	報關業	會同查驗及開箱
3. 驗貨	銀行	1.銀行駐關收稅處收稅 2.櫃員線上繳納 3.稅款線上扣繳XML連線繳納
4. 徵稅	進口廠商報關業	1.稅款繳現 2.先放後稅額度申請及恢復 3.稅款線上扣繳XML連線繳納
	倉儲業	1.接收海關放行通知 2.簽發貨櫃（物）運送單（兼進出站放行准單）
5.放行提領	進口廠商報關業	1.檢具提單繳納倉租 2.貨物提領出站
	保三總隊	落地追蹤檢查

圖 2-2 進口通關各步驟與相關業者及機關配合事項

2-2 報關

報關一詞，係指報關人投遞或傳輸報單及各種通關文件之作業；就海關而言，則係收受報關人申報之報單及各種通關文件之作業。

進口貨物之申報，應由納稅義務人（收貨人、提貨單持有人或貨物持有人）或受委託之報關業者，自裝載貨物之運輸工具進口之次日起 15 日內，繕具進口報單（Customs Declaration：Import）連線傳輸或以書面遞交海關辦理報關。

其以連線申報者，報關人利用自備之電腦設備，將經專責報關人員審核並簽證後之進口報單資料以有關程式透過通關網路傳送至海關，由海關電腦執行邏輯檢查及核銷進口艙單，檢查通過者報單資料即存進進口報單檔，完成收單作業。若傳送時發生錯誤，電腦會自動回應訊息，通知報關人補正。

未連線申報者，報關人應使用套版紙繕打報單後遞交海關，由海關據以建檔或依海關規定之其他方式（如磁片）輸入後，海關始予收單並徵收鍵輸費。建檔後之作業流程與連線者相同；但海關如有通知或報關人有申請更正事項，一律用人工作業。

報關人亦可使用網際網路報關系統辦理出口貨物之報關。

進口報關時，應填送貨物進口報單，並檢附發票、裝箱單及其他進口必須具備之有關文件。裝箱單及其他依規定必須繳驗之輸入許可證及其他有關文件，得於海關放行前補附。應補附文件如於海關通知之翌日起算 2 個月內未補送者，該進口貨物除涉及違法情事，應依相關規定辦理外，應責令限期辦理退運出口；納稅義務人以書面聲明放棄或未依限辦理退運出口者，依據關稅法第 96 條規定辦理。

2-2-1　進口報單類別、代號及適用範圍

進口報單計 10 類，填報時請依下表之代號及名稱選擇填入報單第 7 欄：

表 2-1 進口報單代碼及適用範圍

代碼	代碼意義	適用範圍
G1	外貨進口	一般廠商、個人自國外輸入貨物（包括本國產不申請關稅優惠者）、樣品、展覽品、行李等。
G2	本地補稅案件	1. 保稅工廠、科技產業園區區內事業、農業科技園區及科學園區園區事業非保稅原料補稅、原料、呆料、次品、樣品、下腳廢料申請補稅、年度盤差補稅、產品經核准內銷等案件或保稅品售與稅捐記帳之外銷加工廠再加工出口者。 2. 關稅法第 55 條規定補稅案件。 3. 打撈品、掃艙貨、緝案標售物品。 4. 其他應補稅案件。
G7	國貨復進口	外銷品售後服務或運回整修或被退貨運回者。
D2	保稅貨出保稅倉進口	1. 保稅倉庫或物流中心之保稅貨物申請出倉進口。 2. 保稅倉庫或物流中心之廢料申請補稅。 3. 物流中心年度盤虧補稅。
D7	保稅倉相互轉儲或運往保稅廠	1. 保稅倉庫、物流中心之保稅貨物申請出倉運往保稅工廠、科技產業園區區內事業、農業科技園區或科學園區園區事業。 2. 保稅倉庫、物流中心之保稅貨物申請轉儲其他保稅倉庫或物流中心。 3. 保稅工廠、科技產業園區區內事業、農業科技園區或科學園區園區事業之貨物進儲保稅倉庫、物流中心後，因故申請退回。 4. 保稅倉庫、物流中心間之保稅貨物相互轉儲，因故申請退回。
D8	外貨進保稅倉	1. 一般廠商、個人自國外或自由港區輸入貨物申請進儲保稅倉庫者。 2. 國外或自由港區貨物進儲物流中心。
B6	保稅廠輸入貨物（原料）	1. 保稅工廠自國外或自由港區輸入加工外銷原料者。 2. 科技產業園區區內事業、農業科技園區及科學園區園區事業自國外或自由港區輸入貨物者。
F1	外貨進儲自由港區	自由港區事業自國外進儲供營運貨物、自用機器、設備等。
F2	自由港區貨物進口	1. 自由港區事業貨物輸往課稅區。 2. 自由港區事業免稅貨物運往課稅區修理、檢驗、測試及委託加工及展覽。 3. 自由港區事業免稅貨物依自由貿易港區貨物通關管理辦法第 13 條規定，應申報補稅案件。
F3	自由港區區內事業間之交易	自由港區同區內自由港區事業相互間之交易。

2-2-2　報關應檢附文件

進口報關時，應填送貨物進口報單，並檢附發票、裝箱單及其他進口必須具備之有關文件。裝箱單及其他依規定必須繳驗之輸入許可證及其他有關文件，得於海關放行前補附。應補附文件如於海關通知之翌日起算 2 個月內未補送者，該進口貨物除涉及違法情事，應依相關規定辦理外，應責令限期辦理退運出口；納稅義務人以書面聲明放棄或未依限辦理退運出口，依關稅法規定將貨物變賣或銷毀。

進口報單經核列 C2 無紙化通關者，報關業者得以連線申報方式取代書面補件，將通關須檢附文件之電子檔案（裝箱單、發票、型錄、商標及其他證明文件），透過 NX5901 訊息或關港貿單一窗口網站傳送至海關，免除業者遞送書面文件程序，大幅節省業者人力成本及交通費、快遞費、紙張列印等費用支出並加速貨物放行。

一、發票（Invoice）或商業發票（Commercial Invoice）

應檢附 1 份。繳驗之發票應由賣方簽署，倘未經賣方簽署者，應加蓋足資表彰進口人之公司大小章或報關專用章或進出口專用章，並加註「保證發票內容與實際交易相符，如有不符願負一切法律責任」。惟 C2 進口報單未經賣方簽署之發票，進口人於委任書加註「為辦理 C2 進口報單檢附文件無紙化作業，對於未蓋有委任人公司章及負責人專用章之電子化文件，確係由委任人出具並提供受任人無訛」文字聲明後，所上傳之發票得免蓋進口人公司章、負責人專用章。

二、裝箱單（Packing List；P/L）

應檢附 1 份；散裝、大宗或單一包裝貨物（不論是否查驗）均免附；2 箱以上非單一包裝貨物應提供裝箱單。

三、委任書

應檢附 1 份，憑以確認納稅義務人與報關業者間之委任關係。書面委任書由報關人與納稅義務人共同簽署，已連線傳輸者，補送之非長期委任書免加蓋報關業及負責人章。

長期委任案件，已由海關建檔者報關時免附長期委任書影本，惟應於「其他申報事項」欄申報海關登錄號碼。利用報關線上委任 Web 作業系統辦理委任者，報關時亦免附委任書。報關時下列報單類別請使用長期委任書：

㈠下列連線保稅及自由貿易港區報單，應辦理長期委任報關或線上逐案委任：

1. 向進出口地海關報關案件─B6、D8（限自用保稅倉庫及物流中心）。
2. 向科技產業園區轄區海關報關案件─B6。

3. 向科學園區轄區海關報關案件—B6。

4. 向保稅工廠轄區海關報關案件—無。

5. 向保稅倉庫轄區海關報關案件—D7。

6. 向物流中心轄區海關報關案件— D7、D2。

7. 有保稅工廠、科技產業園區區內事業、農技園區或科學園區園區事業海關監管編號之 G7（國貨復進口）報單免稅案件。

8. 向農技園區轄區海關報關案件—B6。

9. 向自貿港區轄區海關或進口地海關通報案件—F1。

10. 向自貿港區轄區海關通報案件—F3。

㈡經海關核定得船邊驗放案件：審驗方式「7」〔申請免驗船邊裝（提）櫃〕（受委任報關業，限常年委任符合「報關業設置管理辦法」第 33 條規定條件，海關得對其受委任辦理報關之貨物降低抽驗比率者）。

㈢先放後稅使用廠商擔保額度案件。

㈣廠商申請外銷品進口原料營業稅記帳案件。

㈤T1、T2 轉運案件應辦理長期委任（否則電腦不予收單，改以人工辦理）。

C2 進口報單檢附文件無紙化免蓋進口人公司章、負責人專用章作業，辦理流程如下：

A. 紙本委任：

委任書加註「為辦理 C2 進口報單檢附文件無紙化作業，對於未蓋有委任人公司章及負責人專用章之電子化文件，確係由委任人出具並提供受任人無訛」文字聲明後，海關始予受理。

B. 線上委任：

於單一窗口線上委任畫面勾選免蓋章作業相關欄位。

四、輸入許可證（Import Permit；I/P）

有下列情形者應向國貿局申請簽證輸入許可證：

㈠未向國貿局辦理登記之廠商或個人，輸入貨品之離岸價格（FOB）超過美幣 2 萬元者。（政府機關與公營事業、已立案私立小學以上學校輸入貨品，比照經國貿局登記之出進口廠商資格辦理，免附輸入許可證）。

㈡「中華民國海關進口稅則進出口貨品分類表合訂本」輸入規定代號「121」（應由國貿局簽發輸入許可證）貨品。

㈢大陸物品：

1. 輸入規定代號「MP1」（大陸物品有條件准許輸入），且於「大陸物品有條件准許輸入項目、輸入管理法規彙總表」內列有特別規定 "MXX" 代號之大陸物品。

2. 輸入規定代號「MW0」（大陸物品不准輸入）之貨品。

㈣自古巴輸入之貨品。

㈤入境旅客攜帶行李物品或自國外進口之郵包，已逾「入境旅客攜帶行李物品報驗稅放辦法」規定之範圍及限額者。

㈥其他經國貿局規定應檢附者。

五、貨價申報書

應檢附 1 份。報明有無特殊關係、交易條件、費用負擔情形。有下列情形之一者免檢附：

㈠旅客行李、郵包、樣品、餽贈品、免徵進口相關稅款（關稅及海關代徵之貨物稅、營業稅、菸酒稅、特種貨物及勞務稅）之貨物、國貨復運進口貨物、政府機關及公營事業進口貨物、保稅工廠、科技產業園區、農業科技園區及科學園區事業進口之保稅貨物、F1 報單「外貨進儲自由港區」及 L1 轉運申請書「外貨進儲物流中心」之貨物。

㈡除前款貨物外，買賣雙方無特殊關係且未涉及影響進口貨物完稅價格之核定案件亦得免檢附貨價申報書。

六、產地證明書（Certificate of Origin；C/O）

有下列情形者應提供產地證明書：

㈠輸入規定「462」、「465」。

㈡適用第 2 欄優惠稅率貨物：

進口適用 ECFA 優惠關稅、低度開發國家及與我國簽訂自由貿易協定國家之貨物，報關進口時應檢附書面產地證明書。

1. 應於進口報單「自由貿易協定優惠關稅註記」訊息欄申報「PT」字樣（優惠關稅待遇 Preferential Tariff Treatment；PT），已申報 PT 者，視爲進口人已依臨時原產地規則第 17 條授權訂定之原產地相關行政程序（以下簡稱行政程序）

規定主動申報,聲明該貨物符合原產資格並適用優惠關稅稅率。

2. 進口 ECFA 優惠關稅貨物,應於進口報單「產地證明書號碼」及「產地證明書項次」訊息欄填報 ECFA 產地證明書號碼及項次,證明書編號共 16 碼,填報時應自第 2 位碼起填報(即第 1 位碼免填報),計填 15 位碼。前項原產地證明書,每一份證明書涵括之貨物應屬同一批次交運,其項數不得超過 20 項。一份原產地證明書應僅適用一份進口報單。

㈢海關依關稅法第 28 條規定,通知納稅義務人提供產地證明文件者。

七、型錄、說明書或圖樣

於海關有查核需要時提供。

八、進口小客車應行申報配備明細表

進口汽車應加附 1 份。

九、裝櫃明細表(Container Loading List)

應檢附 1 份。1 份報單申報整裝貨櫃 2 只以上時應提供裝櫃明細表。

十、其他

依有關法令規定應檢附者,例如進口「海關協助查核輸入貨品表」內之農藥成品,應檢附農藥許可證及農藥販賣業執照影本;如進口廠商非農藥許可證持有者,應加附持有者之授權文件。

2-2-3　海關受理報單之單位及其代碼

由於每一海關轄區均甚遼闊,為免報關人往返費時,海關依貨物存放地點,劃分管轄單位,每一單位各有其代碼,投遞報單或傳輸訊息時必須依海關轄區劃分,向貨物存放地主管單位辦理通關手續(進、出口報單均適用)。

表 2-2 海關受理報單代號

代碼	代碼意義	代碼	代碼意義
AA	基隆關	CA	臺北關業務一組
AB	桃園分關台北港業務課	CB	臺北關業務二組
AE	六堵分關	CD	快遞機放組（華儲機放貨棧）
AH	花蓮分關	CE	快遞機放組（華儲快遞貨物專區）
AL	桃園分關南崁業務課	CF	快遞機放組（美商聯邦快遞臺灣分公司空運貨物轉運中心）
AM	花蓮分關馬組派出課	CG	業務一組（榮儲一般進、出、轉口貨棧）
AP	業務一組業務二課郵務股	CH	竹圍分關（駐永儲航空貨物集散站）
AS	花蓮分關蘇澳派出課	CI	稽查組（旅客行李案件）
AT	桃園分關（貿聯）	CJ	快遞機放組（美商優比速臺灣分公司一般進口貨棧）
AW	五堵分關	CK	松山分關（旅客行李案件）
AX	桃園分關（臺北港區內各海運快遞貨物專區）	CL	竹圍分關（駐遠翔航空貨物集散站）
BA	高雄關業務一組	CM	業務一組（美商聯邦快遞一般貨棧）
BB	嘉南分關	CN	快遞機放組（長榮空運倉儲公司機放貨棧）
BC	小港分關	CO	快遞機放組（出口快遞專差）
BD	高雄關業務二組	CP	松山分關郵務課
BE	旗津分關	CR	快遞機放組（長榮空運倉儲公司快遞貨物專區）
BF	高雄機場分關	CS	業務二組新竹業務課
BG	高雄機場分關離島派出課金門	CT	松山分關（中科國際物流倉棧）
BH	嘉南分關業務二課臺南郵務股（台南郵局辦公室）	CU	快遞機放組（美商優比速快遞臺灣分公司空運貨物轉運中心）

代碼	代碼意義	代碼	代碼意義
BJ	業務一組（保稅業務）	CV	竹圍分關（駐永儲快遞貨物專區）
BK	嘉南分關(二)（高雄區）	CW	竹圍分關（駐遠雄一般貨棧）
BM	高雄機場分關離島派出課澎湖	CX	竹圍分關（駐遠雄快遞貨物專區）
BN	嘉南分關(一)（楠梓區）	CY	竹圍分關（駐遠雄機放貨棧）
BP	業務一組業務二課高雄郵務股（駐高雄郵局）	CZ	松山分關（中科國際物流倉棧）
BQ	嘉南分關(三)（屏東區）	DA	臺中關
BR	嘉南分關業務一課業務三股（南科高雄園區辦公室）	DB	保稅組保稅業務課
BS	嘉南分關業務一課（南科台南園區辦公室）	DC	保稅組保稅查核課
BT	嘉南分關業務二課（安平辦公室）	DF	稽查組檢查課
BU	嘉南分關業務二課（布袋辦公室）	DM	業務二組麥寮業務課
BV	嘉南分關業務三課（屏東農業生物技術園區）	DP	業務一組進口一課臺中郵務股
BW	嘉南分關（科學城物流公司航空貨物集散站）	DS	保稅組中科業務課
BX	高雄機場分關（華儲快遞專區）	DT	保稅組保稅查核課中加業務股

2-2-4　進口報單（NX5105）格式及各欄位填報說明

進 口 報 單

海空運別(1)		報單類別(2)		聯別		頁　　次	第　頁 / 共　頁
報單號碼(3)						海關通關號碼(4)	

船舶名稱/航機代碼(5)			主提單號碼(8)			匯率(16)	

船舶呼號(6)		船舶航次/航機班次(7)		分提單號碼(9)		離岸價格(17)	幣別金　　　額

裝貨港名稱/代碼(10)			國外出口日期(13)		進口日期(14)		運　　費(18)	

卸存地代碼(11)		進口運輸方式代碼(12)		報關日期(15)		保 險 費(19)	

納稅義務人(24)	統一編號(23)		海關監管編號(25)		特殊關係(26)	稅費繳納方式(27)	應 加 費 用(20)減(21)	
	中文名稱			AEO 編號			起岸價格(22)	
	英文名稱						簽證情形(28)	案號(29)
	中/英地址							

賣方(30)	中文名稱		AEO 編號
	英文名稱		
	中/英地址		
	國家代碼(31)	統一編號(32)	海關監管編號(33)

項次(34)	生產國別(36)貨物名稱、商標(牌名)及規格等(35)	輸出入許可文件號碼-項次(37)輸出入貨品分類號列(38)稅 則 號 別統計號別（主管機關指定代號）	檢查號碼	單價(39)金　　額	條件、幣別(40)淨重(公斤)數量(單位)(41)(統計用)(42)	完稅價格(43)數量	進口稅率(44)	從價從量	納稅辦法(45)貨物稅率(46)

總件數/單位(47)		包裝說明(48)		總毛重(公斤)(49)	

標記(50)/貨櫃號碼(51)/其他申報事項(52)	進 口 稅	
	推廣貿易服務費	
	稅 費 合 計	
	營 業 稅 稅 基	
	滯 納 金（日）	
	通關方式	（申請）審驗方式
	證明文件申　請	聯別　　份數
	報關人/AEO 編號(53)	專責人員(54)

圖 2-3 進口報單（NX5105）首頁正面

收　　單	收單建檔補檔	分估計稅銷證	分估複核	核發稅單	稅款登錄	放行	審核	證明文件核發	核　發　紀　錄

海關簽註事項	
	規費證黏貼處

查　驗　要　點　批　示	派　　　　　　　　　　　驗		查　　　驗　　　情　　　形		
1.應取樣 2.至少應開＿＿箱 3.至少應過磅＿＿箱 4.至少應通扦＿＿箱 5.應繳說明書 6.	日　　　期		地　　　點		驗貨關員簽章
	驗貨關員姓　　　名		起　迄　時　間		
			標　記　印　刷　情　形		
	派驗人		裝　箱　情　形		主管簽章
			未　驗　原　因		
取　樣　日　期　及　收　據　號　碼	取樣條黏貼處		驗貨簽註事項		

機動隊複(抽)驗記錄

圖 2-4　進口報單（NX5105）首頁反面

表 2-3 單證合一進口報單（X5105）欄位填報說明

項次	欄位名稱	填報說明
1	海空運別 (1)	海運填列 1，空運填列 4，國內交易案件依報關關別之海空運別填列。 1. 本報單貨物係以何種運輸工具載運進口。（海運 1、空運 4）。 2. 國內區間交易案件： 收單關別（海）：基隆關(1)、臺中關(1)、高雄關(1) 收單關別（空）：臺北關(4)
2	報單類別 (2)	請參閱進口篇參、六「單證合一進口報單（NX5105）類別、代碼意義」填報。
3	聯別	1. 第一聯為正本，係海關處理紀錄用聯。 2. 視需要可加繕副本，分別為： (1)第二聯：進口證明用聯。 (2)第三聯：沖退原料稅用聯。 (3)第四聯：留底聯（經海關加蓋收單戳記後發還）。 (4)第五聯：其他聯（各關依實際需要規定使用之）。
4	頁數	1. 應填列本份報單共幾頁，首頁為第 1 頁，次頁為第 2 頁，如共 2 頁時，則首頁填「共 2 頁第 1 頁」，次頁為「共 2 頁第 2 頁」。 2. 「進口小客車應行申報配備明細表」應與報單併計編頁次。
5	報單號碼 (3)	1. 空運填列時應依進口篇貳、六「報單及轉運申請書編號原則」之規定辦理，共計 14 碼。 1、2 碼：收單關別，2 位大寫英文字母代碼（應注意存倉地點）。如臺北關業務一組為 CA。 3、4 碼：轉自關別，2 位大寫英文字母代碼。 5、6 碼：中華民國年度後 2 碼，2 位用阿拉伯數字填列。 7、8、9 碼：報關業箱號，如 006。 10~14 碼：流水號，共 5 碼，以英數字表示： (1) 未滿 5 位數時，應填滿 5 碼。 (2) 空運報單及海運郵局報單用 5 位英數字流水號，但不得重覆，由報關業自行編列。 (3) 科學園區報單用 5 位英數字流水號，但不得重覆，由園區報關業及廠商自行編列。 (4) 空運快遞關區報單用「英文字母＋序號」5 位序號，「英文字母」除（A、B、C、D、I、L、O）外，由報關業自行選用。

項次	欄位名稱	填報說明
		2. 海運填列時應依下列規定辦理，共計 14 碼。 　1、2 碼：收單關別，2 位大寫英文字母代碼（應注意存倉地點）。 　　　　　如基隆關業務一組為 AA。 　3、4 碼：轉自關別，2 位大寫英文字母代碼。 　5、6 碼：中華民國年度後 2 碼，2 位用阿拉伯數字填列。 　7、8、9 碼：報關業箱號，如 007。 　10~14 碼：流水號，共 5 碼，以英數字表示。 　⑴ 未滿 5 位數時，應填滿 5 碼。 　⑵ 科學園區報單用 5 位英數字流水號，但不得重覆，由園區報關業 　　　及廠商自行編列。 3. 農業科技園區空運進口之報單編號，請參閱出口篇捌、二。 4. 雜項報單之填列，請參閱進口篇貳、六、（五）。
6	條碼處	實際實施方式及日期，另行規定。
7	海關通關號碼 (4)	填列海關通關號碼。
8	船舶名稱 / 航機代碼 (5)	1. 海運填報載運報單所申報貨物之船舶名稱。船名可由提貨單上查明。 2. 空運以航機註冊號碼填列（外籍航機亦同）。 3. 如屬國內交易案件，本欄填「NIL」。
9	船舶呼號 (6)	於「船（機）代碼」欄填列船舶呼號（Call Sign），可由提貨單上查明。
10	船舶航次 / 航機班次 (7)	1. 海運填列船舶進口之航次。 2. 空運填列飛機進口之機名及班次。 　機名填航空公司英文簡稱（為 2 位文字碼），班次則用阿拉伯數字 　（4 碼）填列，航空公司英文簡稱及數字之間空 1 碼，總長度共 7 碼， 　如華航「CI 0009」（即 CI 後空 1 格，再填班次 0009）。 3. 科技產業園區空運貨物，於「船舶呼號」欄填列「NIL」，「航次」 　欄填列「進口機名及班次」。
11	主提單號碼 (8)	1. 依提貨單上所載填列或傳輸，海運提單號數如超過 16 碼，連線者取 　後 16 碼傳輸。 2. 空運併裝進口者，應將主提單號數（MAWB NO）填報。 3. 如無提單號數或保稅貨出倉（含區內交易）案件，則填列「NIL」。
12	分提單號碼 (9)	1. 空運併裝進口者，應填列分提單號數（HAWB NO）。 2. 如無提單號數或保稅貨出倉案件，則填列「NIL」。

項次	欄位名稱	填報說明
13	裝貨港名稱 / 代碼 (10)	1. 填列貨物最初起運口岸之名稱及代碼（右上方格子內），如由德國漢堡運臺之貨物在新加坡轉船來臺，本欄仍應填漢堡（Hamburg；代碼 DE HAM）。 2. 名稱可自提貨單或輸入許可證上查得，代碼請參閱「關港貿作業代碼」五十一、聯合國地方代碼。 3. 如屬國內交易案件，應於右上方格子內填列代碼「TWZZZ」。
14	卸存地點代碼 (11)	1. 進口貨物卸存之倉庫或貨櫃集散站、進口貨棧、保稅倉庫、物流中心之名稱及代碼（請參閱「關港貿作業代碼」四十三、貨物卸存地點）填於此欄。 2. 可於提貨單上查得或由報關人向運輸業查詢。 3. 機邊提貨者填列機放倉之代碼（如 C2003）。 4. 船邊免驗提貨或船邊驗放者，填報船舶靠泊之碼頭代碼（如停靠基隆港西二碼頭，則填報 KELW020W）。 5. 快遞貨物填列快遞專區之代碼（C2011）。 6. 貨物存放兩個以上之處所時，此欄填報主要存放處所及其代碼，另於「其他申報事項」欄內報明其他存放處所及件數。 7. 空運共 5 碼；海運共 8 碼。 8. 保稅工廠或自由港區事業售與記帳廠商或內銷補稅及按月彙報等案件，海運應填報為（如 000AZZZZ），其中第 4 碼為關區別。空運應填報為「ZZZZZ」。
15	進口運輸方式代碼 (12)	本報單貨物是用下列何種方式載運，請參閱「關港貿作業代碼」四、運輸方式。 運輸方式代碼： 1：海運非貨櫃（有包裝雜貨） 2：海運貨櫃 3：空運（非貨櫃） 4：空運貨櫃 5：無 6：海運非貨櫃（無包裝散貨） 7：固定運輸裝置 XML 代碼： 11：海運非貨櫃（有包裝雜貨） 12：海運貨櫃 13：海運非貨櫃（無包裝散貨） 14：海上自力推動貨品（無需運輸工具載運者，例如船舶等） 15：海運旅客或船員攜帶 16：海運快遞

項次	欄位名稱	填報說明
		41：空運非快遞
		42：空運快遞
		43：空中自力推動貨品（無需運輸工具載運者，例如航空器等）
		44：空運旅客或船員攜帶
		51：海運郵包（郵政郵遞）
		52：空運郵包（郵政郵遞）
		70：固定運輸裝置
		71：管線
		72：電力線
		99：其他運輸方式；雜項報單請申報運輸方式代碼
16	國外出口日期 (13)	1. 海運為提單所載之出口國裝船日期；空運為提單所載飛機在貨物輸出地起飛日期；郵包為包裹提單所載寄件日期。
		2. 國內交易案件請填報報關日期。
17	進口日期 (14)	1. 進口日期為載運報單貨物之運輸工具進港或抵達日期： (1) 進口日期可於提貨單或艙單資料查得。 (2) 船舶進港時間以繫泊時間為準。 (3) 航機抵達資訊，海關得透過關港貿單一窗口與民航局飛航服務總台介接取得。 (4) 進港日期尚未傳輸者，以預定到港日期為準填報。
		2. 保稅倉庫及物流中心出倉進口案件 (D2)，此欄填列申請出倉進口日期，惟如實際出倉進口日期早於海關收單日期，則以收單日期作為申請出倉進口日期。
		3. 保稅倉庫、物流中心相互轉儲或運往保稅工廠、區內事業、農業科技園區或科學園區園區事業 (D7) 之案件比照 2. 填報方式辦理。
		4. 自由港區事業貨物輸往課稅區（含補稅案件）、保稅區者，以報關日期作為進口日期。但經核准辦理按月彙報者，以最後一批貨物出區日期視同進口日期。
18	報關日期 (15)	1. 連線報關者，以訊息傳輸送達通關網路之日期為準。
		2. 未連線報關者，以向海關遞送報單之日期為準。如因報單申報不當或應附文件不全，致海關不予收單時，以補正後海關收單日期作為基準日。
		3. 本欄係作為核計是否逾期報關，及算換外幣匯率之基準日。
19	匯率 (16)	1. 依關務署網站每旬所公布之「報關適用外幣匯率表」所列之賣出匯率為準。
		2. 新臺幣交易案件，填「1.0」。
		3. 報關後經海關「NX5106 不受理報關原因通知」訊息回覆，其原因屬 A、C、D 類者應重新申報，其匯率之適用以實際重報之日期為準。

項次	欄位名稱	填報說明
20	離岸價格（或出廠價格）(17)	1. 離岸價格：發票價格為 FOB 或 FAS 金額者，直接填入；發票價格為 CFR 金額者，減去運費後填入；發票價格為 C&I 金額者，減去保險費後填入；發票價格為 CIF 金額者，減去運費及保險費後填入。 2. 出廠價格：發票價格為 EXW 金額者，直接填入，並依下列規定辦理： 　(1)填報 EXW 金額者，應將本欄位名稱更改為「出廠價格」，報關系統未修改者，得於補送報單時以人工修正並核章。 　(2)應於「應加費用」欄填列貨物自輸出國工廠至輸出口岸所發生之相關費用（下稱 EXW 應加費用，包括內陸運費、保險費、報關費等）。 3. 發票價格為其他交易價格者，經換算為離岸價格後填入。 4. 幣別代碼請參閱「關港貿作業代碼」二十七、常用貨幣。
21	運費 (18)	運費係指將貨物運達輸入口岸實付或應付之一切運輸費用，填報時其依據資料順序如下： 1. 以提單所載金額填入。 2. 提單未載明者，以發票上註明之運費金額填列。 3. 發票、提單上均無運費金額時，應由進口人向運輸業查明運費率自行核算後填入。 4. 本欄幣別如與發票不相同時，應轉換為與其相同之幣別後，再折算填入。
22	保險費 (19)	1. 依發票、保險單證或國內收費之保費收據所載實付金額填報。 2. 如未投保且未實際支付保險費之進口貨物，免加計保險費（此欄應填「0」，並在貨價申報書中報明；依規定免附貨價申報書者，則在報單「其他申報事項」欄位上加註「未投保」）。 3. 同第 21 項「運費」第 4. 點。
23	應加費用 (20) / 應減費用 (21)	1. 應「加」費用，係指未列入上述 EXW、FAS、FOB、CFR、C&I 或 CIF 價格內，但依交易價格規定應行加計者（例如：由買方負擔之佣金、手續費、容器費用、包裝費用、間接支付之廣告費用等）或「EXW 應加費用」之合計金額。 2. 應「減」費用，係指已列入上述 EXW、FAS、FOB、CFR、C&I 或 CIF 價格內，但依交易價格規定可以扣除者，例如：進口後所從事之建築、設置、裝配、維修、技術協助費用、運輸費用、遞延支付（如 D/A 付款條件）所生利息等之合計金額。
24	起岸價格 (22)	1. 起岸價格，即一般貿易所稱之 CIF 價格。係 (17) 加計至 (20) 欄〔或扣除第 (21) 欄〕之總金額填入。其與外幣匯率相乘即得新臺幣起岸價格。 2. 「發票總金額」欄請填報「外幣總起岸價格」。

項次	欄位名稱	填報說明
25	統一編號 (23)	納稅義務人為營利事業時應填列其統一編號；非營利事業機構，填其扣繳義務人統一編號；個人報關者，填其身分證統一編號或外僑居留證統一證號；軍事機關填八個「0」，外人在臺代表或機構無統一編號者填負責人「護照號碼」（前 2 碼固定為「NO」，以免與廠商或身分證統一編號或外僑居留證統一證號混淆）。
26	納稅義務人中英文名稱、地址 / AEO 編號 (24)	1. 以正楷字體傳輸或繕打，依中文名稱、英文名稱、地址順序填列。 2. 納稅義務人為科學園區或農業科技園區廠商者，應於中文名稱前填報園區統一電腦代碼。
27	海關監管編號 (25)	納稅義務人為保稅工廠、區內事業、農業科技園區、科學園區園區事業、自由港區事業者等，需於「海關監管編號」欄 (25) 填報海關監管編號。
28	特殊關係 (26)	係供報明與賣方是否具有「特殊關係」，其代碼如下： 「135」無特殊關係。 「136」有特殊關係，影響交易價格。 「137」有特殊關係，不影響交易價格。
29	稅費繳納方式 (27)	係供填稅費繳納方式，其代碼（詳請參閱「關港貿作業代碼」三、繳納方式）： 「1」先稅後放，銀行繳現（向銀行或駐海關收稅處繳納者）。 「2」納稅人 / 報關業者帳戶即時扣繳（含預繳稅費保證金）。 「3」先放後稅，銀行繳現（向銀行或駐海關收稅處繳納者）。 「4」先放後稅，啟動納稅人帳戶扣繳（EDI 線上扣繳）。 「5」先放後稅，啟動報關業者帳戶扣繳（EDI 線上扣繳）。 「6」先稅後放，啟動納稅人帳戶扣繳（EDI 線上扣繳）。 「7」先稅後放，啟動報關業者帳戶扣繳（EDI 線上扣繳）。 「8」彙總清關繳納。
30	簽證情形 (28)	此資料項目適用於科學園區通知簽審完成與否，民航局專用。
31	案號 (29)	凡在「繳」字欄填列「2」者，應在「案號」欄填列海關核給之預繳稅費保證金帳號，在「繳」字欄填列「3」、「4」、「5」、「8」者，應在「案號」欄填列海關核准先放後稅案號。
32	賣方中英文名稱、地址 /AEO 編號 (30)	依序填列中文名稱（如賣方為國內廠商時）、英文名稱、地址。傳輸時中文名稱免傳；賣方如為國內廠商，地址得免傳。
33	國家代碼 (31)	以出具發票之廠商所在地之國家或地區為準，應填列其「代碼」，其代碼請參閱「關港貿作業代碼」二十六、國家或實體。

項次	欄位名稱	填報說明
34	統一編號 (32)	1. 賣方如為國外廠商：填列發貨人公司英文名稱首 3 個字各字之首尾（但 Company 應填 CO 為例外）；如 World Trading Company 應填 WDTGCO；若發貨人在美國，應於該代碼後另行加填州別代碼（2 個字母，如加州為 CA；請參閱「關港貿作業代碼」三十四、美國各州及屬地名稱一覽表），如 WDTGCOCA。 2. 賣方如為國內廠商時：填列營利事業統一編號。
35	海關監管編號 (33)	如同時具有保稅工廠、區內事業、科學園區園區事業、農業科技園區或自由港區事業身分時，則應填列海關監管編號。
36	項次 (34)	本欄依發票所列貨物順序，用阿拉伯數字 1、2、3……逐項填列。
37	貨物名稱、商標（牌名）及規格等 (35)	1. 依發票所載填報（如與實際不符，則按實際進口者申報），如影響貨物價格或稅則歸屬之各項因素未載列清楚者，則須加以補充。傳輸時按貨物名稱、商標（牌名）、型號、規格、順序分列為原則；如無法分列，得均申報於貨物名稱內（但進口汽車應按順序分別填列）。 2. 保稅貨物案件申報時，原料之買方、賣方料號及成品型號應先填報（列印）於貨名之前；商標（牌名）、規格、原進倉報單號碼及項次依序填報（列印）於貨名之後。 3. 有共同貨物名稱時，得於各該所屬項次範圍之第一項申報即可。 4. 申報 2 項以上者，應於「貨名」欄之下填寫「TOTAL」，並在「淨重、數量」及「完稅價格」兩欄填報合計數（TOTAL 之後無需要再填報「以下空白」或「無續頁」之類之文字）。 5. 進口舊品者，應於本欄填報 "Used" 字樣；並於「申請審驗方式」欄填報代碼「8」，進口人均應報明來貨廠牌、規格、型號、出廠序號、製造年月。 6. 申請野生動物或其製品輸入時，應先填列動物之學名，再填列其俗名（貨品名稱）。 7. 進口電影片、碟影片者，應據實填報貨品之廠牌或發行人。 8. 報運菸品進口時，應填報有效日期或產製日期或生產批號，與尼古丁及焦油含量；如填報產製日期者，應加註有效期限，並應於牌名欄填報牌名。 9. 報運輸入規定為 F02 之貨品時，如進口非供食品用途者，應註明「非食品等級（NOT FOOD GRADE）」或其他文字顯示為非食品等級。 10. 報運輸入規定為 F01、F02 之貨品時，其進口報單第 35 欄之商標（牌名）欄位不得空白，未填報者，一律列入 B 類錯單並通知補正。

項次	欄位名稱	填報說明
37	貨物名稱、商標（牌名）及規格等 (35)	11. 貨主自備貨櫃（SOC）免繳納營業稅保證金，於報關時，每只貨櫃應單獨列一項貨名申報，且貨名欄前 12 碼填列貨櫃號碼（向左靠齊），如有其他應申報事項，則由第 13 碼開始填列；報單之貨櫃號碼欄位仍須填報。 12. 車輛案件進口連線申報 　(1) 車輛案件連線申報時，進口報單訊息應依「關港貿 XML 訊息建置指引（通關）」規定，填報相關車輛資料項目。其中 G48「貨物名稱、商標（牌名）及規格」部分，應填報 E1 貨物名稱、E3 商標（牌名）、E4 型號、E5 成分及規格等資料；G50「車輛專用項目」部分，應填報 E1 型式年份、E2 車型、E3 車門數、E4 排氣量、E5 汽缸數、E6 座位數、E7 排檔代碼、E8 燃料／動力代碼、E9 觸媒轉換器、E10 左駕駛、E11 車身號碼（不可超過英數字 18 碼）、E12 車況等資料。如屬電動車者，於 G50「車輛專用項目」E4 排氣量欄位，填報馬達功率數值（單位：英制馬力，hp）代替 CC 數，並於 G48「貨物名稱、商標（牌名）及規格」E1 貨物名稱欄位，加註原廠提供之馬達功率數值及單位（如 kW、PS 等）。 　(2) 機器腳踏車進口連線申報時於 G48「貨物名稱、商標（牌名）及規格」部分，應填報 E1 貨物名稱、E3 商標（牌名）、E4 型號、E5 成分及規格等資料；G50「車輛專用項目」部分應填報 E1 型式年份、E2 車型、E4 排氣量、E5 汽缸數、E6 座位數、E7 排檔代碼、E8 燃料／動力代碼、E9 觸媒轉換器、E11 車身號碼、E12 車況等資料，E3 車門、E10 左駕駛等欄位則限制為空白，不得填寫。 　(3) 拖車進口連線申報時於 G48「貨物名稱、商標（牌名）及規格」部分，應填報 E1 貨物名稱、E3 商標（牌名）、E4 型號、E5 成分及規格等資料；G50「車輛專用項目」部分應填報 E1 型式年份、E2 車型、E11 車身號碼、E12 車況等資料，E3 車門、E4 排氣量、E5 汽缸數、E6 座位數、E7 排檔代碼、E8 燃料／動力代碼、E9 觸媒轉換器、E10 左駕駛等欄位則限制為空白，不得填寫。 13. 報運變性酒精進口時，應於「規格」欄填報變性劑 4 位代碼。〔按國庫署為協助業者正確填報菸酒應申報事項，提供 (11)、(12) 轉碼程式（內含變性劑代碼）查詢，其網址為： https://gaze.nta.gov.tw/dnt-bin/APDNT/ImportTransCode.html。〕 14. 報運輸入食品添加物，應於進口報單第 35 欄之「貨物名稱」欄位加註「食品用」或「食品添加物」，並於「規格」欄位註明「批號」。

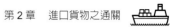

項次	欄位名稱	填報說明
37	貨物名稱、商標（牌名）及規格等 (35)	15. 進口人報運貨品分類號列輸入規定代碼爲「F02」者，應於進口報單該項次型號欄位第 1 碼依「用途代碼」填報用途，未填報者一律列入 B 類錯單並通知補正；如該欄位尚有其他申報事項者，應於填報用途代碼後空白一格再行申報。茲定義用途代碼定義如下： 　　1：食用。（應依輸入規定代碼「F01」規定於輸入許可證號碼欄位填報 14 碼） 　　2：飼料用。 　　3：工業用。 　　4：其他非食用。 16. 進口供食品用途產品者，應於進口報單「貨品名稱」欄位加註「輸入供食品用途」或其他可確認供食品用途之字句，並於同欄位再註明批號或可供該產品追溯追蹤之相關資訊。 17. 進口申報產地爲中國大陸，且申報稅則第 8456 節至第 8463 節、貨品分類號列第 8711.60.20.00-7 號或稅則第 8712 節者，應於對應項次之貨名欄前 3 字申報「供外銷」或「供內銷」。申報「供外銷」者，第 4-5 字應申報「美國」、「歐盟」或「其他」。 18. 業者輸入藥品原料藥及製劑時，應於報單「規格」欄位填報「批號」，批號填報方式：（批號：_#）。例如：批號 543，填報爲（批號：543#）；批號 543、210，填報爲（批號：543,210#）。
38	生產國別 (36)	1. 填列貨物生產「國名」及其「代碼」，可自發票或標記上得知，如由香港進口德國貨，應填德國而非香港。代碼請參閱「關港貿作業代碼」二十六、國家或實體。 2. 發票上同一項貨物分由 2 個以上國家所製造，應分別依國別分項申報。
39	輸出入許可文件號碼 - 項次 (37)、主管機關指定代碼	1. 本欄位除供輸入許可證號碼、項次填報之用外，亦供填報其他簽審機關輸入許可文件（許可證、合格證、同意文件及簽審機關公告專用代碼、稅則增註規定減免稅捐或適用特定稅率案件等）之號碼、項次填報（列印），及金門、連江縣政府核發大陸地區農水產品進口同意文件之號碼、項次填報之用。 2. 使用同一份許可證或文件者，免再填「號碼」（即僅使用一份者，只於首項填報即可），惟傳輸訊息時仍應傳送。 3. 「項次」順序與許可證完全一致者，可免填報（但傳輸時仍應傳）。 4. 如 1 項貨物有 2 份或以上之許可證者，第 2 份或以上應依序填報於次 1 項之相對應欄位。 5. 經修改或補發之輸入許可證，報關時仍應填列原許可證號碼。 6. 無許可證者應填「NIL」。

項次	欄位名稱	填報說明
39	輸出入許可文件號碼 - 項次 (37)、主管機關指定代碼	7. 以本欄位填報金門、連江縣政府核發大陸地區農水產品進口同意文件之號碼、項次之填報方法： 本欄位為文數字 14 碼，前 2 碼固定為 CT，第 3、4 碼為關別代號，後 10 碼為同意文件之號碼，號碼不足 10 碼者，於號碼前以 0 補足至 10 碼，號碼超過 10 碼者，取後 10 碼；項次為 3 碼，若無項次，請填報「000」。 8. 主管機關指定代碼之填報： 出口貨物如屬主管機關規定須於出口報單申報指定代碼者，應於「主管機關指定代碼」欄依主管機關規定方式申報。
40	輸出入貨品分類號列 (38)	1. 根據「中華民國輸出入貨品分類表」所列貨品分類號列填列 11 碼。 2. 貨品分類號列共 11 位碼，前 8 位碼為「稅則號別」，其後 2 位碼係貿易主管機關經濟部國際貿易局為統計及管理進出口簽審所加列，最後 1 位碼為「檢查號碼」。 3. 進口人不清楚所進口之貨物應歸列何號列者，可事先檢齊型錄、說明書等資料及樣品向各關業務一組（課）申請進口貨物稅則預先審核，申請書可自關務署網站之稅則稅率查詢系統下載。 4. 進口貨物申請適用優惠關稅者，應於「自由貿易協定優惠關稅註記」訊息欄填報 PT（Preferential Tariff Treatment, PT）： (1) 符合臺巴（巴拿馬）、臺瓜（瓜地馬拉）、臺尼（尼加拉瓜）、臺薩宏（薩爾瓦多、宏都拉斯）自由貿易協定原產地規則，適用優惠關稅待遇之進口貨物。 (2) 符合低度開發國家進口特定產品，給予免關稅待遇者。 (3) 符合海峽兩岸經濟合作架構協議（ECFA）臨時原產地規則，適用貨品貿易早期收穫計畫優惠關稅待遇之進口貨物。 5. 貨品分類號列務必謹慎填報避免錯誤，如貨物不止一種，應逐項報列。否則「專責報關人員」將受海關處分： (1) 報單申報之貨品分類號列係進口貨物應否簽審之重要依據，如於放行後經海關事後審核發現有虛報號列規避輸入規定者，除依關稅法相關規定處分外，另移主管機關處理。 (2) 確實不諳如何申報者，可申請進口貨物稅則預先審核，或主動在「申請審驗方式」欄填報「8」（申請書面審查），則（專責報關人員）可免受處分。 6. 例如鮮蘋果為「0808.10.00.00-2」。 7. 適用進口稅則「增註」之減、免稅物品，應於此欄第 2 行填報適用之稅則章別與增註項目，例：適用稅則第 38 章增註二規定之免稅物品，填報「3802」；增註項目如有適用不同之減稅稅率時，則於增註項目後加填 A 或 B 或 C 等，例如「1238A」。

項次	欄位名稱	填報說明
40	輸出入貨品分類號列 (38)	8. 「主管機關指定代號」 應回收之容器輸入業者應於進口時依照行政院環境保護署公告「應回收容器物品之 CCC 號列」填報容器材質及容積之主管機關指定代碼，以利該署收取「回收清除處理費」。 9. 原產地證明書 ⑴ 符合 4. 所列適用優惠關稅之進口貨物應檢附出口國合法認證機關簽發之有效原產地證明書供海關查核，並分別於「產地證明書號碼」及「產地證明書項次」訊息欄填報產地證明書號碼及項次。 ⑵ 產地證明書電子化作業：廠商以電子資料傳輸方式傳送進口產地證明書者，須經由通關網路辦理傳輸，並於「原產地證明書號碼」欄填報原產地證明書號碼。 ⑶ 特定「原產地證明書」號碼填報方式： 　A. 符合自由貿易協定，適用優惠關稅待遇之進口貨物或低度開發國家進口特定產品，給予免關稅待遇者：產地證明書號碼為文數字 14 碼以內，前 4 碼為西元年度後 10 碼為序號；序號不足 10 碼者，於序號前以 0 補足至 10 碼。 　B. 符合海峽兩岸經濟合作架構協議（ECFA）臨時原產地規則，適用貨品貿易早期收穫計畫優惠關稅待遇之進口貨物，大陸核發之產地證明書編號共 16 位碼，請自第 2 位碼起填報（即第 1 位碼 "H" 免填報），共須填報 15 位碼。 10. 分批進口整套機器設備，申請按「整套機器設備應列之稅則號別徵稅」者，應在第 1 批進口放行前向海關申請核准，並於報關時檢附核准函影本。
41	單價、條件、幣別、金額 (39)	1. 單價、條件及金額依發票所載填列；倘發票所載非為下列單價條件之一者，經轉換為其中之一後填入： ⑴ FOB：離岸價格，不含運費及保險費。 ⑵ FAS：船邊交貨價格，不含運費及保險費。 ⑶ CFR：含運費價格。 ⑷ C&I：含保險費價格。 ⑸ CIF：起岸價格，含運費及保險費。 ⑹ EXW：出廠價格，不含工廠交貨後至抵達我國口岸之費用，限發票所載貨物單價均為 EXW 者始可填列。 2. 幣別代碼，依發票所載，以標準化之單位填列。代碼請參閱「關港貿作業代碼」二十七、常用貨幣。

項次	欄位名稱	填報說明
41	單價、條件、幣別、金額 (39)	3. 如金額長度超出現有欄位時，可彈性跨越左右欄位空白處填列，被佔用欄位之內容必須降低或提高位置填列。 4. 各項貨物單價之幣別如有兩種以上，應轉化為同一種幣別再填報。
42	淨重（公斤）(40)	1. 依裝箱單填列，如實際與文件記載不符者，應按實際進口情形申報。 2. 淨重係指不包括內外包裝之重量，一律以公斤（代碼KGM）表示之。 3. 小數點以下取 6 位數。
43	數量（單位）(41)	1. 依發票所載填其計價數量及單位代碼（例如發票所載為布類 1,000 碼，則在此欄填 1,000 YRD。）（請參閱「關港貿作業代碼」六、計量單位）。如實到數量與發票所載不符，應依實到數量填報，否則一旦涉及漏稅即受處罰。 2. 如貨物不止 1 項時，應逐項填報。 3. 如數量（單位）長度超出現有欄位時： ⑴可彈性跨越左右欄位空白處填列，被佔用欄位之內容必須降低或提高位置填列。 ⑵如數量位數較長時，亦可轉換為「百單位」或「千單位」申報，惟轉換之單位須為「關港貿作業代碼」六、計量單位內所列之計量單位。如：HPC（百個）、HST（百套）、KPC（千個）等。
44	數量（單位）（統計用）(42)	1. 欄應否填列，以海關進口稅則「中華民國輸出入貨品分類表」上單位欄內所載單位為準（「單位」欄代碼係供統計用），如其單位僅為公斤（代碼 KGM）或公噸（代碼 TNE），因已有「淨重」欄顯示其內容，本欄可免填；如單位欄內所載單位除公斤（代碼 KGM）或公噸（代碼 TNE）外，尚有其他單位者，應依照該單位算出數量，填入統計用數量括弧（ ）空白處。例如稅則號別 6403.19.00.90-1 單位載有公斤（代碼 KGM）和雙（代碼 NPR），則統計用數量（ ）內需填雙（代碼 NPR）之數量。如單位欄代碼為「TNE/TNE」、「NIU/TNE」、「TND/TNE」、「LTR/TNE」、「MTQ/TNE」時，進口報單「淨重」欄仍應填報公斤（KGM），另於本欄填報「TNE」、「NIU」、「TND」、「LTR」、「MTQ」。 2. 本欄單位以代碼填列，請參閱「中華民國海關進口稅則輸出入貨品分類表合訂本」貳、「單位」欄使用代碼說明。 3. 酒類數量、單位（統計用），應於本欄正確填報。

項次	欄位名稱	填報說明
45	完稅價格 / 完稅數量 (43)	1. 從價課稅貨物在上半欄填「完稅價格」（計至元為止，元以下四捨五入）。 2. 從量課稅貨物在下半欄填「完稅數量」，如 900TNE、1,500MTR，從價課徵者免填。 3. 從量或從價從高課徵者，兩種均需填報，俾利擇高徵稅。 4. 保稅成品內銷、樣品等案件，如採完稅價格扣減時，則於完稅價格之第 2 行列印或填報扣減後之完稅價格，並以括弧「（ ）」顯示之。 5. 按加工費，租賃費等減稅扣減等案件，亦於完稅價格之第 2 行申報扣減後之完稅價格，並以「（ ）」括弧顯示之。 6. 本欄「完稅價格」請以新臺幣金額填報。
46	進口稅率從價、從量 (44)	進口稅則之國定稅率分為 3 欄。第 1 欄之稅率適用於世界貿易組織會員，或與中華民國有互惠待遇之國家或地區之進口貨物。第 2 欄之稅率適用於特定低度開發國家、開發中國家或地區之特定進口貨物，或與我簽署自由貿易協定之國家或地區之特定進口貨物。不得適用第 1 欄及第 2 欄稅率之進口貨物，應適用第 3 欄稅率。進口貨物如同時得適用第 1 欄及第 2 欄稅率時，適用較低之稅率。（以貨物本身之「原產地」為準，非以「輸出國」為準）。 1. 稅率依海關進口稅則所載填列。 2. 從價課徵者填百分比，如 20%；從量課徵者填單位稅額，如新臺幣 15.6 元 / KG。 3. 需徵平衡稅、反傾銷稅或報復關稅者，於此欄之下半欄填列（連線者於此列印）其代碼及稅率。 4. 適用進口稅則增註減稅或免稅時，依減稅或免稅稅率填列。
47	納稅辦法 (45)	請參閱「關港貿作業代碼」七、納稅辦法，選擇適當之代碼填列。
48	貨物稅率 (46)	1. 本欄除供填列貨物稅率外，亦供營業稅、特種貨物及勞務稅、菸酒稅、菸品健康福利捐、推廣貿易服務費等填列之用；如均免徵者，此欄免填。 2. 如貨物稅率有特殊計算法者，在同一格內下方表示之，如用於汽車冷、暖氣機之壓縮機 20%×8（「連線者」列印時以 20% 表示）。
49	總件數、單位 (47)	1. 依提貨單上所載總件數及「關港貿作業代碼」六、計量單位所列單位填列，如 500CAN（CAN）1,234CTN（CARTON）；如係不同包裝單位構成〔如 500CTN 與 35BAG（BAG）〕，總件數應使用 PKG，即 535PKG（PACKAGE）。 2. 提單所載總件數與本批實際來貨件數不同時，應分別報明。

項次	欄位名稱	填報說明
50	包裝說明 (48)	貨物由 2 包以上合成 1 件者,應於件數後用括弧加註清楚。如屬連線申報者,應於合成註記之訊息欄位申報「Y」,並於包裝說明訊息欄內報明上開合成狀況。
51	總毛重(公斤)(49)	1. 係填報整份報單所報貨物之總毛重,並以公斤(KGM)為計量單位。 2. 小數點以下取 6 位數。
52	標記 (50)	1. 標記係指貨上之標誌(嘜頭 Marks)及箱號(Case No),依提貨單所載填列。 2. 連線者申報時,標記圖形如電腦未能直接傳送者,改以文字敘述,敘述之順序及方式為: (1) 先填報(或傳輸)圖形內文字或與圖形標誌結合之文字。 (2) 次行填報(或傳輸)圖形標誌並以〝〞框之或以「IN(圖形)」表示。如〝TRIANGLE〞或 INTRIANGLE。 (3) 圖形外之文字接於圖形標誌下行填報或傳輸。 3. 常見之圖形標誌有: (1) 圓形(CIRCLE):傳輸或填報 CIRCLE 或 CIR。 (2) 正方形(SQUARE):傳輸或填報 SQUARE 或 SQ。 (3) 矩形(RECTANGULAR):傳輸或填報 RECTANGULAR 或 REC。 (4) 三角形(TRIANGLE):傳輸或填報 TRIANGLE 或 TRI。 (5) 菱形(DIAMOND):傳輸或填報 DIAMOND 或 DAI。 (6) 橢圓形(OVAL):傳輸或填報 OVAL。 (7) 星形(STAR):傳輸或填報 STAR。 (8) 如屬其他圖形(OTHER)則傳輸或填報 OTHER。 4. 當併裝貨物提單上之標記為 N/M(NO Marks)時,應事先向通關之稽查倉棧單位申請重行標記,始於報單上申報傳輸。 5. 如不夠使用,可於續頁之「加總」之後填列。
53	貨櫃號碼 (51)	1. 貨櫃號碼依提貨單上所載填列,其填列原則依序為貨櫃號碼、貨櫃種類、貨櫃裝運方式(請參閱「關港貿作業代碼」三十六、貨櫃裝運方式,三十七、貨櫃種類);非貨櫃裝運及併裝櫃貨物者免填貨櫃號碼。 2. 同一收貨人進口兩批以上貨物,合裝同一貨櫃,應同時申報且貨櫃裝運方式應申報屬 FCL(PART) 類。

項次	欄位名稱	填報說明
54	其他申報事項 (52)	係對本報單申報事項另行補充或提示海關承辦關員應注意特別處理事項，或依有關法令規定應報明之事項，如無適當欄位可供填報時，應於本欄內申報。例如：

1. 復運進口案件（包括外貨、國貨）應填報原出口報單號碼。如爲國貨復運進口（G7）案件，並應另行填報「是」或「否」再出口，及復進口原因，以憑查核原出口是否有退稅。此外，爲便於報單資料之傳輸與電腦核銷作業，應同時利用該報單之「原進倉報單號碼及原進倉報單項次欄位」逐項傳輸欲核銷之原出口報單號碼及項次。電腦核銷作業採「1 項對 1 項」方式核銷原出口報單，該原出口數量應大於或等於復運進口數量，否則必須拆項（亦即增項）。

2. 保稅工廠原料、呆料申請補稅內銷案件（G2），應檢附海關核准文件，並於本欄加註：核准內銷文號、期限及核准內銷額度等。如係按月彙報案件，並加註 ×× 月份內銷按月彙報補稅，繳交保證金等資料。

3. 稅捐記帳案件，應填列保函號碼。

4. 非保稅原料誤報運爲保稅原料申請補稅案件（G2），應於本欄報明原進口報單（B6、D7）號碼及該報單放行日期。

5. 按月彙報案件，應加註按月彙報之「月份」。EDI 系統填列 ER 者改填列 99，Y 改填列 55。

6. 保稅貨物：A. 內銷補稅時之內銷補稅原因。B. 視同進出口案件之交易對方「參考編號」。

7. 適用進口稅則增註免稅或減稅物品，應填報有關機關證明文件字號。

8. 保稅倉庫或物流中心進出倉貨物應於本欄報明保稅倉庫或物流中心代碼及營利事業統一編號。

9. 依「戰略性高科技貨品輸出入管理辦法」規定進口高科技貨品申請於抵達證明書（DV）上核章者，在本欄載明：「本批貨物爲戰略性高科技貨品，請海關予以核章」，並於「申請審驗方式」欄填報代碼「8」。

10. 進口同一稅則號別貨品，如先前該貨品之稅則尚屬「未決案件」，應於本欄敘明，並於「申請審驗方式」欄填報代碼「8」。

11. 同一項貨物之產地有兩個以上之產地而無法分開報明者，應於本欄敘明，並於「申請審驗方式」欄填報代碼「8」。

12. 申請核發報單副本者，應於本欄填列。

項次	欄位名稱	填報說明
54	其他申報事項 (52)	13. 運費、保險費（有特別加註說明之必要者）。 14. 常年（長期）委任報關核准文號。 15. 兩張以上不同國外廠商發票併同於一份報單報關，除於賣方名稱、地址、國家代碼、統一編號、海關監管編號欄位填報一家國外廠商資料外，應於本欄內填報其他國外廠商資料。本欄位長度為 256 byte 不敷使用時，請繕打在每份發票申報之報單最後項次欄位，例如：在第 10 項註明 1-10 賣方國家代碼及統一編號等。 16. 應課徵貨物稅及特種貨物及勞務稅之貨物，於填列「貨物稅率(39)」欄位不敷使用時，應於本欄報明該貨物之特種貨物及勞務稅稅率。 17. 保稅貨物「進口人（納稅義務人）」欄或「出口人（賣方）」欄非實際買受人（或進口人）或銷售人，應於本欄敘明實際買受人（或進口人）或銷售人；另於「收貨人代碼」欄或「發貨人代碼」欄，報明該實際買受人（或進口人）或銷售人之國內廠商營利事業統一編號或國外廠商代碼（FFF 加上海關監管編號）。 18. 原產地申報為越南、馬來西亞、泰國、印尼、印度及其他東南亞國家之瓷磚，進口時應申報製造商及製造商地址。使用 XML 系統報關者，請將前揭應申報事項填報於「國外製造廠名稱」欄及「國外製造廠地址」欄。
55	進口稅	1. 係全份報單各項進口稅額加總後填報，分項稅額四捨五入計至小數點第 6 位，加總後元以下不計。 2. 如部分繳現，部分記帳，應在同一行上、下或左右分開填報。
56	推廣貿易服務費	海、空運進口者，以全份報單各項推廣貿易服務費加總後填報。各分項以完稅價格乘以 0.04% 計至小數點第 3 位；加總後，元以下不計（未逾新臺幣 100 元者免收）。
57	空白欄	稅費欄前 2 格稅款項目固定，依序為進口稅、推廣貿易服務費（如第 55、56 項次說明），其下 4 個空格供需要時就貨物稅、營業稅、特種貨物及勞務稅、菸酒稅、健康福利捐、平衡稅、反傾銷稅、報復關稅、滯報費（日）等項，依序選填（貨物稅、營業稅、滯報費(日)請依第 58、59、60 項次說明填報）。
58	貨物稅	1. 貨物稅從價課徵者，其完稅價格之計算規定如下： 貨物稅完稅價格＝關稅完稅價格＋進口稅稅額。 2. 貨物稅稅額依下列式核計： (1)從價課徵者：貨物稅完稅價格 × 貨物稅稅率。（請參考貨物稅條例） (2)從量課徵者：貨物稅完稅數量 × 貨物稅（單位）稅額。 3. 貨物稅完稅價格不包含「推廣貿易服務費」。

項次	欄位名稱	填報說明
59	營業稅	1. 營業稅稅額＝營業稅完稅價格 × 營業稅稅率（5%）。 依加值型及非加值型營業稅法第 41 條規定，貨物進口時，應徵之營業稅由海關代徵之。 2. 免徵營業稅者，本欄免填。
60	滯報費（日）	依關稅法第 16 條及第 73 條規定，未依規定於進口日之翌日起 15 日內報關者，自報關期限屆滿之翌日起，按日加徵滯報費新臺幣 200 元。 如 2021 年 3 月 1 日進口，3 月 22 日報關，則滯報 6 日（22 − 1 − 15 ＝ 6），滯報費額為 200 元 ×6 ＝ 1,200 元，即填報「6」日，「1,200」元。
61	稅費合計	本欄依「進口稅」加「推廣貿易服務費」、「貨物稅」、「營業稅」、「特種貨物及勞務稅」、「菸酒稅＋健康福利捐」、「平衡稅」、「反傾銷稅」、「報復關稅」、「滯報費」等各欄之總金額填入。
62	營業稅稅基	1. 營業稅稅基即營業稅的完稅價格，規定如下： 關稅完稅價格＋進口稅稅額＋菸酒稅（含菸品健康福利捐）＋貨物稅稅額＝營業稅稅基。 2. 不論課徵營業稅與否，本欄均應填列。 3. 營業稅稅基不包含「推廣貿易服務費」。
63	滯納金（日）	海關第 1 次填發稅款繳納證或傳輸該訊息之翌日起 14 日內未繳納者，應加徵滯納金： 1. 進口稅應自第 15 日起照應納稅額按日加徵滯納金萬分之五。 2. 逾期繳納營業稅、貨物稅或特種貨物稅及勞務稅者，應自繳納期限屆滿之翌日起，每逾 2 日按滯納金額加徵百分之一滯納金。惟僅加計 30 日，超過 30 日部分，加計利息一併徵收。 3. 滯納金及繳納紀錄欄報關人免填。
64	通關方式	1. 進口通關方式計分：C1（免審免驗通關）、C2（文件審核通關）、C3（貨物查驗通關）。C3 因查驗方式不同，另分為 C3M（人工查驗）、C3X（儀器查驗應補報單）及 C3X（儀器查驗免補報單）。 2. 連線者遞送報單時應列印通關方式。

項次	欄位名稱	填報說明
65	申請審驗方式	1. 係供海關權責人員決定該報單將採行之審驗方式，或供報關人填報申請審驗方式。 2. 本欄以代碼表示： 代碼 2：申請「船（機）邊驗放」 代碼 3：申請「廠驗」 代碼 4：申請「鮮冷蔬果驗放」 代碼 6：申請「倉庫驗放」 代碼 7：申請「免驗船邊裝（提）櫃貨」 代碼 8：申請「書面審查」 代碼 9：申請「免驗」 代碼 A：申請「參加抽驗」（貨物稅案件） 3. 情形較特殊依規定應由報關人報明代碼者，應依規定主動報明。
66	證明文件申請聯別 / 份數	應填列申請報單複本之聯別及份數。
67	報關人 / AEO 編號 (53)	1. 應填列本報單之報關人中文名稱。電子傳輸時名稱、簽章免傳。 2. 填列報關業者向海關借用之候單箱號（3 位數）或含報關業者箱號附碼（1 位）。 3. 本欄供書面報關時，報關人簽名蓋章之用。如係納稅義務人自行報關者，應加蓋公司行號章及負責人章。如報關業係受委任報關者，其所加蓋之公司行號章、負責人章以業經向海關登記之印鑑為限。 4. 委託報關業連線報關補送之書面報單免加蓋報關業及負責人章及簽名。
68	專責人員 (54)	1. 專責人員係指經「專門職業及技術人員普通考試專責報關人員考試」或「專責報關人員資格測驗」及格，向海關登記為「專責報關人員」。本欄係供負責本份報單內容審核之專責人員填列專責人員代碼之用。電子傳輸時姓名、簽章免傳。納稅義務人自行報關者免填。 2. 委託報關業連線報關補送之書面報單免加蓋專責人員章及簽名。
69	海關簽註事項	係供海關承辦關員簽註處理情形或加註必要之文字（如證明進口事實）。
70	報單背面	1. 背面各欄報關人免填。 2. 供海關書面簽章使用。 3. 應貼之規費證，可黏貼於背面。
71	報單續頁	續頁填報方式與首頁相同。
72	營業稅記帳廠商編號	納稅義務人申請營業稅自行具結記帳者，應於關務署關港貿 XML 訊息建置指引（通關）之「單證合一進口報單（NX5105）」中「營業稅記帳廠商編號」欄填報營業稅記帳廠商編號，未填列者視同不申請記帳。

（本填報說明資料來源：財政部關務署預報貨物通關報關手冊）

2-3 驗貨

2-3-1 意義

　　驗貨係海關對貨物進行實際查核，以確定貨物之名稱、數量、重量、價值、產地等等與報單申報是否相符，防止廠商虛報或匿報之作業。

　　進口貨物之查驗以抽驗為原則。其抽驗件數視貨物之性質、種類、包裝、件數之多寡等情形酌定，原則上進口報單之查驗比率應為 5 ～ 10%。但必要時得全部查驗。

　　應查驗之一般倉庫及船邊放行進口貨物報單，均由驗貨單位主管先行審核並批註查驗注意事項，再視到勤驗貨員人數由電腦分派報單。於電腦派驗後，如有必要，驗貨單位主管可以有關程式逐份報單更改派驗。電腦當機故障時，改以人工作業，由驗貨單位主管派驗報單。

　　驗貨員接獲報單後，於查驗貨物前應先審核單證，並參閱相關稅則號別及型錄等資料。查驗貨物時須遵照「進出口貨物查驗準則」、「進出口貨物查驗注意事項」等法令規定執行查驗工作，並於驗畢時詳實製作查驗紀錄，經驗貨單位主管複核並以有關程式輸入驗畢訊息，報單送分估單位辦理後續作業。

　　整個驗貨作業之細節，分述如下：

2-3-2 進口報單之應驗、免驗及驗放之核定

　　抽中應驗之報單，必要時，得由進出口單位驗貨、分估主管或其指定人員改為免驗報單。抽中免驗或依規定免驗之報單，必要時，得由進出口單位驗貨、分估主管或其指定人員改為應驗報單。另海關對於已查驗之進出口貨物，必要時得予複驗。

一、應驗項目

　　進口通關單位對所報運進口之貨物或報關人所提供之單證資料認為可疑，或報關人、進口廠商、國外供應商在海關有不良紀錄者，得不准有關貨物免驗。另密通報案件、H3 類廠商、主動申請查驗者及特定之應驗廠商、應驗貨品、應驗報關業者等案件，均列為應驗項目。

二、免驗物品

依據「進出口貨物查驗準則」第 17 條規定，下列物品應予免驗：

㈠總統、副總統應用物品。

㈡駐在中華民國之各國使領館外交官、領事官暨其他享有外交待遇之機構與人員之公用或自用物品，經外交部或其授權之機關證明者。但必要時海關仍得查驗，並通知進口人及外交部禮賓司洽有關使領館或機構派員會同辦理。

㈢其他專案核准免驗物資。

三、得予免驗物品

依據「進出口貨物查驗準則」第 18 條規定，下列進口貨物得予免驗：

㈠包裝、重量相同，或散裝進口之大宗貨物，或笨重之機器及器材，經審核其提貨單、裝箱單、發票等證件認為無異狀者。

㈡軍政機關進口貨物。

㈢公營事業機構進口貨物。

㈣供緊急救難用之進口器材與物品。

㈤國內公私立大學進口貨物。

㈥私人餽贈之進口物品郵包，數量零星者。

㈦靈柩或骨灰。

㈧其他經海關核准廠商之進口貨物。

四、得船邊驗放之報單

㈠得船邊驗放之廠商

依據「進出口貨物查驗準則」第 9 條規定，生產事業或與海關簽訂策略聯盟之廠商符合下列條件，且以書面向海關申請經核准者，其所進口自用及出口自製之整裝貨櫃貨物，得申報船邊免驗提櫃、裝船：

1. 成立 5 年以上。

2. 具經濟部國際貿易局核准進出口廠商資格。且最近 3 年每年進出口實績總額達 500 萬美元以上。

3. 最近 3 年無違規情事。

4. 使用防止冒用優良廠商報關查對系統。

5. 以連線方式報關。

6. 委託報關時，應以長期委任方式爲之，且委託之報關業者應符合報關業設置管理辦法第 33 條規定。

　　安全認證優質企業進、出口業者申報船邊免驗提櫃、裝船者，不受上列各款條件之限制。

㈡得船邊驗放之貨物

　　依據「進出口貨物查驗準則」第 14 條規定，鮮貨、易腐物品、活動物、植物、有時間性之新聞及資料、危險品、放射性元素、骨灰、屍體、大宗及散裝貨物及其他特殊情形，得核准船（機）邊驗放或船（機）邊免驗提貨。

㈢查驗程序

　　得船邊驗放之報單，仍依一般程序查驗，惟應注意其實到貨物需與報單上申報各項完全相符，始可放行。如於查驗時，發現其名稱、品質、規格、數量、重量等項有不符情事，應於報單上簽註不符事實，送由驗貨主管核轉分類估價單位處理。

2-3-3　報單之申驗

　　應查驗之報單彙送驗貨單位後，經辦關員應將報單以有關程式輸入電腦。報關人得以書面或傳送「進口貨物查驗申請書」，向驗貨單位申請派驗。

2-3-4　報單之派驗

　　依「進出口貨物查驗注意事項」第 5 點規定，進出口貨物之派驗及驗貨督導依下列規定辦理：

一、驗貨主管對於下列情況，得指派驗貨小組（由 2 至 3 位驗貨關員組成）查驗，或指派股長級以上人員督導查驗：

㈠根據分析判斷可疑者。

㈡退單未驗之報單。

㈢曾有重大走私或多次違規紀錄者。

㈣密、通報或情資通報具體之案件。

㈤實施關稅配額貨物，或自亞洲地區進口之農產品。

㈥高危險群廠商報運進口之冷凍貨櫃。

㈦不易查驗之貨物。

㈧在儀器查驗過程中，經判讀影像異常而改爲人工查驗之貨物。

二、各通關單位得配置驗貨督導人員，由具有驗估經驗之 9 職等非主管遴派之。專責督導驗貨工作之落實執行、報關人員配合查驗事項及驗貨現場問題之協調解決。

三、自亞洲地區進口之大蒜、香菇，除有特殊理由外，應全數清櫃查驗。

四、驗貨主管核准工廠驗放申請案件，應以認定貨物無法或不適宜於海關核准登記之場所實施查驗為原則，除詳細載明核准原因外，並應注意下列事項：

　　㈠申請書完整記載貨物性質、申請原因及相關具體事由，並檢具相關資料供海關查核。

　　㈡申請原因與待驗貨物性質具備正當合理關聯性並考量風險等級相關因素。

　　㈢貨物性質屬需於無塵室等特殊環境查驗、應使用特殊機具、設備始能實施查驗或發生其他不可抗力情事等合理事由。

2-3-5　報單之查驗

　　進出口貨物應在經海關核准登記之貨棧或貨櫃集散站或經海關核准或指定之地點查驗。

　　驗貨關員受派應驗報單後，應核明查驗所需之裝箱單、裝櫃明細表、型錄、說明書、藍圖或公證報告等單證。其未檢附者，於必要時，應即通知報關人限期檢送。

一、查驗方式

　　目前海關對報運進口貨物之查驗，係由電腦專家系統，依風險管理理念來核定採 C3X（儀器查驗）或 C3M（人工查驗）方式。驗貨關員辦理進出口貨物查驗時，除貨櫃（物）經核定以儀器查驗或核定以儀器查驗之貨櫃（物）經發現異常須辦理人工查驗及出口貨物經海關核准船（機）邊驗放等情形外，應會同報關人為之，並應依「進出口貨物查驗準則」之有關規定辦理。

　　㈠儀器檢驗

　　　　以檢查儀器對貨櫃（物）採取非侵入性檢查，藉由掃描貨櫃（物）產生之影像，判讀內裝貨物有無異常。此種查驗方式，目前之作業均以驗放方式辦理。除可比人工查驗縮短通關時間外，並可降低查驗過程中貨物受損的機率，減輕進出口業者查驗費用負擔。

(二)人工查驗

以人工開櫃或拆包之傳統侵入式，由驗貨員查驗櫃內或散裝之貨物內容。

整裝貨櫃進口貨物，得准在碼頭（機場）貨櫃場驗放或酌情核准直接卸存工廠查驗，合裝貨櫃則應拆櫃進儲倉庫後方准查驗。海關得視貨物進口人、報關業者、起運口岸、生產國別、貨物特性及稅則號別等因素決定以簡易查驗、一般查驗或詳細查驗方式辦理貨物查驗，並得由電腦或派驗報單主管人員決定指櫃、指位或開驗件數。

1. 簡易查驗

即由驗貨員就貨（櫃）抽驗 1 件，核對該件貨名、數量、材質及標記相符即可，必要時得繼續開驗。

2. 一般查驗

即依據「進出口貨物查驗準則」之一般查驗規定辦理查驗，應就指定櫃號、櫃位所存放貨物進行查驗，其開驗件數除空運貨物外，以 5% 以下為原則。

3. 詳細查驗

海關認為有詳細查驗之必要或有具體密報者，應於集中查驗區將櫃內貨物搬出至不經移動即能看見每 1 件貨物至少一面，始進行查驗，必要時應清櫃查驗或拆櫃進倉查驗；其開驗箱數以 10% 以下為原則，但開驗已達 20 件，且未發現不符者，得免予繼續開驗。

二、查驗程序

依「進出口貨物查驗注意事項」第 6 點規定，驗貨關員應依下列規定查驗進口貨物：

(一)確認查驗之貨物

1. 發現可疑時，應洽駐庫或稽核關員會同倉庫管理人辨認貨物。

2. 核對貨物存放處所

貨物存放處所須與進口報單申報之存放處所相符，如有不符，應不予查驗，並於報單註明後送回其主管核辦。但經核准船（機）邊驗放或船（機）邊免驗提貨者不在此限。

3. 核對貨櫃號碼及封條

進口貨櫃開櫃前，應注意查看貨櫃及封條是否固封完整，報單驗貨紀錄上應列載封條號碼。查驗之貨櫃號碼與報單申報不符者，應不予查驗，將報單退回查

明。如屬筆誤或誤繕等顯然錯誤，可參考提貨單資料，於報單更正後查驗。

4. 核對包裝外表上標記及號碼

除依本注意事項規定免予施用標記及號碼之貨物外，所有貨物包裝外表上標記、號碼應與報單上所申報及提貨單所列者相符。但違反本注意事項參之各點規定者，仍應依有關規定辦理。

5. 核對件數

其有短卸或溢卸者，應向駐庫或稽核關員查明並將實到數量在報單上註明。

6. 自亞洲地區進口之大蒜

應會同農政主管機關、納稅義務人或其委任之報關業者逐批開櫃、查驗及取樣，並副知政風單位。

㈡指件查驗

根據派驗報單主管人員批註之至少開驗件數、過磅件數、通扦件數之範圍自行指定查驗。

㈢拆包或開箱

查驗貨物時，其搬移、拆包或開箱、恢復原狀等事項及其所需費用，統由納稅義務人或其委託之報關人負責辦理，但應盡可能保持貨物裝箱及包裝原狀，並避免貨物之損失。

㈣查驗時應注意下列事項

1. 貨物名稱、牌名、品質、貨號、型號、規格尺寸、加工程度、材質等。

2. 來源地名（產地或生產國別）及標示。

3. 數量（長度、面積、容量等均用公制單位）。

4. 淨重：Net Weight，即貨物毛重扣除內外包裝後之重量。（用公制單位）。

㈤驗訖標示

無箱號之貨件，應在箱件上加蓋查驗戳記或以不褪色墨水筆簡署；有箱號者，應將箱號批註於裝箱單上，免蓋查驗戳記或簡署。

㈥經核准工廠驗放案件，應經分估關員批示押運，由關員押運至指定地點進行查驗。

三、原產地之認定

應依據關稅法第 28 條及「進口貨物原產地認定標準」、「海關認定進口貨物原產地作業要點」辦理。

㈠認定權責

1. 進口貨物原產地由進口地海關認定。

2. 原產地認定有疑義時，進口地海關得通知納稅義務人限期提供產地證明文件或樣品。例如進口貨物之產地有下列各款可疑情事之一者，海關得通知納稅義務人限期提出書面說明及提供運送契約文件、貨櫃動態表、船舶航程表、買賣契約、出進口資料或其他證明產地之文件，供海關認定其產地：

　⑴自特定國家口岸裝載起運。

　⑵裝運貨櫃上留有特定國家海關固封封條。

　⑶包裝上或貨櫃內有特定國家商檢代碼或熏蒸證明。

　⑷進口報單所申報提單號碼有自特定國家裝運之可疑編號。

　⑸其他可疑情事。

　納稅義務人未依限期提供產地證明文件或樣品，或所提供證明文件或樣品不足認定原產地，進口地海關得請求其他機關（包括行政院農業委員會、經濟部及其他相關機關）協助認定，其他機關未能自進口地海關請求協助日起 20 日內提出明確書面意見時，進口地海關應就現有查得資料認定貨物原產地。

3. 原產地認定過程中，納稅義務人依關稅法第 28 條第 1 項規定請求貨物主管機關或專業機構協助認定者，應通知進口地海關，進口地海關接到通知時，應將樣品及相關資料送相關機關或專業機構協助認定。進口地海關於接獲貨物主管機關或專業機構協助認定之回覆後，應綜合其他查得之事證，認定該進口貨物之原產地。

4. 進口地海關應自貨物申報進口之日起 2 個月內，完成原產地之認定。認定期間，得因查核需要予以展延 2 個月，但以 1 次為限，並應將展延事由通知納稅義務人。

㈡進口貨物原產地認定基準

　依「進口貨物原產地認定標準」第 3 條，原產地認定基準分為下列 3 種：

1. 一般貨物之原產地認定

　非適用海關進口稅則第二欄稅率之進口貨物以下列國家或地區為其原產地：

　⑴ 進行完全生產貨物之國家或地區。

　　所稱完全生產貨物如下：

　　A. 自一國或地區內挖掘出之礦產品。

B. 在一國或地區內收割或採集之植物產品。

C. 在一國或地區內出生及養殖之活動物。

D. 自一國或地區內活動物取得之產品。

E. 在一國或地區內狩獵或漁撈取得之產品。

F. 由在一國或地區註冊登記之船舶自海洋所獲取之漁獵物及其他產品或以其為材料產製之產品。

G. 自一國或地區之領海外具有開採權之海洋土壤或下層挖掘出之產品。

H. 在一國或地區內所收集且僅適用於原料之回收之使用過之物品或於製造過程中所產生之膳餘物、廢料。

I. 在一國或地區內取材自第 A 款至第 H 款生產之物品。

(2) 貨物之加工、製造或原材料涉及 2 個或 2 個以上國家或地區者，以使該項貨物產生最終實質轉型之國家或地區。

除特定進口貨物原產地認定基準由經濟部及財政部視貨物特性另訂定公告者外，進口貨物之實質轉型，指下列情形：

A. 原材料經加工或製造後所產生之貨物與原材料歸屬之海關進口稅則前 6 位碼號列相異者。

B. 貨物之加工或製造雖未造成前款稅則號列改變，但已完成重要製程或附加價值率超過 35% 以上者。附加價值率之計算公式如下：

貨物出口價格（FOB）－直、間接進口原料及零件價格（CIF）/ 貨物出口價格（FOB）＝ 附加價值率。

貨物僅從事下列之作業者，不得認定為實質轉型：

A. 運送或儲存期間所必要之保存作業。

B. 貨物為上市或裝運所為之分類、分級、分裝、包裝、加作記號或重貼標籤等作業。

C. 貨物之組合或混合作業，未使組合或混合後之貨物與被組合或混合貨物之特性造成重大差異者。

D. 簡單之切割或簡易之接合、裝配或組裝等加工作業。

E. 簡單之乾燥、稀釋或濃縮作業，未改變貨物之本質者。

2. 低度開發國家貨物之原產地認定

自低度開發國家進口之貨物，符合下列規定者，認定為該等國家之原產貨物：

(1) 自該國完全生產之貨物。

(2) 貨物之生產涉及 2 個或 2 個以上國家者，其附加價值率不低於 50% 者。

自低度開發國家進口貨物之附加價值率計算公式如下：

貨物出口價格（FOB）－直、間接進口原材料及零件價格（CIF）/ 貨物出口價格（FOB）＝ 附加價值率

（註：在低度開發國家使用中華民國原產材料生產之貨物，該中華民國原產材料於計算附加價值率時不列入直、間接進口原材料及零件價格）。

申請優惠關稅者，進口時應檢具經出口國政府機關認證之原產地證明書，並應符合下列運輸規定：

① 自出口國直接運達中華民國。

② 為過境或暫時儲存倉庫之目的，須自另一國家轉運者，該轉運貨物在轉運期間除卸貨、再裝貨外，不得從事加工或其他作業。

3. 與我國簽定貿易協定、協議之國家或地區貨物之原產地認定

進口貨物之原產地分別依各該協定、協議或其授權商定文件所定原產地認定基準認定。

㈢進口貨物原產地認定原則

依「海關認定進口貨物原產地作業要點」規定：

1. 貨物本身或包裝上有標示產地者：海關得根據進口報單所申報之產地加以核對，如查無去除、破壞或塗改情事，且亦無其他事證足以判定係虛報產地時，即逕依其產地標示認定產地，免再繼續查證。但經法院依法裁判，或另有具體事證之密報、通報，或主管機關規定須查證產地之品目者，不在此限。

2. 貨物本身或其包裝上未標示產地者：海關得根據運送契約文件、貨櫃動態表、船舶航程表或其他證明產地之文件認定其產地。

3. 貨物本身或其包裝產地標示不符，或原有標示雖經去除、破壞或塗改而仍可辨識者：海關得依其原有產地標示認定產地，但納稅義務人提出反證證明其原有產地標示確屬錯誤者，不在此限。

4. 貨物本身或其包裝上之產地標示經去除、破壞或塗改致無法辨識者：海關得通知納稅義務人對該可疑部分之貨物限期提出書面說明及提供相關證明文件，供海關認定其產地。

㈣原產地認定程序

1. 進口貨物依加工或製造之附加價值率達到最終實質轉型之國家或地區申報為其原產地者，海關得通知納稅義務人限期提供直、間接進口原料或零件價格資

料、加工製程及其他足供認定已達實質轉型之資料供海關審查。

2. 納稅義務人未依海關要求於期限內提出說明或提供相關文件資料者，海關得依既有事證，認定其產地。

3. 協助認定

　(1) 海關對進口農漁產品之產地，依「海關認定進口貨物原產地作業要點」有關規定認定仍有疑義時，得送請行政院農業委員會協助認定，其中香菇及大蒜應逐批查驗、逐批送行政院農業委員會鑑定。

　　農業委員會協助認定結果仍有疑義者，海關得送請駐外單位協助文書認證或實地查訪後，逕依既有事證，認定其產地。

　(2) 海關對進口農漁產品以外產品之產地，依「海關認定進口貨物原產地作業要點」有關規定認定仍有疑義時，得送請駐外單位協查。經協查結果如仍無法認定產地者，得請求其他機關協助認定。

　(3) 進口貨物送請駐外單位協查結果，經海關認定並未涉及虛報產地者，納稅義務人再度進口由同一國外出口商或製造商提供之相同貨物，除有其他事證足以懷疑係虛報產地或另有具體事證之密報、通報，或主管機關規定須查證產地之品目等情事外，海關得逕依其產地標示或原申報認定產地，免再繼續查證。

　(4) 海關對進口貨物產地認定有疑義，請求其他機關協助認定時，應敘明查證情形及產地認定疑義事項，並檢送樣品、型錄或照片及相關查證資料。

　(5) 納稅義務人不服海關認定之產地提起行政救濟案件，除納稅義務人依據關稅法第 28 條第一項規定，請求貨物主管機關或專業機構協助認定者外，海關得逕依行政救濟程序辦理，免再送其他機關或專業機構協助認定。

4. 海關對進口貨物實施事後稽核涉及原產地認定事項，依「海關認定進口貨物原產地作業要點」相關規定辦理。

四、加封封條

　　櫃裝貨物驗畢，應再以海關封條加封，並於貨櫃運送單（或驗貨卡）更正封條號碼，簽章後交駐站（庫）關員，駐站（庫）關員應以有關程式於艙單檔註記更正封條號碼。

五、查驗紀錄之填註

　　進口報單查驗辦理紀錄欄內除主管人員核定指示者外，應由經辦驗貨關員於驗貨後依下列規定原則據實填報：

㈠「應取樣」或「應繳說明書」兩項，如經照辦，可填報已檢送，其因特殊原由，不能檢送者，如樣品過於笨重或過於精細易損或有危險性，報關人不能依限繳送說明書等，應簽註不能檢送原因。

㈡「標記印刷情形」一項，應填報其標記方法。

㈢「裝箱情形」一項，應填報貨物包裝是否完整良好，有無破損、有無頂換、私開及其他可疑之痕跡。

㈣「未驗原因」一項，應將未驗之原因據實填明。

㈤應在報單上註明，已開驗、過磅、通扦之箱號。

2-3-6　查驗不符案件之處理

一、報關人或貨主之簽認

　　驗貨關員查驗貨物，查驗結果與原申報不符時，應在報單背頁空白處，由報關人或貨主簽認「承認查驗結果」。

　　如係由報關人簽認者，驗貨關員應核明其身分，並由其註明報關證字號；如報關人或貨主不能或拒絕簽認，由驗貨關員在報單上註明並報告驗貨單位主管依相關規定處理。

　　自行或委託報關之後送行李，驗貨關員完成查驗，應一律請貨主（旅客本人）或其代理人或委託之報關人於報單上簽認。

二、申報內容之改正

　　驗貨關員應確實將與查驗結果不符之報單各項申報內容，予以改正，並於電腦檔更新資料。

　　改正事項，不得使用橡皮擦抹，應用不褪色墨水筆將原申報不符各項圈除，務使原申報之文字或數字仍能明顯認出，另在圈除之上方加以改正，並予簽署。

2-3-7　已驗報單之處理

一、未及驗畢或未及繕作查驗紀錄報單，應由各通關單位驗貨主管俟所屬驗貨員返關並作明確交待後，將報單收存保管。

二、經驗明與原申報不符之報單，應即於報單上註明，並於返回辦公室時即將報單送由主管處理，不得留在手中過夜，其有取樣者，並於返回辦公室時即將貨樣交出。

三、海運貨物通關自動化後有關作業

　　(一)查驗相符報單

　　　　1. 一般 C3 報單查驗後，經驗貨單位主管複核並以有關程式輸入驗畢訊息，報單送分估單位辦理後續作業。

　　　　2. 驗放報單經驗貨單位主管複核並以有關程式輸入驗畢訊息後，如來貨申報相符，報單逐送審核單位審核。

　　(二)驗明不符之報單

　　　　1. 一般 C3 報單查驗不符案件，應於報單詳述不符情形，經驗貨單位主管複核並以有關程式輸入驗畢及查驗不符訊息後，報單送分估單位處理。

　　　　2. 驗放報單查驗不符案件，貨物不予放行，並於電腦放行通知、報單分別簽註不符情形，一併送驗貨單位主管複核後以有關程式輸入驗畢及不符訊息，報單送分估單位處理。

四、貨樣之提取

　　為鑑定貨物之名稱、種類、品質、等級，供稅則分類、估價或核退稅捐之參考，得於查驗進、出口貨物時，提取貨樣，但以在鑑定技術上認為必要之數量為限；不能重複化驗鑑定之貨物，應以足夠供 3 次化驗鑑定之用。

五、清表之列印

　　驗貨單位應以有關程式每日自電腦列印「驗畢報單清表」及「逾期未驗報單清表」，憑以查核。

2-3-8　退單之處理

　　因報關人未能準時到場會同查驗而退單者，以書面通知報關行及貨主重新申請查驗。

2-3-9　應驗報單逾期不申驗貨物之處理

一、核定人工查驗之進口貨物

　　核定人工查驗之進口貨物，報關人應自報關之翌日起 10 日內；快遞貨物應自報關之翌日起 3 日內申請並會同海關查驗，屆期仍未申請查驗或申請展延查驗期限者，應由海關書面通知倉庫管理人預定會同查驗時間，並副知報關人或納稅義務人。

倉庫管理人會同查驗時，應配合辦理代辦貨物之搬移、拆包或開箱及恢復原狀等事項，並在報單背面簽署有關破損或數量、重量不符，或有其他虛報情事等查驗結果。

二、核定儀器查驗之進口貨物

報關人應自海關電腦發送儀器查驗訊息通知之翌日起 10 日內申請查驗，屆期仍未申請查驗或申請展延查驗期限者，應由海關書面通知倉庫管理人預定查驗時間，並副知報關人或納稅義務人。倉庫管理人應配合將進口貨物運送至海關儀檢站受檢。進出口貨物在儀器查驗過程中，經判讀影像異常者，得由儀檢主管或其指定人員改為人工查驗。

倉庫管理人會同查驗時，應配合辦理代辦貨物之搬移、拆包或開箱及恢復原狀等事項，並在報單背面簽署有關破損或數量、重量不符，或有其他虛報情事等查驗結果。

2-4 分類估價

分類估價作業是海關辦理分類估價關員依據中華民國輸出入貨品分類表核定進口貨物之稅則稅率，並依關稅法規定核定完稅價格，據以計算應繳稅費，以及核銷簽審文件。

2-4-1　稅則之意義

稅則（Tariff）係政府對進口或出口貨物課徵關稅之稅率表。對進口貨物課徵關稅的稅率表，稱為進口稅則。對出口貨物課徵關稅的稅率表，稱為出口稅則。

稅則以適用對象分，對各國進口之相同貨物，均課以同一稅率，為單一稅則制（Single Tariff System），例如貨物稅率僅列第 3 欄而第 1、2 欄空白者。為達到政策上之目的，對各國進口之相同貨物，依來源地區分為數類，各課以不同稅率（基本稅率、協定稅率、特惠稅率等）者，即為複式稅則制（Multiple Tariff System）。

進口貨物之稅則分類，是海關辦理分類估價關員依照中華民國輸出入貨品分類表核定進口貨物之稅則稅率。

進口報單完成收單作業後，C2 及先估後驗報單送分估單位股長派估。受派估之分估員以有關程式鍵入報單號碼後，電腦畫面即顯示報單全部資料，並提示經專家系統篩選之分估應注意事項及有關簽審規定等資料，分估員於比對進口報單申報事項無訛後，參據電腦畫面提示之資料辦理分估及銷證作業。必要時，得以有關程式自分估資料參考檔（包括價格資料、簽審基準、己開放進口大陸物品、應取樣或應檢附型錄貨品、大陸物

品錄案及應徵特別關稅資料等）擷取分估參考資料，依有關法令規定辦理分估及銷證作業。如有錯單或應補辦事項，應以有關程式將訊息通知報關人，俟補正後再鍵入分估初核通過訊息。

C2 及先驗後估報單經審核無訛，分估員及有權複核人員應以有關程式分別鍵入初核及複核通過訊息，即完成分估作業，報單移送審核單位辦理後續作業。

C2 報單如屬應取樣或應檢附型錄而無查驗之必要者，得於報單上批示僅取樣，送驗貨單位取樣。如屬先核後放或發現報價偏低者，應先傳真總局驗估處查價，並得簽請將通關方式改為 C3 查驗，鍵入電腦註記，並以電話或電腦自動將改查驗訊息通知報關人。

C3 報單及改查驗之報單，經查驗結果發現有申報不符者，分估人員應將查驗結果鍵入電腦更檔，並依規定辦理分估作業，無法即時完成分估作業時，應將訊息通知報關人。其涉及緝案者，於電腦報單檔註記後，依有關法令規定人工處理。

茲將稅則分類之重點，分述於后。

2-4-2　中華民國輸出入貨品分類

我國依國際通用之「國際商品統一分類制度」（The Harmon Commodity Description and Coding System；HS），編訂 11 位碼的新制中華民國商品標準分類，並自 1989 年 1 月 1 日起實施。

新制中華民國進口稅則分為 21 類、98 章（其中第 77 章列為空章，國際間保留該章以備將來使用）、1 萬餘項。

2-4-3　中華民國稅則表

我國目前適用之稅則表的主要內容包括稅則號碼（Tariff Number）、貨物名稱（Article of Goods）、國定稅率（Rate of duty）及輸出入規定（Imp & Exp Rogulation）4 部分。

1. 稅則號碼為 11 位碼

第 1-6 位碼：國際通用碼。

第 7.8 位碼：海關作為關稅課徵之用。

第 9.10 位碼：機關統計之用；國貿局訂定簽審規定之依據。

第 11 位碼：電腦作業「檢查號碼」。

廠商申請輸出入許可證及報關時，均須在申請書及報單上申報 11 位碼之商品分類號列。

2. 稅則稅率分為 3 欄

第 1 欄之稅率，適用於世界貿易組織會員，或與中華民國有互惠待遇之國家或地區之進口貨物。

第 2 欄之稅率，適用於特定低度開發國家、開發中國家或地區之特定進口貨物，或與我簽署自由貿易協定之國家或地區之特定進口貨物。

不得適用第 1 欄及第 2 欄稅率之進口貨物，應適用第 3 欄稅率。進口貨物如同時得適用第 1 欄及第 2 欄稅率時，適用較低之稅率。

3. 關稅依本稅則由海關從價或從量徵收。

2-4-4　中華民國進口稅則解釋準則

海關進口稅則貨品之分類應依下列原則辦理：

準則一：

　　類、章及分章之標題，僅為便於查考而設；其分類之核定，應依照稅則號別所列之名稱及有關類或章註為之，此等稅則號別或註內未另行規定者，依照後列各準則規定辦理。

準則二：

〔甲〕稅則號別中所列之任何一種貨品，應包括該項貨品之不完整或未完成者在內，惟此類不完整或未完成之貨品，進口時需己具有完整或完成貨品之主要特性。該稅則號別亦應包括該完整或完成之貨品（或由於本準則而被列為完整或完成者），而於進口時未組合或經拆散者。

〔乙〕稅則號別中所列之任何材料或物質，應包括是項材料或物質與其他材料或物質之混合物或合成物在內。其所稱以某種材料或物質構成之貨品，則應包括由全部或部分是項材料或物質構成者在內。凡貨品由超過一種以上之材料或物質構成者，其分類應依照準則第三條各款原則辦理。

準則三：

　　貨品因適用準則第二條〔乙〕或因其他原因而表面上可歸列於兩個以上之稅則號別時，其分類應依照下列規定辦理：

〔甲〕稅則號別所列之貨品名稱說明較具體明確者，應較一般性說明者為優先適用。當兩個以上之稅則號別，而每個稅則號別僅述及混合物或組合物所含材料或物質之一部分，或各僅述及供零售之成套貨物所含部分貨品，則前述之各稅則號別對該

等貨品可認為係具有同等之具體明確性，縱使其中之一稅則號別較他稅則號別所載者更為完備或精確。

〔乙〕混合物、由不同材料或組件組成之組合物或零售之成套之貨物，其不能依準則三〔甲〕歸類者，在本準則可適用之範圍內，應按照實質上構成該項貨品主要特徵所用之材料或組件分類。

〔丙〕當貨品不能依準則三〔甲〕或三〔乙〕分類時，應歸入可予考慮之稅則號別中，擇其稅則號別位列最後者為準。

準則四：

貨品未能依前述準則列入任何稅則號別者，應適用其性質最類似之貨品所屬之稅則號別。

準則五：

除前述各準則外，下列規定應適用於各所規範之物品：

〔甲〕照相機盒、樂器盒、槍盒、製圖工具盒、項鍊盒及類似容器，具特殊形狀或適於容納特定或成套之物品，適於長期使用並與所裝物品同時進口者，如其於正常情況下係與所裝物品同時出售，則應與該物品歸列同一稅則號別，惟此規定不適用其本身已構成整件貨品主要特質之容器。

〔乙〕基於準則第五條〔甲〕之規定，包裝材料與包裝容器與所包裝之物品同時進口者，如其於正常情況下係用以包裝該物品，則應與所包裝之物品歸列同一稅則號別，惟此項規定不適用於顯然可重複使用之包裝材料或包裝容器。

準則六：

基於合法之目的，某一稅則號別之目下物品之分類應依照該目及相關目註之規定，惟該等規定之適用僅止於相同層次目之比較。為本準則之適用，除非另有規定，相關類及章之註釋亦可引用。

2-4-5 稅則表各類章內容

第一類 活動物；動物產品

　第 一 章 活動物

　第 二 章 肉及食用雜碎

第二十六章　礦石、熔渣及礦灰

第二十七章　礦物燃料、礦油及其蒸餾產品；含瀝青物質；礦蠟

第六類　化學或有關工業的產品

第二十八章　無機化學品；貴金屬、稀土金屬、放射性元素及其同位素之有機及無機化合物

第二十九章　有機化學產品

第 三十 章　醫藥品

第三十一章　肥料

第三十二章　鞣革或染色用萃取物；鞣酸及其衍生物；染料、顏料及其他著色料；漆類及凡立水；油灰及其他灰泥；墨類

第三十三章　精油及樹脂狀物質；香水、化粧品或盥洗用品

第三十四章　肥皂，有機界面活性劑，洗滌劑，潤滑劑，人造蠟，配製蠟，擦光或除垢劑，蠟燭及類似品，塑型用軟膏（牙科用蠟），以及石膏為基料之牙科用劑

第三十五章　蛋白狀物質；改質澱粉；膠；酵素

第三十六章　炸藥；煙火品；火柴；引火合金；可燃製品

第三十七章　感光或電影用品

第三十八章　雜項化學產品

第七類　塑膠及其製品；橡膠及其製品

第三十九章　塑膠及其製品

第 四十 章　橡膠及其製品

第八類　生皮、皮革、毛皮及其製品；鞍具及轡具；旅行用物品、手袋及其類似容器；動物腸線（蠶腸線除外）

第四十一章　生皮（毛皮除外）及皮革

第四十二章　皮革製品；鞍具及轡具；旅行用物品、手提袋及類似容器；動物腸線（蠶腸線除外）製品

第四十三章　毛皮與人造毛皮及其製品

第九類　木及木製品；木炭；軟木及軟木製品；草及其他編結材料之編結品；編籃及柳條編結品

第四十四章　木及木製品；木炭

第四十五章　軟木及軟木製品

第四十六章　草及其他編結材料之編結品；編籃及柳條編結品

第十類　木漿或其他纖維素材料之紙漿；回收（廢料及碎屑）紙或紙板；紙及紙板及其
製品

第四十七章　木漿或其他纖維素材料之紙漿；回收（廢料及碎屑）紙或紙板

第四十八章　紙及紙板；紙漿、紙或紙板之製品

第四十九章　書籍，新聞報紙，圖書及其他印刷工業產品；手寫稿、打字稿及設計
圖樣

第十一類　紡織品及紡織製品

第 五十 章　絲

第五十一章　羊毛，動物粗細毛；馬毛紗及其梭織物

第五十二章　棉花

第五十三章　其他植物紡織纖維；統紗及紙紗梭織物

第五十四章　人造纖維絲

第五十五章　人造纖維棉

第五十六章　填充用材料、氈呢、不織布；特種紗；撚線、繩、索、纜及其製品

第五十七章　地毯及其他紡織材料覆地物

第五十八章　特殊梭織物；簇絨織物；花邊織物；掛毯；裝飾織物；刺繡織物

第五十九章　浸漬、塗佈、被覆或黏合之紡織物；工業用紡織物

第 六十 章　針織或針織品

第六十一章　針織或針織之衣著及服飾附屬品

第六十二章　非針織及非針織之衣著及服飾附屬品

第六十三章　其他製成紡織品；組合品；舊衣著及舊紡織品；破布

第十二類　鞋、帽、雨傘、遮陽傘、手杖、座凳式手杖、鞭、馬鞭及其零件；已整理之
羽毛及其製品；人造花；人髮製品

第六十四章　鞋靴、綁腿及類似品；此類物品之零件

第六十五章　帽類及其零件

第六十六章　雨傘、陽傘、手杖、座凳式手杖、鞭、馬鞭及其零件

第六十七章　已整理之羽毛、羽絨及其製品；人造花；人髮製品

第十三類　石料、膠泥、水泥、石棉、雲母或類似材料之製品；陶瓷產品；玻璃及玻璃器

第六十八章　石料、膠泥、水泥、石棉、雲母或類似材料之製品

第六十九章　陶瓷產品

第 七 十 章　玻璃及玻璃器

第十四類　天然珍珠或養珠、寶石或次寶石、貴金屬、被覆貴金屬之金屬及其製品；仿首飾；鑄幣

第七十一章　天然珍珠或養珠、寶石或次寶石、貴金屬、被覆貴金屬之金屬及其製品；仿首飾；鑄幣

第十五類　卑金屬及卑金屬製品

第七十二章　鋼鐵

第七十三章　鋼鐵製品

第七十四章　銅及其製品

第七十五章　鎳及其製品

第七十六章　鋁及其製品

第七十八章　鉛及其製品

第七十九章　鋅及其製品

第 八 十 章　錫及其製品

第八十一章　其他卑金屬；瓷金；及其製品

第八十二章　卑金屬製工具、器具、利器、匙、叉及其零件

第八十三章　雜項卑金屬製品

第十六類　機械及機械用具；電機設備及其零件；錄音機及聲音重放機，電視影像、聲音記錄機及重放機，上述各物之零件及附件

第八十四章　核子反應器、鍋爐、機器及機械用具；及其零件

第八十五章　電機與設備及其零件；錄音機及聲音重放機；電視影像、聲音記錄機及重放機；以及上述各物之零件及附件

第十七類　車輛、航空器、船舶及有關運輸設備

　　第八十六章　鐵道或電車道機車、車輛及其零件；鐵路或電車道軌道固定設備及配件與零件；各種機械式（包括電動機械）交通信號設備

　　第八十七章　鐵道及電車道車輛以外之車輛及其零件與附件

　　第八十八章　航空器、太空船及其零件

　　第八十九章　船舶及浮動構造體

第十八類　光學、照相、電影、計量、檢查、精密、內科或外科儀器及器具；鐘錶；樂器；上述物品之零件及附件

　　第 九十 章　光學、照相、電影、計量、檢查、精密、內科或外科儀器及器具；上述物品之零件及附件

　　第九十一章　鐘、錶及其零件

　　第九十二章　樂器；與其零件及附件

第十九類　武器與彈藥；及其零件與附件

　　第九十三章　武器與彈藥；及其零件與附件

第二十類　雜項製品

　　第九十四章　家具；寢具、褥、褥支持物、軟墊及類似充填家具；未列名之燈具及照明配件；照明標誌、照明名牌及類似品；組合式建築物

　　第九十五章　玩具、遊戲品與運動用品；及其零件與附件

　　第九十六章　雜項製品

第廿一類　藝術品、珍藏品及古董

　　第九十七章　藝術品、珍藏品及古董

　　第九十八章　關稅配額之貨品

2-4-6　稅則號別及稅率之核定

　　各關應依據 HS 解釋準則、總則及中華民國輸出入貨品分類表所載有關規定，辦理進口貨物貨品號列及品目之劃分及稅則號別之認定。

2-4-7　稅則號別與稅率之審核

　　應依「海關進口稅則解釋準則」辦理。海關進口稅則修正時，其稅率之適用：

一、一般進口貨物：以運輸工具進口日為準

二、保稅倉庫貨物：以申請出倉進口日為準

三、保稅工廠貨物：以報關日為準

四、物流中心貨物：以出中心進口日為準

2-4-8　統一稅則之規定

一、整套機器拆散進口之機器稅則號別

　　整套機器及其在產製物品過程中直接用於該項機器之必要設備（其適用範圍以供組成該項機器運轉產製物品所需之各種機件，在操作過程中直接用於該項機器之設備及正常使用情形下供其備用或運轉用之必需機件或設備為限），因體積過大，或其他原因，須拆散、分裝報運進口者，除事前檢同有關文件申報，經海關核明屬實，准按整套機器設備應列之稅則號別徵稅外，各按其應列之稅則號別徵稅。

二、組合貨物拆裝進口之稅則號

　　依本項規定整體貨物拆散、分裝報運進口，按下列情形之一認定：

　　㈠組合物品之名稱與數量，載入同一輸入許可證或同提貨單者。

　　㈡組合物品之數量，適合整體貨物所需之數量者。

　　㈢組合物品之種類、名稱均為整體貨物之組件，雖其數量不足以裝配成整體貨物，但其每套價值超過整體貨物價值 50% 者。組合貨物拆裝進口之稅則號別由數種物品組合而成之貨物，經拆散，分裝報運進口者，除機器依上項規定辦理外，按整體貨物應列之稅則號別徵稅。

　　㈣依經濟部核准分期自製整體貨物計劃之廠商，照核定之分期自製百分比，直接進口該項自製整體貨物之零件、配件或附件，於進口報關時，檢附經濟部核准自製該項整體貨物之證明文件，由海關核明屬實者，按該項自製整體貨物之零件、配件或附件應行歸屬之稅則號別徵稅。

　　本項規定之立法意旨在於各國對其產業普遍採保護政策，故一般貨物如以成品方式進口時稅率較高；如以零件、原料方式進口，因其在國內加工時，可增加國民就業機會，提高商品附加價值，甚至提高國家生產毛額，故稅率較低。

2-4-9　完稅價格之意義

　　進口貨物之「完稅價格」（Duty-Paying Value）係指作為計算關稅稅額之價格，我國採用起岸價格（CIF）為完稅價格，並根據「交易價格」制度規定作為完稅價格之計算方法。茲將關稅法規有關進口貨物完稅價格之規定，分述如下。

2-4-10　完稅價格之核估

2-4-10-1　交易價格

依關稅法第 29 條規定，從價課徵關稅之進口貨物，其完稅價格以該進口貨物之交易價格作為計算根據。此項交易價格係指進口貨物由輸出國銷售至我國實付或應付之價格。進口貨物之實付或應付價格，如未計入下列費用者，應將其計入完稅價格：

一、由買方負擔之佣金、手續費、容器及包裝費用。

二、由買方無償或減價提供賣方用於生產或銷售該貨之下列物品及勞務，經合理攤計之金額或減價金額：

　　㈠組成該進口貨物之原材料、零組件及其類似品。

　　㈡生產該進口貨物所需之工具、鑄模、模型及其類似品。

　　㈢生產該進口貨物所消耗之材料。

　　㈣生產該進口貨物在國外之工程、開發、工藝、設計及其類似勞務。

三、依交易條件由買方支付之權利金及報酬。

四、買方使用或處分進口貨物，實付或應付賣方之金額。

五、運至輸入口岸之運費、裝卸費及搬運費。

六、保險費。

進口貨物之交易價格，有下列情事之一者，不得作為計算完稅價格之根據：

一、買方對該進口貨物之使用或處分受有限制。但因中華民國法令之限制，或對該進口貨物轉售地區之限制，或其限制對價格無重大影響者，不在此限。

二、進口貨物之交易附有條件，致其價格無法核定。

三、依交易條件買方使用或處分之部分收益應歸賣方，而其金額不明確。

四、買、賣雙方具有特殊關係，致影響交易價格。

2-4-10-2　其他核估方法

進口貨物之交易價格如不能作為計算其完稅價格之依據時，則依關稅法第 31 條至第 35 條規定之下列核估順序核定。但海關得依納稅義務人請求，變更依第 33 條（國內銷售價格）、第 34 條（計算價格）核估之適用順序。

一、同樣貨物之交易價格

　　進口貨物之完稅價格，未能依第29條規定核定者，海關得按該貨物出口時或出口前、後銷售至中華民國之同樣貨物之交易價格核定；核定時，應就交易型態、數量及運費等影響價格之因素作合理調整。同樣貨物，係指其生產國別、物理特性、品質及商譽等均與該進口貨物相同者。

二、類似貨物之交易價格

　　進口貨物之完稅價格，未能依第29、31條規定核定者，海關得按該貨物出口時或出口前、後銷售至中華民國之類似貨物之交易價格核定；核定時，應就交易型態、數量及運費等影響價格之因素作合理調整。類似貨物，係指與該進口貨物雖非完全相同，但其生產國別及功能相同，特性及組成之原材料相似，且在交易上可互為替代者。

三、國內銷售價格

　　進口貨物之完稅價格，未能依第29、31、32條規定核定者，海關得按國內銷售價格核定。

　　國內銷售價格，係指該進口貨物、同樣或類似貨物，於該進口貨物進口時或進口前、後，在國內按其輸入原狀於第一手交易階段，售予無特殊關係者最大銷售數量之單位價格核計後，扣減下列費用計算者：

　　㈠該進口貨物、同級或同類別進口貨物在國內銷售之一般利潤、費用或通常支付之佣金。

　　㈡貨物進口繳納之關稅及其他稅捐。

　　㈢貨物進口後所發生之運費、保險費及其相關費用。

　　　　按國內銷售價格核估之進口貨物，在其進口時或進口前、後，無該進口貨物、同樣或類似貨物在國內銷售者，應以該進口貨物進口之翌日起90日內，於該進口貨物、同樣或類似貨物之銷售數量足以認定該進口貨物之單位價格時，按其輸入原狀售予無特殊關係者最大銷售數量之單位價格核計後，扣減前項所列各款費用計算之。

　　　　進口貨物非按輸入原狀銷售者，海關依納稅義務人之申請，按該進口貨物經加工後售予無特殊關係者最大銷售數量之單位價格，核定其完稅價格，該單位價格，應扣除加工後之增值及前項所列之扣減費用。

四、計算價格

　　進口貨物之完稅價格，未能依第29、31、32、33條規定核定者，海關得按計算價格核定。計算價格，係指下列各項費用之總和：

㈠生產該進口貨物之成本及費用。

㈡由輸出國生產銷售至中華民國該進口貨物、同級或同類別貨物之正常利潤與一般費用。

㈢運至輸入口岸之運費、裝卸費、搬運費及保險費。

五、查得價格

　　進口貨物之完稅價格，未能依第 29、31、32、33、34 條規定核定者，海關得依據查得之資料，以合理方法核定之。

2-4-11　特殊貨物完稅價格之核估

2-4-11-1　依修理、裝配費用或加工差額核估

　　運往國外修理、裝配之機械、器具或加工貨物，復運進口者，依下列規定，核估完稅價格：

一、修理、裝配之機械、器具，以其修理、裝配所需費用，作為計算根據。

二、加工貨物，以該貨復運進口時之完稅價格與原貨出口時同類貨物進口之完稅價格之差額，作為計算根據。

2-4-11-2　依租賃費或使用費核估

　　進口貨物係租賃或負擔使用費而所有權未經轉讓者，其完稅價格，根據租賃費或使用費加計運費及保險費核估。

　　如納稅義務人申報之租賃費或使用費偏低時，海關得根據調查所得資料核實估定。但每年租賃費或使用費不得低於貨物本身完稅價格之十分之一。

2-4-11-3　入境旅客自用舊汽車完稅價格之核定及折舊之計算

一、入境旅客自用舊汽車完稅價格之核定，應依關稅法完稅價格核定之規定辦理。如依查得入境旅客資料入境旅客核定其完稅價格時，得按其新車或同樣或類似新車離岸價格與年份起算折舊，以扣減折舊後之價格，另加運費及保險費合為完稅價格，或按輸出國之舊車行情，另加運費及保險費合為完稅價格。

二、入境旅客攜回使用過之舊汽車按其新車或同樣或類似新車之離岸價格與年份起算折舊，其折舊標準為同年度折舊 10%，其後 5 年，第 1 年折舊 20%，第 2 年折舊 35%，第 3 年折舊 50%，第 4 年折舊 60%，第 5 年折舊 65%。第 6 年起依據查得之資料，以合理價格核定。

2-4-12　完稅價格之換算

從價課徵關稅之進口貨物完稅價格必須換算為新臺幣。其外幣價格之折算，以當時外匯管理機關公告或認可之外國貨幣價格為準，其匯率之適用以報關日前一旬中間日（5、15、25）臺灣銀行掛牌公告匯率為準，未掛牌部分按經濟日報所載紐約外幣兌換美元收盤價格為準，並以外幣之賣出匯率乘報單之外幣價格換算為新臺幣。

2-4-13　分估人員應注意審核事項

2-4-13-1　進口廠商之分類

海關將進口廠商分為低危險群廠商（L類；信譽良好或無違規紀錄廠商）、一般廠商（G類）、高危險群廠商（H類；有注意檢查必要之信譽不佳或有違規紀錄廠商）3類，每類再細分3級，以便利報單抽驗，並達到有效查緝違規不法貨物之目的。

2-4-13-2　申報價格之審核

一、發票金額是否正確

審核發票金額欄所列金額與報單申報價格是否一致，其所列應加計或扣減費用，如有疑問應請進口人或其報關代理人提出說明，如其無法提出說明或提供證明文件，或對其說明仍有懷疑者，則於報單加註意見，仍以先放後核通關方式辦理，若進口人提供補正文件時，原附之文件應保留，另以影本供驗估處作審查參考。

二、申報價格是否異常

憑驗估處提供之價格資料或估價經驗，審核價格是否有申報不實之嫌，如申報價格與驗估處提供之價格資料相較顯屬異常，或參據其他資料或憑經驗（如成交價格低於其原材料價格者）判斷申報價格顯屬異常，有詳加查證之必要者，應以電話傳真機傳送有關文件或述明具體理由先向總局驗估處查價，該處無法即時核定其應納稅款之個別案件，進口人如有先行提貨必要者，納稅義務人得根據關稅法規定，申請繳納相當金額保證金，先行提貨，事後再予審查；對於偽造或變造交易發票案件，可以偽造文書罪嫌移送法辦，對虛報貨價案件，亦應按海關緝私條例等有關規定予以處置。

2-4-13-3　應注意之特殊輸入規定

一、輸入貨品，應依貿易法、貿易法施行細則、貨品輸入管理辦法、高科技貨品輸出入管理辦法、限制輸入貨品及委託查核輸入貨品彙總表規定辦理。輸入大陸地區貨品，應另依「臺灣地區與大陸地區貿易許可辦法」及「大陸物品有條件准許輸入項目、

輸入管理法規彙總表」之規定辦理。

二、輸入貨品其屬應施檢驗或檢疫之品目,應依有關檢驗或檢疫之規定辦理。

三、輸入調製食品、食品添加物、藥品、醫療器材、含藥化妝品、毒性化學物質、有害
　　事業廢棄物、野生動物活體或保育類野生動物產製品、大型車輛、度量衡器、肥料、
　　農藥、飼料及其添加物等等貨品,均應依相關輸入規定辦理通關(詳見中華民國輸
　　出入貨品分類表輸入規定部分)。

2-4-13-4　銷證及查核簽審規定

一、核銷輸入許可證

　　將輸入許可證所載各項內容與報單到貨及發票所列項目相互核對,並逐項核挑。經
核對無訛,且輸入許可證上貨物已全部進口者,在該證上註明報單號碼,蓋章後加蓋核
銷輸入許可證章戳。如貨物僅部份進口者,應另將進口數量及外幣價格暨有關報單號碼
於證上註明,僅予部份註銷。

二、核銷產地證明書及其他證件

　　核對產地證明書及其他證件內容與報單所列是否相符。如因產地證明書正本尚未寄
達而無法繳驗者,可由收貨人具結限期於 3 個月內補繳,先驗憑副本通過,收貨人逾期
不繳驗正本者,應備函限期催辦,如仍不遵限繳驗者,即通知國貿局核辦。

　　適用第 2 欄互惠稅率之國家或地區名單,其產品國別之認定標準,一律以生產地為
準,由海關就申報進口貨物及有關文件查明認定,但海關如認為有必要或查驗認定不易
者,得請納稅義務人提供產地證明,以便參核。

2-4-14　貨樣業務

一、貨樣之提取

　　㈠驗貨關員應依分類估價單位或派驗報單主管人員在有關進、出口報單上之批註親
　　　自提取貨樣,並以拍照或錄影方式存證。

　　㈡驗貨關員取樣時,應注意所取樣品確能代表該批貨物之一般品質、規格及等級,
　　　同批貨物顯含不同外觀、品質或規格者,應分別提取鑑定技術上所需之足量貨樣。
　　　但不能重複化驗鑑定之貨物,應提取足夠供 3 次化驗鑑定之用量;所取樣品,除
　　　體積過小或粉狀或液體樣品外,須以不褪色墨水筆在貨樣上簽署。

㈢驗貨關員取樣後，除體積過大或其他不適合以貨樣袋包裝者外，應當場將貨樣袋以海關封條封緘，並會同查驗之貨主或其報關人、倉庫管理人及其他會同機關（如農政主管機關），於有關報單背面及貨樣袋上簽認本件樣品係經會同海關人員自本報單所報貨物中抽取無訛之事實。

㈣驗貨關員提取之貨樣，除過重、體積過大者外，應親自攜回辦公室，不得假手報關人遞送。

二、貨樣之點收、登記及保管

㈠貨樣應由派驗報單主管人員指定專人登記後送交貨樣管理單位點收登記及保管。零星貨樣可隨同報單送分類估價單位。分類估價單位收到貨樣時，應查核鉛封或封緘是否完整，如有開拆痕跡，應予拒收，並退回驗貨單位另行取樣。農產品或易腐貨樣需其他機關（構）協助鑑定、化驗，應於封緘後次一工作日內遞（寄）出。但有特殊情形無法及時執行，應將原因記載於報單，並由課長覆核。

㈡貨樣管理單位應設置進出口貨樣登記簿，對於每日由驗貨單位送來之一般貨樣按進、出口貨樣分別登記。貨樣應依其性質，以室溫、冷藏、冷凍或乾燥等方式妥善保管。已成立緝案之有關貨樣，應分別檢出，另行保管，並在登記簿上註明緝案號數以備查考，且在未結案前不得處理或發還。

三、進出口貨樣之發還

除應作專案保管者外，進口貨樣應自簽發貨樣收據之日起保留 2 個月；出口貨樣應自簽發貨樣收據之日起保留 10 日，報關人可憑貨樣收據於保管期限屆滿後向海關領回貨樣。保留期限屆滿後，逾 10 日仍未領回者，貨樣管理單位應予公告，並副知報關公會知照，限期 1 個月內領回。

發還貨樣時，貨樣管理單位應將貨樣收據收回註銷。出口貨樣得由出口廠商申請海關抽樣加封自行保管，作為事後查核之依據。

四、逾期未領回之貨樣處理

貨樣管理單位對逾期未經貨主或其代理人領回之貨樣，應定期根據貨樣登記簿之紀錄，分別開列逾期未領回之貨樣清單，並作實地清點後，報請處理。一般之處理方式：

㈠可供長久保存參考者，列出移送分類估價資料單位編目保管作為分類估價資料。

㈡已變質或損壞者，即予銷毀或拋棄。

㈢有利用價值者，由貨樣管理單位按放棄貨物處理。

2-5 徵稅

2-5-1　關稅之意義

關稅（Customs Duty）係貨物通過一國國境（課徵關稅領域）時，依海關稅則規定應繳納之租稅。關稅法第 2 條將關稅定義為「對國外進口貨物所課徵之進口稅」，突顯我國僅對進口貨物課徵關稅之事實。

2-5-2　關稅之課徵方式

目前我國對國外進口貨物課徵進口稅之方式，有下列 3 種：

一、從價稅（Advalorem Duty）

一般進口貨物，大都從價課徵關稅。所謂從價稅係按進口貨物之完稅價格，依法定稅率核計。其計算公式為：

$$關稅 = 完稅價格 \times 稅率$$

依從價方式課徵關稅之優點：

㈠可適用於所有貨物。

㈡可隨物價漲跌調整稅額，稅收富有彈性。

㈢便於與他國關稅或本國內地稅稅率之高低做比較。

㈣進口品質優良物品之稅負較高，符合稅負公平原則。

依從價方式課徵關稅之缺點：

㈠由於影響物價因素十分複雜，查估價格費時費力，徵稅成本較高，通關時間亦較長。

㈡部分貨品之等級或品質不易確定，常造成核價困擾，亦易招致廠商異議。

㈢廠商會以低報價格方式，以減少稅負，有時反會違背公平原則。

二、從量稅（Specific Duty）

從量稅係按進口貨物之數量、重量、容積或長度等為核計標準，每一單位課徵一定金額。其計算公式為：

$$關稅 = 每一單位應稅金額 \times 數量$$

依從量方式課徵關稅之優點：

㈠手續簡單，通關作業快速。

㈡稅負明確，異議案件較少。

㈢進口品質優良物品較有利，可刺激國內工廠提高品質，提高工業水準。

依從量方式課徵關稅之缺點：

㈠不能適用於所有貨品。

㈡無法隨物價漲跌調整稅額，稅收缺乏彈性。

㈢不易與他國關稅或本國內地稅稅率之高低做比較。

㈣不論進口物品品質之優劣稅額均相同，稅負不夠公平。

㈤不法廠商會高報價格，以達資金外移目的。

三、選擇稅（Alternative Duty）或複合稅（Compound Duty）

　　海關對同一種進口貨物，訂有從量稅與從價稅兩種稅率。於徵稅時，選擇稅額較高者或兩者兼採之方式課徵關稅。

2-5-3　關稅配額（Tariff-rate Quota）

　　依關稅法第 5 條規定，海關進口稅則得針對特定進口貨物，就不同數量訂定其應適用之關稅稅率，實施關稅配額。

　　為實施關稅配額，財政部於 1999 年底核定「關稅配額實施辦法」作為執行依據，該辦法所稱關稅配額，係指在一定期間內，對特定之進口貨物訂定數量（配額），在此一數量內適用海關進口稅則所訂之較低關稅稅率（配額內稅率），超過配額部分則適用一般稅率（配額外稅率），是一種貿易保護手段之複式稅率措施。

　　實施關稅配額之貨物，適用配額內稅率者，依下列 2 種方式辦理通關；未能適用關稅配額之配額內稅率者，進口人得依配額外稅率報關進口，或於海關放行前申請退運出口，或申請存儲保稅倉庫。

一、先到先配

　　以進口日之先後順序核配關稅配額。同一進口日，其報關總數超過未使用數量時，按個別申報數量之比例核配關稅配額。報關數量達到一定額度時，海關應公告，並俟財政部或其委任或委託之機關（構）分配作業完成後，再據以徵稅驗放；納稅義務人如有先行提貨之必要者，得按配額外稅率計算應納關稅之數額繳納保證金，申請驗放。並以美、加、歐盟之小汽車為主要分配對象。

二、事先核配

得依申請順序、抽籤、進口實績、標售關稅配額權利、其他經國際間約定或財政部會商有關機關認定之方法等核配關稅配額，並得收取履約保證金或權利金。

事先核配之配額，應於關稅配額證明書所載有效期限內整批或分批進口，由海關依關稅配額證明書所載數量驗明（抽驗）實到貨物後核銷，並將核銷數量送原核配之機關（構）。事先核配之配額，未能於關稅配額證明書所載有效期限屆滿前全數進口者，得於有效期限屆滿前檢附買賣合約及原關稅配額證明書，向原核配之機關（構）申請展期；其展延日期，不得逾當期關稅配額截止日。

2-5-4　特別關稅

由於國際貿易競爭激烈，為免國內產業因外國貨品或產製國不當競爭受到損害，政府於關稅法第 4 章列有特別救濟之規定，此即特別關稅。其主要內容如下：

一、平衡稅（Equalization Duty）

進口貨物在輸出或產製國家之製造、生產、外銷運輸過程，直接或間接領受獎金或其他補貼，致危害中華民國產業（指對中華民國產業造成重大損害或有重大損害之虞，或重大延緩國內該項產業之建立）者，除依海關進口稅則徵收關稅外，得另徵適當之平衡稅。

平衡稅之課徵不得超過進口貨物之領受獎金及補貼金額。

二、反傾銷稅（Anti-Dumping Duty）

進口貨物以低於同類貨物之正常價格（指在通常貿易過程中，在輸出國或產製國國內可資比較之銷售價格。無此項可資比較之國內銷售價格，得以其輸往適當之第三國可資比較之銷售價格或以其在原產製國之生產成本加合理之管理、銷售與其他費用及正常利潤之推定價格，作為比較之基準）傾銷，致危害中華民國產業者，除依海關進口稅則徵收關稅外，得另徵適當之反傾銷稅。

反傾銷稅之課徵不得超過進口貨物之傾銷差額。

三、報復關稅（Retaliatory Duty）

輸入國家對中華民國輸出之貨物或運輸工具所裝載之貨物，給予差別待遇，使中華民國貨物或運輸工具所裝載之貨物較其他國家在該國市場處於不利情況者，該國輸出之貨物或運輸工具所裝載之貨物，運入中華民國時，除依海關進口稅則徵收關稅外，財政部得決定另徵適當之報復關稅。

進出口通關自動化實務－學科篇

四、機動關稅（Temporary Duty）

為應付國內或國際經濟之特殊情況，並調節物資供應及產業合理經營，對進口貨物應徵之關稅或適用之關稅配額，得在海關進口稅則規定之稅率或數量 50% 以內予以增減；增減稅率或數量之期間，以 1 年為限。但大宗物資價格大幅波動時，得在 100% 以內予以增減。增減稅率或數量之期間，以 1 年為限。

增減稅率或數量之貨物種類，實際增減之幅度，及開始與停止日期，由財政部會同有關機關擬訂，報請行政院核定。

2-5-5 額外關稅

依關稅法第 72 條規定，依貿易法採取進口救濟或依國際協定採取特別防衛措施者，得分別對特定進口貨物提高關稅、設定關稅配額或徵收額外關稅。

額外關稅於該貨物之累積進口量超過基準數量時，應以海關就該批進口貨物核定之應徵稅額為計算基礎；於該進口貨物之進口價格低於基準價格時，應以海關依關稅法核定之完稅價格與基準價格之差額為計算基礎。其額外關稅之課徵，以該二項基準所計算稅額較高者為之。

2-5-6 關稅之減免

2-5-6-1 關稅法有關之免稅規定

關稅法第 49 條至 57 條訂有多項免徵關稅之規定，茲分述如下：

一、下列各款進口貨物免稅

　　㈠總統、副總統應用物品。

　　㈡駐在中華民國之各國使領館外交官、領事官與其他享有外交待遇之機關及人員，進口之公用或自用物品。但以各該國對中華民國給予同樣待遇者為限。

　　㈢外交機關進口之外交郵袋、政府派駐國外機構人員任滿調回攜帶自用物品。

　　㈣軍事機關、部隊進口之軍用武器、裝備、車輛、艦艇、航空器與其附屬品，及專供軍用之物資。

　　㈤辦理救濟事業之政府機構、公益、慈善團體進口或受贈之救濟物資。

　　㈥公私立各級學校、教育或研究機關，依其設立性質，進口用於教育、研究或實驗之必需品與參加國際比賽之體育團體訓練及比賽用之必需體育器材，但以成品為

限。

㈦外國政府或機關、團體贈送之勳章、徽章及其類似之獎品。

㈧公私文件及其類似物品。

㈨廣告品及貨樣，無商業價值或其價值在限額以下者。

㈩中華民國漁船在海外捕獲之水產品；或經政府核准由中華民國人民前往國外投資國外公司，以其所屬原為中華民國漁船在海外捕獲之水產品運回數量合於財政部規定者。

(十一)打撈沉沒之船舶、航空器及其器材。

(十二)經營貿易屆滿 2 年之中華民國船舶，因適齡或其他原因，核准解體者。但不屬船身固定設備之各種船用物品、工具，備用之外貨、存煤、存油等除外。

(十三)經營國際貿易之船舶、航空器或其他運輸工具專用之燃料、物料。但外國籍者，以各該國對中華民國給予同樣待遇者為限。

(十四)旅客攜帶之自用行李、物品。

(十五)進口之郵包物品數量零星在限額以下者。

(十六)政府機關自行進口或受贈防疫用之藥品或醫療器材。

(十七)政府機關為緊急救難進口之器材與物品，及外國救難隊人員為緊急救難攜帶進口之裝備、器材、救難動物與用品。

(十八)中華民國籍船員在國內設有戶籍者，自國外回航或調岸攜帶之自用行李物品。

(十九)政府機關為舉辦國際體育比賽自行進口或受贈之比賽用必需體育器材或用品。

上列貨物以外之進口貨物，其同批完稅價格合併計算在財政部公告之限額以下者，免稅。但經財政部公告之特定貨物，不適用。另第二款至第六款、第九款、第十四款、第十五款及第十八款所定之免稅範圍、品目、數量、限額、通關程序及應遵行事項之辦法，由財政部定之。

二、損壞貨物之免稅

進口貨物有下列情形之一者，免徵關稅：

㈠在國外運輸途中或起卸時，因損失、變質、損壞致無價值，於進口時，向海關聲明者。

㈡起卸以後，驗放以前，因天災、事變或不可抗力之事由，而遭受損失或損壞致無價值者。

㈢在海關查驗時業已破漏、損壞或腐爛致無價值,非因倉庫管理人員或貨物關係人保管不慎所致者。

㈣於海關放行前,納稅義務人申請退運出口經海關核准者。

㈤於海關驗放前,因貨物之性質自然短少,其短少部分經海關查明屬實者。

三、賠償或掉換貨物之免稅

　　進口貨物因損壞或規格、品質與原訂合約不符,由國外廠商賠償或掉換者,該項賠償或掉換進口之貨物,免徵關稅。但以在原貨物進口之次日起 1 個月內申請核辦,並提供有關證件,經查明屬實者為限。如係機器設備,得於安裝就緒試車之次日起 3 個月內申請核辦。

　　本項賠償或換掉之進口貨物,應自海關通知核准之次日起 6 個月內報運進口;如因事實需要,於期限屆滿前,得申請海關延長,其延長,以 6 個月為限。

四、復運出口貨物之免稅

㈠應繳關稅之貨樣、科學研究用品、試驗用品、展覽物品、遊藝團體服裝、道具、攝製電影電視之攝影製片器材、安裝修理機器必需之儀器、工具、盛裝貨物用之容器,進口整修、保養之成品及其他經財政部核定之物品,在進口之次日起 6 個月內或於財政部核定之日期前,原貨復運出口者,免徵關稅。

㈡進口供加工外銷之原料,於該原料進口放行之次日起 1 年內,經財政部核准復運出口者免稅。本項復運出口之原料關稅,應在出口之次日起 6 個月內申請沖退,逾期海關將不受理。

五、復運進口貨物之免稅

㈠貨樣、科學研究用品、工程機械、攝製電影、電視人員攜帶之攝影製片器材、安裝修理機器必需之儀器、工具、展覽物品、藝術品、盛裝貨物用之容器、遊藝團體服裝、道具,政府機關寄往國外之電影片與錄影帶及其他經財政部核定之類似物品,在出口後 1 年內或於財政部核定之日期前原貨復運進口者,免徵關稅。

㈡外銷品在出口放行之次日起 3 年內,因故退貨申請復運進口者,免徵成品關稅。但出口時已退還之原料關稅,應仍按原稅額補徵。

本項復運進口之外銷品，經提供擔保，於進口之次日起 6 個月內整修或保養完畢並復運出口者，免予補徵已退還之原料關稅。但因天災、事變或不可抗力之事由致無法如期復運出口者，其復運出口期限不得超過 1 年。

㈢運往國外免費修理之貨物，如其原訂購該貨之合約或發票載明保證免費修理，或雙方來往函電足資證明免費修理者，復運進口免稅。如無法提供修理裝配費或免費修理之證件，海關得按貨物本身完稅價格 10 分之 1 作為修理費之完稅價格計課。

2-5-6-2　低價進口貨物之免稅

同批進口貨物完稅價格在新臺幣 2,000 元以下者，免徵關稅與海關代徵之貨物稅、營業稅。但菸酒稅及實施關稅配額之農產品不適用免徵之規定。

2-5-6-3　依「離島建設條例」規定之免稅

財政部於 2000 年 10 月發布「澎湖金門馬祖地區進口商品免徵關稅實施辦法」，澎湖、金門及馬祖地區之營業人進口並於當地銷售之商品，免徵關稅。同時公布適用免徵關稅商品之項目；其他稅費則依各該法規之規定辦理。

2-5-6-4　依海關進口稅則之「增註」規定免稅或減稅

包括改良品種或生產用之動物、供烤鰻用之醬油、專供製造血液代用品等近 50 種物品進口免稅；鮮檸檬、柑橘、葡萄柚、飼料用麵筋、供發電用柴油等等貨物則依海關進口稅則增註規定減徵或從低課徵。詳見「中華民國海關進口稅則 / 輸出入貨品分類表合訂本」。

2-5-6-5　興建重大公共建設使用器械之免稅

民間機構及其直接承包商進口供其興建重大公共建設使用，且在國內尚未製造供應之營建機器、設備、施工用特殊運輸工具、訓練器材及其所需之零組件，得依本辦法規定申請免徵關稅。民間機構進口上列規定之貨物，如係國內已製造供應者，其進口關稅得依法規定申請分期繳納。

2-5-7　關稅、滯納金或罰鍰之免徵期限

依關稅法第 9 條規定應徵之關稅、滯納金或罰鍰，自確定之次日起 5 年內未經徵起者，不再徵收。但於 5 年期間屆滿前，已移送法院強制執行尚未結案者，不在此限。

前項期間之計算，於應徵之款項確定後，經准予分期或延期繳納者，自各該期間屆滿之次日起算。依關稅法規定應徵之費用準用此一規定。

2-5-8　計稅及通知繳納

　　進口貨物於完成分估作業後，電腦即自動計稅，並將稅款寫入稅費檔放出訊息通知報關行或貨主繳稅。報關行或貨主除按先放後稅方式辦理外，可以現金繳納、匯款繳納、線上扣繳及記帳方式繳納稅費，系統即可自動轉帳登錄。

　　進口貨物海關應課徵及代徵之稅費，包括進口稅、推廣貿易服務費、貨物稅、營業稅、菸酒稅、特別關稅、滯報費、滯納金、規費等。其計算方法，請參閱進口報單填報說明 55 ～ 63。

　　連線者，海關以電腦訊息通知納稅義務人或報關人應繳稅額，報關人可自行列印繳納證或收款書。未連線者，由海關列印、分送繳納證或收款書給納稅義務人或報關人。

2-5-9　關稅之繳納

一、現金繳納（先稅後放）

　　報單完成計稅作業後，海關將訊息透過關港貿單一窗口傳送至通關網路，再經由通關網路轉送至報關業者，並列印（或套印）單張條碼化「進口貨物稅費繳納證兼匯款申請書」或「國庫專戶存款收款書兼匯款申請書」，交報關業者或納稅義務人，以下列方式繳納：

　　㈠至金融機構駐當地海關之代庫銀行收稅處繳納。

　　㈡至金融機構臨櫃繳現或線上扣繳。

　　㈢納稅義務人或報關業者帳戶即時扣繳（含預繳稅費保證金）。

　　㈣利用關務署「稅費繳納系統」繳納：

1. 使用憑證登入關務署「稅費繳納系統」，依畫面指示辦理網際網路線上繳稅。

2. 須先向海關註冊登記，並取得電子憑證及金融帳戶帳號或晶片金融卡，廠商或報關業者，應以工商憑證取得身分認證，一般個人則以自然人憑證取得身分認證。業者可運用該系統進行進口稅費查詢及繳納，廠商或報關業並可委任其員工或代理人使用該系統辦理稅費繳納及查詢。該系統提供業者透明化之稅費資訊線上查詢服務，同時更提供 24 小時全年無休之稅費繳納管道。

3. 納稅義務人，得自行下載列印「進口貨物稅費繳納證兼匯款申請書」或「國庫專戶存款收款書兼匯款申請書」及「海關徵收稅費收據」，以作為納稅憑證或依法持向稽徵機關申報扣抵營業稅額之用。

二、提供擔保（先放後稅）

先放後稅係指納稅義務人依關稅法第 18 條規定應繳之稅費或保證金由海關自廠商提供之擔保額度內先行扣除，同時填發稅費繳納證後，即可先放行其貨物，事後再由納稅義務人持海關核發之「進口貨物稅費繳納證兼匯款申請書」或「國庫專戶存款收款書兼匯款申請書」繳納。

㈠先放後稅

依「進口貨物先放後稅實施辦法」辦理，採逐筆扣額度方式辦理。

1. 稅放案件

   報單完成計算稅費後執行擔保額度處理作業，擔保額度足夠則扣除擔保額度後予以放行，再將「進口貨物稅費繳納證兼匯款申請書」訊息透過關港貿單一窗口傳送至報關業者，並列印（或套印）單張條碼化「進口貨物稅費繳納證兼匯款申請書」。若擔保額度不足，海關即逕行列印「進口貨物稅費繳納證兼匯款申請書」，俾持憑繳稅，並將訊息透過關港貿單一窗口傳送至報關業者。

2. 押放案件

   報單完成計算稅費後執行擔保額度處理作業，保證金額度足夠則扣除保證金額度後予以放行，再將訊息透過關港貿單一窗口傳送至報關業者，並列印或套印單張條碼化「國庫專戶存款收款書兼匯款申請書」，交報關業者或納稅義務人持憑繳納保證金（押款）。若保證金額度不足，海關則將訊息透過關港貿單一窗口傳送至報關業者，並列印或套印單張條碼化「國庫專戶存款收款書兼匯款申請書」，俾憑以繳納保證金（押款）。

㈡彙總繳稅

經核准依「優質企業認證及管理辦法」辦理按月彙總繳納稅費者（含自行具結），海關於每月 4 日（遇假日順延）依同一通關單位、同一報關業者、同一納稅義務人且同一先放後稅核准案號將「進口貨物稅費繳納證兼匯款申請書」訊息透過關港貿單一窗口傳送至報關業者，並列印（或套印）單張條碼化「進口貨物稅費繳納證兼匯款申請書」，俾持憑繳納稅費。

報關業者得申請自行列印繳納證，依連線傳輸之稅費、保證金或其他款項應行繳納訊息，列印「海關進口貨物稅費繳納證」或「國庫專戶存款收款書」，持憑繳納。海關得憑連線金融機構傳輸之稅費、保證金或其他款項收訖信息，由電腦自動核對紀錄相符後辦理登稅放行等後續作業，免再以人工核對稅費繳納證或國庫專戶存款收款書存查聯。

2-5-10　關稅之繳納期限

進口稅應自稅款繳納證送達或傳輸該訊息之次日起 14 日內繳納。逾期未繳納者，關稅按應繳稅額每日加徵萬分之 5 之滯納金；貨物稅、營業稅及菸酒稅、健康福利捐等稅捐按應繳稅額每 2 日加徵百 1％之滯納金。

滯納金徵滿 30 日仍不繳稅者，海關變賣貨物，保管價款餘款 5 年，5 年內納稅義務人得申請發還。

2-5-11　關稅記帳

依關稅法第 63 條規定，外銷品進口原料關稅，得由廠商提供保證，予以記帳，俟成品出口後沖銷之。另按「外銷品沖退原料稅辦法」規定，外銷品原料稅除依規定不得退稅者外，得提供同額公債、經財政部認可之有價證券擔保或經財政部核可之授信機構出具之書面保證，或申准自行具結，向經辦機關辦理記帳。廠商提供保證申請辦理稅捐記帳，應同時具結保證此項原料不作內銷之用。惟推廣貿易服務費不得隨同關稅記帳。故關稅記帳有 2 種方式：

一、擔保記帳

進口外銷品原料稅捐，准由納稅義務人提供銀行或金融機構之定期存款單設定質權於海關作為記帳擔保。

加工外銷品原料之稅捐由授信機構擔保記帳者，該項記帳稅捐於期限內沖銷後，經辦機關應即通知授信機構解除其保證責任。外銷品原料之記帳稅款，不能於規定期限內申請沖銷者，依關稅法第 79 條規定應即補繳稅款，並自記帳之次日起至稅款繳清日止，照應補稅額，按日加徵滯納金萬分之 5。但不得超過原記帳稅額 30%。但有下列情形之一者，免徵滯納金：

㈠因政府管制出口或配合政府政策，經核准超額儲存原料。

㈡工廠遭受天災、事變或不可抗力之事由，經當地消防或稅捐稽徵機關證明屬實。

㈢因國際經濟重大變化致不能於規定期限內沖銷，經財政部及經濟部會商同意免徵滯納金。

㈣因進口地國家發生政變、戰亂、罷工、天災等直接影響訂貨之外銷，經查證屬實。

㈤在規定沖退稅期限屆滿前已經出口，或在規定申請沖退稅期限屆滿後六個月內出口者。

二、自行具結記帳

廠商合於規定並經財政部認為適當者,其外銷品原料稅捐准予自行具結記帳,並於原料進口報關時,海關由核定之記帳額度中逐一扣減。

2-5-12　關稅之補繳或發還

關稅法第 63 ～ 66 條對關稅之沖退或補繳有明確之規範,茲分述如下:

2-5-12-1　外銷品進口原料關稅之沖退

外銷品進口原料關稅,除經財政部公告取消退稅之項目及原料可退關稅占成品出口離岸價格在財政部核定之比率或金額以下者,不予退還外,得於成品出口後依各種外銷品產製正常情況所需數量之原料核退標準退還。

外銷品應沖退之原料進口關稅,廠商應於該項原料進口放行之次日起 1 年 6 個月內,檢附有關出口證件申請沖退,逾期不予辦理。但遇有特殊情形經財政部核准者,得展延申請沖退期限,其展延,以 1 年為限。

2-5-12-2　已繳納關稅之退還

已繳納關稅進口之貨物,有下列各款情事之一者,退還其原繳關稅:

一、進口 1 年內因法令規定禁止其銷售、使用,於禁止之次日起 6 個月內原貨復運出口,或在海關監視下銷毀。

二、於貨物提領前,因天災、事變或不可抗力之事由,而遭受損失或損壞致無價值,並經海關查明屬實。

三、於貨物提領前,納稅義務人申請退運出口或存入保稅倉庫,經海關核准。

2-5-12-3　短徵、溢徵或短退、溢退稅款之處理

短徵、溢徵或短退、溢退稅款者,海關應於發覺後通知納稅義務人補繳或具領,或由納稅義務人自動補繳或申請發還。補繳或發還期限,以 1 年為限;短徵、溢徵者,自稅款完納之次日起算;短退、溢退者,自海關填發退稅通知書之次日起算。

補繳或發還之稅款,應自該項稅款完納或應繳納期限截止或海關填發退稅通知書之次日起,至補繳或發還之日止,就補繳或發還之稅額,依應繳或實繳之日郵政儲金 1 年期定期儲金固定利率,按日加計利息,一併徵收或發還。短徵或溢退之稅款及依規定加計之利息,納稅義務人應自海關補繳通知送達之次日起 14 日內繳納;屆期未繳納者,自期限屆滿之次日起,至補繳之日止,照欠繳稅額按日加徵滯納金萬分之 5。

應退還納稅義務人之款項,海關應先抵繳其積欠,並於扣抵後,立即通知納稅義務人。

2-6 放行

2-6-1　放行之意義

進口貨物放行，指通關之進口貨物經由海關准許得由關係人（納稅義務人、收貨人、提單持有人、報關人等）處置、提領之行為。

2-6-2　放行訊息之通知

海關於完成徵（繳）稅作業後，即以進口貨物放行訊息通知報關行或貨主，至存放貨物之倉棧，向業者繳納倉租（或以電腦連線方式繳納）提領貨物。同時通知倉儲業准予放行提貨，倉儲業放行提貨完畢之次日以進口貨物出倉資料訊息傳送海關。以上訊息如海關檢查錯誤則以倉儲業或運輸業申報訊息回覆通知或駁回通知訊息通知倉儲業重新處理。

2-6-3　貨櫃（物）提領作業

一、一般貨櫃（物）之提領出站（倉）

報關人接獲海關放行通知訊息後，持憑海關核發或自行列印之放行通知，連同提貨單辦理提領貨櫃（物）出站（倉）手續。

㈠自主管理之倉儲業提領貨櫃（物）出站（倉）時，由專責人員憑放行通知單及提貨單查詢電腦訊息，確認貨櫃（物）是否已放行。

　1. 整裝貨櫃（CY）：專責人員於提貨單貨櫃號碼處逐櫃核銷註記，並於貨櫃（物）運送單（兼出進站通行單）核章。

　2. 併裝貨櫃（物）（CFS）或倉間貨物：專責人員逕於提貨單上核銷簽章後，憑以辦理提領出倉作業。

　上列 1、2 項貨櫃（物）若有放行附帶條件時，報關業者應持放行通知單，先洽專責人員並會同辦理。

㈡非自主管理之倉儲業提領貨櫃（物）出站（倉）時，由駐庫關員憑放行通知單及提貨單查詢電腦訊息，確認貨櫃（物）是否已放行。

1. 整裝貨櫃（CY）：駐庫關員於提貨單貨櫃號碼處逐櫃核銷註記，並於貨櫃（物）運送單（兼出進站通行單）核章。

2. 併裝貨櫃（物）（CFS）或倉間貨物：駐庫關員逐於提貨單（D/O）上核銷簽章後，憑以辦理提領出倉作業。

　　上列 1、2 項貨櫃（物）若有放行附帶條件時，報關業者應持放行通知單，先洽駐庫關員並會同辦理。

二、出倉資料與放行資料之核銷比對

　　倉儲業於貨櫃（物）提領出倉（站）後，以 XML 訊息格式透過通關網路將「進口貨物出倉資料（N5117）」傳送至海關後，海關依據報單號碼核銷比對放行資料。比對合格後，將出倉日期寫入放行紀錄檔；如比對不合格，列印出倉狀況異常清表並執行出倉異常處理作業。如放行紀錄檔中無出倉日期，須執行已放行未出倉異常處理。

三、落地追蹤之免驗貨櫃

　　免驗貨櫃經保三總隊核定應辦理落地追蹤者，報關人應於提貨前，向該隊辦理落地追蹤手續。憑以出站。

2-6-4　審核、簽證、理單

一、審核

海關審核單位審核進口報單之範圍包括：

㈠報單內容與電腦申報資料是否一致。

㈡應檢附文件是否齊全。

㈢申報之稅則號別、稅率是否正確？有否規避簽審規定或構成漏稅？有否商品分類以外之虛報違章等情事。

㈣申報之貨物價格，應加計或扣減項目有無遺漏或不當？是否符合交易價格之要件？發票是否偽造、變造？貨物價格計算有否錯誤？申報價格是否顯屬異常。

㈤統計作業基本資料是否正確。

㈥規費證貼用情形之審核與稽銷。

　　對貨物放行後之報單進行審核時，應依照「海關辦理進出口報單事後審核作業規定」等有關規定辦理。另為配合統計作業需要，應優先審核超過 1 億元（含）以上之報單。

二、簽證

　　貨物放行後，海關辦理需要簽證文件（例如進口報單證明聯、沖退原料稅用聯）之核發作業。

三、理單

　　海關內部辦理進口報單與進口艙單之歸檔及保管、進口報單之借調及追蹤、轉運申請書之追蹤、檔案之銷燬等管理作業。

本章習題

一、選擇題

( ) 1. 進口貨物應於運輸工具進口日起　(A) 10　(B) 15　(C) 20　天內向海關申報。

( ) 2. 進口貨物不依規定期限報關者，加徵　(A) 滯報費　(B) 滯納金。

( ) 3. 貨物通關之委任書在確定納稅義務人與　(A) 運輸業　(B) 報關行　間之關係。

( ) 4. 進口貨物報單應以　(A) C&F　(B) FOB　(C) CIF　價格申報。

( ) 5. 進口貨物完稅價格在新臺幣　(A) 2,000 元　(B) 5,000 元　(C) 12,000 元　以下者，免徵關稅。

( ) 6. 新制中華民國海關進口稅則號碼為　(A) 11　(B) 21　(C) 31　位碼。

( ) 7. 新制海關進口稅則分為　(A) 11　(B) 21　(C) 31　類。

( ) 8. 關稅配額係在一定期間內，對特定之進口貨物訂定數量，在此一數量內適用　(A) 較低關稅稅率　(B) 一般稅率　(C) 以上二者皆非。

( ) 9. 不依規定期限繳納關稅者，加徵　(A) 滯報費　(B) 滯納金　(C) 以上二者皆非。

( ) 10. 進口貨物報單放行後之作業為　(A) 提領貨物　(B) 貨物裝船（機）　(C) 以上兩者皆是。

二、問答題

1. 進口貨物的通關程序包括哪些步驟？

2. 進口貨物申請海關查驗之期限為何？逾期申請查驗應如何處理？

3. 關稅的課徵方式有幾種？

4. 請敘述關稅法規定之特別關稅內容。

5. 何謂分類估價？何謂稅則稅則？

三、簡答題

1. 何謂報關？

2. 請說明進口報單之申報人及申報期限。

3. 請簡要說明海關辦理進口貨物詳細查驗的方法？

4. 何謂完稅價格？何謂交易價格？

5. 何謂放行？

NOTE

3

出口貨物之通關

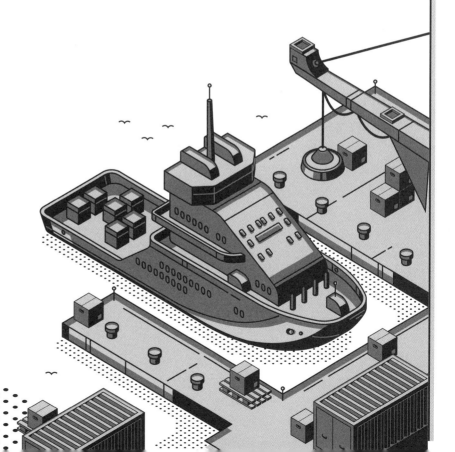

國貨出口是我國經濟的主要命脈，我國對出口貨物並未徵收出口關稅，故出口貨物之通關程序中，無徵稅作業。

　　本章內容主要是介紹出口貨物之通關程序，說明出口貨物如何辦理報關、出口貨物如何查驗、出口貨物之稅則分類、出口貨物之離岸價格、出口貨物之放行作業等項目。

3-1 通關程序

　　貨物輸出國外，應依「出口貨物報關驗放辦法」及相關法令規定辦理申報及通關手續，依「出口貨物報關驗放辦法」應辦理之事項、應提出之報單及其他有關文件，得以電腦連線或電子資料傳輸方式並準用「貨物通關自動化實施辦法」辦理通關。

　　出口貨物免徵關稅，故通關程序僅有收單、驗貨、分估、放行 4 個步驟。出口報單經完成收單程序後，由專家系統篩選通關方式。經核定為 C1 者，免審書面文件免驗貨物放行。經核定為 C2 者，報關人依電腦連線通知於翌日辦公時間終了以前，向海關補送書面報單及相關文件，經海關收單及完成分估作業後放行。但經海關核定為無紙化通關者，得免向海關補送書面報單及相關文件。經核定為 C3 者，屬 C3X 儀器查驗應補單與 C3M 人工查驗案件，報關人需依電腦連線通知於翌日辦公時間終了以前補送書面報單及相關文件，經海關收單、查驗貨物及完成分估作業後放行。

　　出口貨物各通關步驟之內容分別於本章各節加以說明。至於出口貨物通關流程圖、出口貨物通關各步驟與相關業者及機關配合事項，請參閱下列二圖：（資料來源：財政部關務署預報貨物通關報關手冊）

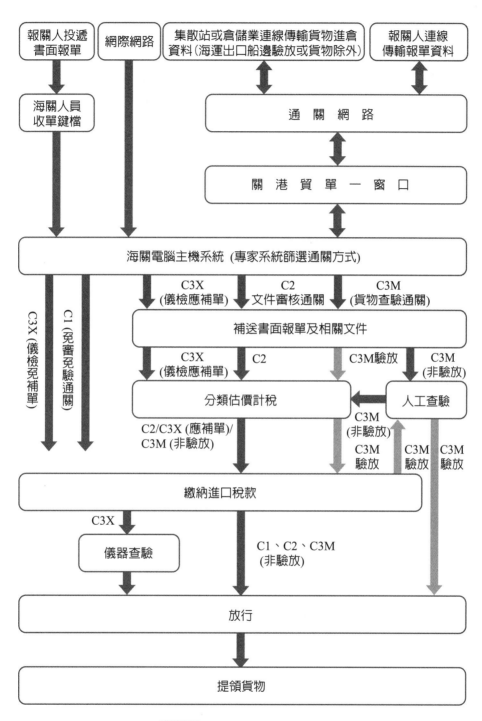

圖 3-1 出口貨物通關流程圖

通關步驟	相關業者及機關	配合事項
（通關前）	運輸業	1.預訂艙位 2.艙位資料傳輸倉儲業
	出口廠商	1.繕作書面出口貨物進倉證明書交司機隨車送貨 2.發貨送至倉儲業貨櫃站
	倉儲業	1.點收出口貨物 2.進倉資料登錄
	簽審機關	3.XML傳輸或簽發書面出口貨物進倉證明事先受理核發書面簽審文件
1.收 單	出口廠商	提供發票（價值證明文件）、裝票箱單及必備文件
	報關業	報單XML連線傳輸或不連線報關
2.驗貨	倉儲業	1.接收查驗通知 2.配合吊櫃會同查驗及開箱
	報關業	
3.分估	簽審機關	簽審文件以下列方式比對核銷： 1.透過「關港貿單一窗口」傳輸NX802訊息，憑以辦理通關
	報關業	2.核發書面文件，憑以辦理通關配合海關通知補辦事項
4.放行 裝船（機） 結關	出口廠商報關業	1.報單放行通知倉儲業 2.開航後向船（航空）公司簽領提單 3.辦理押匯
	倉儲業	1.報單放行通知查證 2.併櫃打盤裝船（機）出口
	運輸業	1.船隻開航預報，飛機起飛出境前申報 2.辦理出口結關
5.簽證代 收費用	出口廠商、報關業	1.向銀行繳納推貿費 2.申領報單副本
	銀行	1.簽約銀行代收費 2.代收費檔案傳輸

C3　C2　C1

圖 3-2 出口通關各步驟與相關業者及機關配合事項

3-2 報關

　　貨物輸出人或受委託之報關行，應於貨物出口時，繕具出口報單（Customs Declaration：Export），遞交或傳輸海關辦理；報關人亦可使用網際網路報關系統辦理出口貨物之報關。

　　出口貨物之申報，由貨物輸出人完成訂艙手續並備齊報關單證，於載運貨物之運輸工具結關或開駛前向海關辦理。

　　連線報關案件，出口報單資料由報關業以 XML 訊息透過通關網路將出口報單（N5203）傳送予關港貿單一窗口，再經由關港貿單一窗口轉送至海關，海關收單完成後，需等待進倉資料傳送予海關比對進倉資料後，進入選案作業產生通關方式。除船（機）邊驗放、倉庫驗放及廠驗（保稅工廠、科技產業園區、科學園區、農業科技園區）先估後驗及快遞之報單外，一般出口報單逾 7 天未進倉比對並產生通關方式，電腦會自動刪除報單。

　　非連線報關案件，報關人直接向海關投遞書面報單，經海關人員收單鍵檔。除海運出口船邊驗放貨物外，集散站或倉儲業應連線傳輸貨物進倉資料。

　　凡已完成訂艙手續取得託運單主、分號，並備齊報關單證之空運貨物，即可申報出口報單。因此，出口報單關海關原則上無截止收單時間之限制，連線報單均得於 24 小時隨時傳輸，未連線報單於海關上班時間內均可報關。

　　出口貨物報關時，應遞交或傳輸出口報單，並檢附各項通關文件單據，作為海關查核及放行之根據。

3-2-1　出口報單類別、代號及適用範圍

　　出口貨物報關時，應填送貨物出口報單，並檢附裝貨單或託運單、裝箱單、依規定必須繳驗之輸出許可證及其他有關文件。裝箱單及其他依規定必須繳驗之輸出許可證及其他有關文件，得於海關放行前補附。應補附文件如於海關通知之翌日起算 2 個月內未補送者，該出口貨物除涉及違法情事，應依相關規定辦理外，應責令限期辦理退關領回；貨物輸出人未辦理退關領回者，準用關稅法第 96 條規定辦理。

　　C2 無紙化出口報單檢附之文件，除依法令規定需繳驗紙本正本或須由海關書面核章者外，原則上得以電子傳輸方式辦理。

出口報單計包括 10 類，填報時請依下表之代號、名稱及適用範圍，選擇填入第 2 欄：

表 3-1 出口報單代號

代號	名稱	適用範圍
G3	外貨復出口	一般廠商、個人自國外輸入貨物、行李，由於轉售、不得進口、修理、調換、租賃、展覽等原因復出口者。
G5	國貨出口	一般廠商、個人將國貨（含復運出口）、行李向國外輸出者。
D1	課稅區售與或退回保稅倉	1. 國內一般廠商將國貨售與保稅倉庫。 2. 保稅倉庫外貨或物流中心保稅貨物售與國內一般廠商申請退貨。
D5	保稅倉貨物出口	保稅倉庫或物流中心之保稅貨物申請出倉出口或輸往自由港區事業，但存儲物流中心之課稅區貨物與保稅貨物可合併一張報單申報出口或輸往自由港區事業。
B1	課稅區售與保稅廠	國內一般廠商售與保稅工廠（加工外銷品原料）、科技產業園區區內事業（供外銷事業自用或轉口外銷）、農業科技園區園區事業或科學園區園區事業（自用物資）者。
B2	保稅廠相互交易或進儲保稅倉	保稅工廠、科技產業園區區內事業、農業科技園區園區事業或科學園區園區事業之保稅物品售與其他保稅工廠、科技產業園區區內事業、農業科技園區園區事業、科學園區園區事業再加工出口或進儲保稅倉庫、物流中心。
B8	保稅廠進口貨物（原料）復出口	1. 保稅工廠進口原料，科技產業園區區內事業、農業科技園區園區事業或科學園區園區事業進口貨物，申請復運出口。 2. 自自由港區事業進口之貨物或原料售與保稅工廠、科技產業園區區內事業、農業科技園區事業或科學園區園區事業，因故退回原自由港區事業者。
B9	保稅廠產品出口	1. 保稅工廠產品出口（含復運出口）或輸往自由港區事業。 2. 科技產業園區區內事業、農業科技園區園區事業或科學園區園區事業產品出口或輸往自由港區事業。
F4	自由港區與他自由港區、課稅區間之交易	1. 自由港區事業貨物運往其他自由港區。 2. 課稅區貨物輸往自由港區事業。 3. 自由港區事業免稅貨物運往課稅區修理、檢驗、測試、委託加工及展覽後運回。
F5	自由港區貨物出口	自由港區事業貨物輸往國外。

3-2-2　應檢附之文件

一、裝貨單（Shipping Order；S/O；又稱下貨准單或訂位單）或託運申請書（Shipper's Letter of Instruction 或 Cargo Shipping Application；又稱託運單）

　　㈠海關要求或於備援情況下提供正本或以影本替代，正常情況下免繳。

　　㈡每份出口報單，不得將數張託運單合併申報。空運併裝出口貨物，得以數份出口報單共附同一託運單，惟需檢附併裝單 2 份。

二、裝箱單（Packing List；P/L）

　　㈠2 箱以上非單一包裝貨物請提供裝箱單。散裝、裸裝、僅一箱或種類單一且包裝劃一之貨物（不論是否查驗）均得免附。

　　㈡為簡化手續，便利廠商起見，裝箱單如提供正本，並經權責人員簽署者，免再加蓋廠商公司章及負責人私章；如報關業以出口商傳真正本簽署或蓋章之裝箱單報關，經加蓋報關業公司章及負責人私章後，海關可接受。

　　㈢為利 C2 出口報單檢附文件無紙化通關作業，出口人於委任書加註「為辦理 C2 出口報單檢附文件無紙化作業，對於未蓋有委任人公司章及負責人專用章之電子化文件，確係由委任人出具並提供受任人無訛」文字聲明後，裝箱單可免蓋廠商及報關業者公司章、負責人專用章。

三、裝櫃明細表（Container Loading List）

　　1 份報單申報整裝貨櫃 2 只以上時請提供本明細表。

四、輸出許可證（Export Permit；E/P）正本（海關存查聯）

　　㈠廠商出口貨品，如有下列情形之一者免繳 E/P；無 E/P 者，應附發票或其他價值證明文件 1 份。

　　　1.　廠商輸出表外貨品免證——廠商（依「出進口廠商登記管理辦法」辦妥登記之出進口廠商）輸出未列入「限制輸出貨品表」之貨品，免證。

　　　2.　廠商以外出口人輸出小額貨品免證——廠商以外之出口人（包括個人），輸出未列入「限制輸出貨品表」之貨品，應向國際貿易局簽證。但金額在離岸價格（FOB）美幣 20,000 元以下或其等值者，免證。

　　　3.　有下列情形之一者，免證輸出

　　　　⑴停靠中華民國港口或機場之船舶或航空器所自行使用之船用或飛航用品，未逾海關規定之品類量值者。

(2)漁船在海外基地作業，所需自用補給品，取得漁業主管機關核准文件者。

(3)寄送我駐外使領館或其他駐外機構之公務用品。

(4)停靠中華民國港口或機場之船舶或航空器使用之燃料用油。

(5)中華民國對外貿易發展協會及中華民國紡織業外銷拓展會輸出商業用品。

(6)輸出人道救援物資。

(7)其他經國際貿易局核定者。

4. 小量郵包及旅客自用物品免證——郵包寄遞出口小量物品、旅客出境攜帶自用物品，依海關之規定辦理。

5. 其他法令另有管理規定者，彙編「限制輸出貨品、海關協助查核輸出貨品彙總表」（簡稱「協查表」或「協出表」）辦理之。

(1)輸出「限制輸出貨品、海關協助查核輸出貨品彙總表」內之貨品，於報關時，應依該表所列規定辦理。

(2)「限制輸出貨品、海關協助查核輸出貨品彙總表」設「中華民國輸出入貨品分類號列」、「貨品名稱」及「輸出規定」等三欄。

㈡已核銷 E/P 內容者，報關人報關時得免附。

五、發票或商業發票

無輸出許可證及其他價值證明文件時，應提供。

㈠應經廠商權責人員簽署。

㈡為便利海關及報關人作業起見，經設計統一格式，請廠商儘量採用。在「不變動原設計欄位及排列順序」前提下，可彈性作局部或全部放大或縮小。

㈢增列 CCC Code 及 Brand 欄位，請廠商儘可能填列，俾提昇申報內容之品質。

㈣為簡化手續，便利廠商起見，發票如提供正本，並經權責人員簽署者，免再加蓋廠商公司章及負責人私章；如報關業以出口商傳真之發票報關，經加蓋報關業公司章及負責人私章後，海關可接受。

六、貨物進倉證明文件

㈠連線申報者

由倉儲業者用連線方式傳輸進倉訊息給海關，報關業報關時免附。

㈡非連線申報者

倉儲業未以連線方式傳輸，而提供書面進倉證明書，由海關代為鍵入資料時，倉儲業應付鍵輸費。

1. 海運出口者

   應繳驗經倉儲業倉庫管理員簽證「海運出口貨物進倉證明書」（海關聯）。

2. 空運出口者

   由航空貨運站在主託運單上加蓋簽章。

七、委任書

㈠其用途係在確定報關業之委任關係。

㈡書面委任書由報關人與貨物輸出人共同簽署。惟已連線傳輸者，補送報單之非常年委任書免加蓋報關業及負責人章。

㈢由海關建檔之長期委任書案件，報關時免附長期委任書影本。惟應於「其他申報事項」欄申報海關登錄號碼。利用報關線上委任 Web 作業系統辦理委任者，報關時亦免附委任書。

㈣下列連線保稅報單應辦理長期委任報關或逐案委任：

1. 向進出口海關報關案件：D5（限物流中心出口案件）。

2. 向科技產業園區所在地海關報關案件：B1、B2。

3. 向科園區所在地海關報關案件：B1、B2。

4. 向保稅工廠轄區海關報關案件：B1、B2。

5. 向保稅倉庫轄區海關報關案件：D1。

6. 向物流中心轄區海關報關案件：D1。

7. 向農科園區所在地海關報關案件：B1、B2。

㈤廠商經海關核定得船邊抽驗放行案件：審驗方式「7」〔申請免驗船邊裝（提）櫃〕（註：受委任報關業限符合「報關業設置管理辦法」第 33 條規定條件者）。

㈥下列自由貿易港區報單類別於報關時，應使用長期委任書：

1. 向自由貿易港區轄區海關通報案件：F4。

2. 向自由貿易港區轄區海關通報案件：F5。

㈦下列各項報單類別於報關時，請使用長期委任書：

1. 紙本委任：

   於原委任書加註「為辦理出口 C2 報單檢附文件無紙化作業，對於未蓋有委任人公司章及負責人專用章之電子化文件，確係由委任人出具並提供受任人無訛」文字聲明後，海關始予受理。

2. 線上委任：

於單一窗口線上委任畫面勾選免蓋章作業相關欄位。

㈧ 出口貨物報關之個案委任書得先以影本辦理通關，該影本須經報關人切結「與正本相符」字樣並加蓋其公司章及負責人章，於放行後 2 日內（離島地區業者於放行後 7 日內）補送正本；倘未於前開期限補送正本者，依相關規定論處。

八、型錄、說明書或圖樣

配合海關查核需要提供。

九、海關協助其他機關代為查核之同意文件等

例如行政院環境保護署同意文件、行政院農業委員會漁業署同意文件等。惟已納入貿易便捷化作業之簽審文件，得免檢附。

十、申請沖退原料稅者

應檢附「外銷品使用原料及其供應商資料清表」紙本 1 份，免電腦傳輸。惟清表如係於外銷品沖退原料稅電子化作業系統製作，且上傳成功；復經通關系統比對相符而核定通關方式者，得免附該紙本清表。

十一、其他

依有關法令規定應檢附者。

3-2-3 輸出規定

輸出貨品應依貿易法、貿易法施行細則、貨品輸出管理辦法、限制輸出貨品及委託查核輸出貨品合訂本規定辦理。

輸出大陸地區貨品，應另依「臺灣地區與大陸地區貿易許可辦法」規定辦理；輸出戰略性高科技貨品，應另依「戰略性高科技貨品輸出入管理辦法」規定辦理。輸出貨品如屬應施出口檢驗之品目，並應依有關檢驗之規定辦理。

3-2-4　出口報單格式及各欄位填報說明

出口報單

海空運別(1)		報單類別(2)			聯別		頁次　第　頁/共　頁	
報單號碼(3)					(條碼)		海關通關號碼(4)	

出口船機代碼(5)			託運單主號(11)			發票總金額(16)	幣別　　　　金額	
船舶航次/航機班次(6)		報關日期(7)　1060101	託運單分號(12)			運費(17)		
裝貨港名稱/代碼(8)		目的地國家及代碼(9)	申請沖退原料稅(13)	N	運輸方式(14)　5	保險費(18)		
卸存地代碼(10)			出口船舶名稱(15)			應加減　費用(19)(20)		
出口人(22)	統一編號(23)	海關監管編號(24)	CD00-0	繳納方式代碼(25)　1		總離岸價格(新臺幣)(21)		

出口人(22)	中文名稱	
	英文名稱	
	中/英地址	
買方(26)	中文名稱	
	英文名稱	
	中/英地址	

國家代碼(27)　TW	統一編號(28)　12345609	海關監管編號(29)	單價條件代碼(30)	匯率(31)

項次(32)	貨物名稱、商標(牌名)及規格等(33)	輸出入許可文件號碼-項次(34)			單價(36)	幣別	淨重(公斤)(37)	離岸價格 FOB Value (新台幣)(　)(40)	統計方式(41)
		輸出入貨品分類號列(35)							
		稅則號別	統計號別	檢查號碼		金額	數量(單位)(38)(統計用)(39)		
		(保稅貨物註記｜主管機關指定代號)							

總件數/單位(42)　8CTN	包裝說明(43)		總毛重(公斤)(44)　98	
標記/貨櫃號碼(45)/其他申報事項(46)			推廣貿易服務費	
			合計	
			通關方式	(申請)審驗方式
			證明文件申請　聯別	份數
			報關人/AEO編號(47)	專責人員(48)

圖 3-3　出口報單格式

表 3-2 出口報單各欄位填報說明

項次	欄位名稱 （電腦處理編號）	填報說明
1	海空運別 (1)	1. 本報單貨物係以何種運輸工具載運出口。（海運 -1、空運 -4）。 2. 國內區間交易案件： 收單關別（海）：基隆關(1)、臺中關(1)、高雄關(1) 收單關別（空）：臺北關(4)
2	報單類別 (2)	請參閱預報貨物通關報關手冊－出口篇貳、六「出口報單代號、名稱及適用範圍」填報。
3	聯別	1. 第 1 聯為正本，係海關處理紀錄用聯。 2. 視需要可加繕副本，分別為： (1) 第 3 聯：沖退原料稅用聯。 (2) 第 4 聯：退內地稅用聯。 (3) 第 5 聯：出口證明用聯。 (4) 第 6 聯：留底聯（經海關加蓋收單戳記後發還）。 (5) 第 7 聯：其他聯（各關依實際需要規定使用之，如供稅捐稽徵機關查核用聯）。
4	頁次	1. 應填列本份報單共幾頁，首頁為第 1 頁，次頁為第 2 頁，如共 2 頁時，則首頁填「第 1 頁 / 共 2 頁」，次頁為「第 2 頁 / 共 2 頁」。 2. 「外銷品使用原料及其供應商資料清表」應與報單併計編頁次。但該清表如係於外銷品沖退原料稅電子化作業系統製作，且上傳成功；復經通關系統比對相符而核定通關方式者，不須檢附該清表紙本。
5	報單號碼 (3)	1. 應依「報單及轉運申請書編號原則」之規定辦理（請參閱預報貨物通關報關手冊—進口篇第貳、八節），計分 5 段：收單關別 / 出口關別 / 民國年度（後 2 碼）/ 報關業者箱號 / 報關業自編流水序號 第 1 段：收單關別，2 位大寫英文字母代碼。如基隆關業務二組為 AA，詳參閱關港貿作業代碼伍、一。 第 2 段：出口關別，2 位大寫英文字母代碼。填列實際裝船出口關，如由收單關裝船出口者免填，應予空白。 第 3 段：中華民國年度（後 2 碼），用阿拉伯數字填列。 第 4 段：海空運報單均填報關業者箱號，3 位用英數字填列。 第 5 段：海空運出口報單由報關業自行編號，5 位英數字填列，未滿 5 位數時，前面用「0」填補，例如「00089」。 2. 雜項報單之填列，請參閱預報貨物通關報關手冊—進口篇第貳、七節。 3. 各保稅區及自由貿易港區視同進出口報單編號原則，請參閱預報貨物通關報關手冊—出口篇捌、二。
6	條碼	實際實施方式及日期，另行規定。

項次	欄位名稱 （電腦處理編號）	填報說明
7	海關通關號碼 (4)	海運專用，海關掛號及裝貨單號碼未取消前， 本欄應填報海關船隻掛號（民國年 2 碼＋船隻掛號 4 碼，共 6 碼）及裝貨單號碼（4 碼），請參閱預報貨物通關報關手冊—進口篇第貳、七節。 （例：0811112222）
8	出口船機代碼 (5)	1. 海運係填列船舶之國際海事組織編號（IMO）。 2. 空運係填列飛機之民航局註冊編號。
9	船舶航次／航機班次 (6)	1. 海運係填列船舶出口之航次。 2. 空運係填列飛機出口之班次。
10	報關日期 (7)	1. 有關「日期」之填報，一律按民國年月日為序填報。如108年3月10日。 2. 連線報關者，以出口報關訊息傳輸送達通關網路之日期為準。 3. 未連線報關者，將報單遞進海關申報的日期填於此欄。
11	裝貨港名稱／代碼 (8)	1. 填列貨物出口時境內之起運口岸名稱及代碼（右上方格子內）。 2. 如屬國內交易案件，應於右上方格子內填列代碼「TWZ99」。
12	目的地國家及代碼 (9)	1. 係填入本報單貨物之已知「最終目的地」國家（地區）及地方英文名稱全名（如受欄位所限，全名無法容納時，則填至欄位線即可）及其代碼〔代碼包括國家及地方代碼（共五碼）；填在右上方虛線空格內〕，已知最終目的地國家（地區）係指貨物出口時，已知所要運送到的最後一個國家，例如：貨物出口時，已知要被運往中國大陸，雖途經香港後再輸往中國大陸，此欄位應申報中國大陸，又如貨物在荷蘭卸貨，但已知要輸往俄羅斯，此欄位亦應申報俄羅斯，故目的地國家（地區）與買方國家（第 27 欄）並不一定相同。其代碼請參閱「關港貿作業代碼」五十一、聯合國地方代碼，如美國洛杉磯，則填 UNITED STATES，LOS ANGELES，代碼填 USLAX。 2. 如屬國內交易案件，代碼欄應填「TWZ99」。
13	卸存地點代碼 (10)	1. 係填列出口貨物通關時之存放地點。 2. 船邊驗放者，填報船舶靠泊之碼頭代碼〔如停靠基隆港西二碼頭，則填報 KELW020W〕。 3. 快遞貨物填列快遞專區之代碼（如：C2011）（請參閱「關港貿作業代碼」伍、四十三、貨物卸存地點）。 4. 共 8 碼，前 3 碼縣市別，第 4 碼關區別、5~8 碼倉庫別。 5. 保稅區或自由港區事業按月彙報案件（B2,B8,B9,D5,F4），海運應填報如：[000AZZZZ]，其中第 4 碼為關區別；空運應填報如：[ZZZZZ]。

項次	欄位名稱 (電腦處理編號)	填報說明
13	卸存地點代碼 (10)	6. 自由港區事業貨物以海轉空或空轉海或空轉空出口於區內通報案件〈F5〉，第一欄填報通報時港區貨棧代碼，第二欄填報跨關轉至地倉儲業者卸存地點代碼。 7. 科學園區及農業科技園區事業貨物出口或復出口於區內通關案件（B8、B9），第一欄填報通關時區內貨棧代碼，第二欄填報跨關轉至地倉儲業者卸存地點代碼。 8. 物流中心設於科學園區，其貨物出口於區內通關案件（D5），本欄之申報同 7. 辦理。
14	託運單主號 (11)	係填列由運輸業發放之訂艙號碼。 區內交易視同出口案件，則填列「NIL」。
15	託運單分號 (12)	係填列由承攬業發放之訂艙號碼。 區內交易視同出口案件，則不需填列。
16	申請沖退原料稅 (13)	1. 本報單出口貨物是否沖退進口原料稅捐，應在該欄填報是否申請。不申請者，填代號「N」；申請者填代號「Y」，並應檢附「外銷品使用原料及其供應商資料清表」紙本 1 份。惟清表如係於外銷品沖退原料稅電子化作業系統製作，且上傳成功；復經通關系統比對相符而核定通關方式者，不須檢附該清表紙本。 2. 保稅工廠出口報單，如非屬上開沖退進口原料稅捐範圍，不宜填列「Y」。 3. 使用國產應課貨物稅供作製造外銷品之原料者，應填列「Y」。並檢附「外銷品使用原料及其供應商資料清表」。
17	運輸方式 (14)	1. 本報單貨物離開國境之運輸方式代碼（請參閱「關港貿作業代碼」伍、四、運輸方式）。 2. 國內交易案件，應填報 99「其他運輸方式」（請參閱「關港貿作業代碼」伍、四）。
18	出口船舶名稱 (15)	出口船舶名稱。
19	發票總金額 (16)	1. 依買賣雙方合議之實際交易條件、幣別（外幣，如非外幣則填列 TWD）、金額，加計應加費用 (19)、扣除應減費用 (20) 後填列申報，如為多張發票時，彙總申報。 2. 非屬實際交易條件之費用，不得計入本欄，如： ⑴實際交易條件為 EXW，貨物自輸出國工廠至輸出口岸所發生之相關費用（下稱 EXW 應加費用，包括內陸運費、保險費、報關費等）。 ⑵實際交易條件為 FOB，其貨物離岸後，由出口人代收代付之運費及保險費。 3. 本欄不得申報為零，且包含應加、減費用，則 (19)、(20) 欄免填。

項次	欄位名稱 （電腦處理編號）	填報說明
20	運費 (17)	請參見 21 保險費 (18) 項下說明。
21	保險費 (18)	1. 依實際交易條件下裝運文件或發票所列運費、保險費之幣別、金額填列，如交易條件不含貨物離岸後之運費，則運費 (17) 欄不得填列；如交易條件不含貨物離岸後之保險費，則保險費 (18) 欄不得填列： ⑴ 實際交易條件為 EXW，僅為貨物出廠價格者，運費 (17)、保險費 (18) 欄不得填列。 ⑵ 實際交易條件為 FAS，僅包含運送至指定港埠船邊之價格者，運費 (17)、保險費 (18) 欄不得填列。 ⑶ 實際交易條件為 FOB，除貨物本身之離岸價格外，未包含其他費用者，運費 (17)、保險費 (18) 欄不得填列。 ⑷ 實際交易條件為 C&I，除貨物本身離岸價格外，包含該筆交易中離岸後之保險費用者，運費 (17) 欄不得填列、保險費 (18) 欄應填列。 ⑸ 實際交易條件為 CFR，除貨物本身之離岸價格外，包含該筆交易中離岸後之運輸費用者，運費(17)欄應填報，保險費(18)欄不得填列。 ⑹ 實際交易條件為 CIF，除貨物本身之離岸價格外，包含該筆交易中離岸後之保險費用及運輸費用者，運費 (17) 欄及保險費 (18) 欄應填報。 2. 目前出口報單開放申報之交易條件為 EXW、FAS、FOB、C&I、CFR 及 CIF 等 6 種，非屬該 6 種交易條件者，應參酌前開交易條件，按最接近之交易條件調整申報。
22	應加費用 (19)	1. 依實際交易條件，雖未列入離岸價格，惟按交易價格規定應予加計者。 2. 實際交易條件為 EXW，本欄應填入 EXW 應加費用之合計金額。
23	應減費用 (20)	依實際交易條件，雖已列入離岸價格，惟按交易價格規定應予扣除者。
24	總離岸價格（新臺幣）(21)	1. 本欄應依輸出許可證或發票上所載之總離岸價格填入。 2. 本欄金額應與第 40 欄各項之合計金額相等，或在規定之容許差範圍內。 3. 實際交易條件為 EXW，係 (16) 欄加計 (19) 欄之總金額，與外幣匯率相乘後填入。
25	出口人中英文名稱地址 /AEO 編號 (22)	1. 填報應以正楷字體書寫或以打字機、PC 繕打，依中文名稱、英文名稱、地址順序填列。 2. AEO 編號：填報安全認證優質企業（簡稱 AEO）證書號碼。 3. 凡法令規定應由買賣雙方聯名繕具報單者： ⑴ 其委任報關者，不論個案委任或長年委任，得免在本欄或賣方欄加蓋公司行號及負責人印章。 ⑵ 其未委任報關之一方或自行報關之他方得出具切結書以代替在本欄或賣方欄加蓋公司行號及負責人印章。

項次	欄位名稱 （電腦處理編號）	填報說明
26	統一編號 (23)	出口人為營利事業時應填列其統一編號；非營利事業機構，填其扣繳義務人統一編號；軍事機關填八個「0」，外國人在台代表或機構無統一編號者填負責人護照號碼（前 2 碼固定為「NO」，以免與廠商或身分證統一編號混淆）；個人報關者，填其身分證統一編號或外僑居留證統一證號。
27	海關監管編號 (24)	出口人為保稅工廠、區內事業、農業科技園區、科學園區園區事業、自由港區事業者等，需於本欄填報海關監管編號。
28	繳納方式代碼 (25)	係預備提供填報稅費繳納方式代碼，其代碼請參閱「關港貿作業代碼」伍、三。
29	買方中英文名稱、地址 /AEO 編號 (26)	1. 填報應以正楷字體書寫或以打字機、PC 繕打，依中文名稱、英文名稱、地址順序填列。 2. 貨物實際出口案件： 　(1) 買方為國外廠商：名稱應以英文填報、傳輸；地址可省略。 　(2) 買方為國內廠商（三方交易案件，排除統計代碼 90）：應填列買方統一編號（第 28 欄）。 3. 貨物未實際出口之保稅案件（雜項報單），買方為國內廠商： 　(1) 應填列營利事業統一編號；另保稅工廠、科技產業園區、區內事業、農業科技園區園區事業、科學園區園區事業或自由港區事業，於第 29 欄填列海關監管編號。 　(2) 中文名稱傳輸時免傳。 　(3) 地址傳輸時免傳，但列印在報單上限使用中文。
30	買方國家代碼 (27)	1. 如屬第 26 欄(2)貨物實際出口案件，依 E/P 或發票所載填列買方所在地之國家或地區英文名稱及代碼。代碼請參閱「關港貿作業代碼」伍、二十六。 2. 如屬第 26 欄(3)貨物未實際出口國內交易案件，代碼欄應填「TW」。
31	買方統一編號 (28)	1. 買方 (26) 欄為國外廠商：填列買方公司英文名稱首 3 個字各字之首尾（但 Company 應填 CO 為例外）；如 World Trading Company 應填 WDTGCO；若買方在美國，應於該代碼（六碼，不足時以 ZZ 補滿）後另行加填州別代碼（2 個字母，如加州為 CA；請參閱「關港貿作業代碼」），如 WDTGCOCA。 2. 買方 (26) 欄為國內廠商時：填列其統一編號。
32	海關監管編號 (29)	1. 買方 (26) 欄如為保稅工廠、科技產業園區、區內事業、農業科技園區、科學園區園區事業、自由港區事業者等之國內廠商：本欄位填列買方之海關監管編號。 2. 買方 (26) 欄如非上述廠商，無須填報。

項次	欄位名稱（電腦處理編號）	填報說明
33	單價條件代碼 (30)	1. 依商業發票所列單價條件及金額填報，其方式可採下列之一： 　(1)商業發票所列單價為實際交易條件下之金額時，分別將實際交易條件及單價填報至 (30) 及 (36) 欄。例如：商業發票所列單價為實際交易條件 CIF 之單價（即已包含運費、保險費之攤計在內者），則 (30) 欄填報 CIF，(36) 欄填報 CIF 條件下之單價。 　(2)商業發票所列單價非為實際交易條件下之金額時，分別將單價所示之條件及單價填報至 (30) 及 (36) 欄。例如：商業發票所列實際交易條件雖為 CIF，惟其單價係以不含運費、保險費攤計在內之方式列示時（如習稱之 FOB 單價），則 (30) 欄填報 FOB，(36) 欄填報 FOB 條件下之單價。 2. (30) 欄限發票所載貨物單價均為 EXW 者，始可填列 EXW。 3. 目前出口報單開放申報交易條件為 EXW、FAS、FOB、C&I、CFR 及 CIF 等 6 種，非屬該 6 種交易條件者，應參酌前開交易條件，按最接近之交易條件調整申報。
34	匯率 (31)	1. 依關務署調查稽核組每旬所公布之報關適用外幣匯率表所列之「買入匯率」為準。 2. 新臺幣交易案件，填「1.0」。
35	項次 (32)	依輸出許可證或發票所列貨物順序，用阿拉伯數字 1、2、3……逐項填列。
36	貨物名稱、商標（牌名）及規格等 (33)	1. 依輸出許可證或發票所載填報，傳輸時按貨物名稱、商標（牌名）、型號、規格、預錄式光碟來源識別碼模具碼中之壓印標示（IFPI）及事業代碼等，依借用分列欄位申報為原則；無來源識別碼者，應申報「無來源識別碼」；如無法分列，得均申報於貨物名稱內。 2. 保稅貨物案件申報時，原料之買方、賣方料號及成品型號首先填報（列印）於貨名之前；商標（牌名）、規格、原進倉報單號碼及項次依序填報（列印）於貨物名稱之後。 3. 如有共同的貨物名稱時，得於各該所屬項次範圍之第 1 項申報即可。 4. 貨物不止 1 項者，應逐項填明，最後應填「TOTAL」並在「淨重、數量」及「離岸價格」兩欄填報合計數（TOTAL 之後無需再填報「以下空白」或「無續頁」之類之文字）。 5. 如需退稅之出口貨物，其名稱與原料核退標準規定同物異名時，應在貨名下註明核退標準所規定貨名、規格、型號。 6. 依法令規定應顯示製造商者（如申請沖退稅），請勿漏填其名稱。 7. 「長單」得以彙總方式填報（請參閱進出口報單長單申報簡化作業方式）。

項次	欄位名稱 (電腦處理編號)	填報說明
36	貨物名稱、商標 (牌名)及規格 等 (33)	8. 國內課稅區廠商接受國外客戶訂購產品,直接收取外匯,並依指示將所訂購之產品交與其他廠商,另行組合或併裝後包裝出口而須辦理沖退稅者,可於本欄末項空白處,載明提供組裝零配件之其他廠商之名稱、交付產品之內容(如品名、規格、數量、金額等)。 9. 貨物本身或其內外包裝或容器標示有商標者,應逐項填報實際之商標,並儘量以實際商標縮小影印黏貼,再加蓋騎縫章。經核列得辦理無紙化通關者,可以電子檔方式傳輸商標圖檔。如有國際貿易局核准商標登錄文號,亦應報明;如未標示商標,則應填報「NO BRAND」。(請參閱預報貨物通關報關手冊出口篇第貳、捌節) 10. 復出口案件亦應申報商標(牌名),並於此欄之下用括弧加註(「生產國別」)。
37	輸出入許可文件 號碼 - 項次 (34)	將輸出入許可文件之號碼及項次填入(包含連線及未連線簽審機關所核發之許可文件)。
38	輸出入貨品分類 號列 (35)、保稅 貨物註記 / 主管 機關指定代號	1. 請查閱「中華民國海關進口稅則輸出入貨品分類表合訂本」填列(共應填列 11 碼;請參閱預報貨物通關報關手冊之報單填報實例)。 2. 保稅貨物註記 / 主管機關指定代號之填報 (1)出口 B9 報單申報應填報各項次「保稅貨物註記」欄,保稅貨物填報「YB」;非保稅貨物填報「NB」。(請參閱預報貨物通關報關手冊－出口篇捌、五) (2)出口貨物如屬主管機關規定須於出口報單申報指定代號者,應於「主管機關指定代號」欄依主管機關規定方式申報。
39	單價幣別、金額 (36)	1. 幣別代碼,依海關發佈之外幣匯率表外幣代碼填列。代碼請參閱「關港貿作業代碼」伍、二十七。 2. 本欄應依輸出許可證或交易發票上所載之貨物價格填入。如原價為總價,應予換算成單價。 3. 如金額長度超出現有欄位時,可彈性跨越左右欄位空白處填列,被佔用欄位之內容必須降低或提高位置填列。 4. 各項單價之幣別如有兩種以上,應轉化為同一種幣別再填報。
40	淨重(公斤)(37)	1. 依裝箱單填列,如實際與文件記載不符者,應按實際出口情形申報。 2. 淨重係指不包括內外包裝之重量,一律以公斤(KGM)表示之。 3. 小數點以下最大取 6 位數(不可四捨五入)。

項次	欄位名稱（電腦處理編號）	填報說明
41	數量（單位）(38)	1. 依輸出許可證或發票所載填其計價數量及單位代碼（請參閱「關港貿作業代碼」伍、六），如實到數量與輸出許可證或發票所載不符，應依實際數量填報。例如輸出許可證所載為布類 500 碼，則在此欄填 500YRD。如貨物不止 1 項時，應逐項填報。 2. 如數量（單位）長度超出現有欄位時： (1)可彈性跨越左右欄位空白處填列，被佔用欄位之內容必須降低或提高位置填列。 (2)亦可轉換為百單位或千單位申報，惟轉換之單位須為「關港貿作業代碼」內所列之計量單位。如：HPC（百個）、HST（百套）、KPC（千個）……等。 3. 保稅貨物案件申報時，於此欄第 2 行填報（列印）「B：記帳數量及單位」。
42	數量、單位（統計用）(39)	1. 依前例布類按進口稅則上所列單位為平方公尺，則 1,000 碼（寬度 36 吋）等於 836 平方公尺，在此欄填 836MTK。 2. 請參閱進口報單填報說明第 44 項數量（單位）（統計用）(42) 欄。 3. 小數點以下最大取 4 位數（不可四捨五入）。
43	離岸價格（新臺幣）(40)	1. 依輸出許可證、發票或其他價值證明文件所載之貨物離岸價格金額乘以外幣匯率即得新臺幣離岸價格（金額計至元為止，元以下四捨五入）。 2. 如幣別金額太長，欄位不夠用時，可將幣別填列於上方，金額填於下方（即 1 欄當 2 欄使用）。 3. 申報「禮物、贈品、樣品、掉換、賠償、廣告品等」時，即使發票載明「NCV」，亦應申報其實際價格，不得申報「NCV」（No Commercial Value）、「FOC」（Free of Charge）或「0」。 4. 自用無商業價值之行李，亦應申報。 5. 國外提供原料委託加工出口（限只收取加工費之外銷案件），本欄之離岸價格金額應填報原進口報單之 CIF 加上代加工費。
44	統計方式 (41)	統計方式代碼填列請參閱「關港貿作業代碼」伍、八。
45	總件數、單位 (42)	依裝貨單或託運單上所載總件數填列，單位應依「關港貿作業代碼」伍、六填列，如 500 CAN（CAN），1,234 CTN（CARTON）；如係不同包裝單位構成〔如 500CTN 與 35BAG（BAG）〕，總件數應使用〔535PKG（PACKAGE）〕。
46	包裝說明 (43)	貨物由 2 包以上合成 1 件者，應於件數後用括弧加註清楚。如屬連線申報者，應於合成註記之訊息欄位申報「Y」，並於包裝說明訊息欄內報明上開合成狀況。

項次	欄位名稱 （電腦處理編號）	填報說明
47	總毛重（公斤） (44)	1. 係填報整份報單所報貨物之總毛重，並以公斤（KGM）為計量單位。 2. 小數點以下最大取 6 位數。
48	標記／貨櫃號碼 (45)	1. 標記係指貨上之標誌及箱號，依實際出口貨物外包裝上所載填列。 2. 連線者申報請參閱進口報單填報說明第 52 項「標記」(50) 欄及 53 項「貨櫃號碼」(51) 欄。 3. 整裝貨櫃（CY）裝載者應填列貨櫃、標誌號碼（向左齊依序填列文數字，中間不得留空白或填列特殊符號），其餘則免填。 4. 如不夠使用，可於其他申報事項欄或海關簽註事項欄或續頁之「加總」後填列。
49	其他申報事項 (46)	係供對本報單申報事項另行補充、提示海關承辦關員注意特別處理事項或依有關法令規定應由報關人報明之事項，如無適當欄位可供填報時，應於本欄中申報。例如： 1. 按月彙報案件，應加註 xx 月份按月彙報案件。 2. 保稅倉庫及物流中心進出倉貨物應於本欄填報保稅倉庫代碼及其統一編號。 3. 常年（長期）委任報關核准文號。 4. 申請依長單簡化作業方式之核准文號。 5. 保稅工廠之產品由其他廠商或貿易商報運出口者，應於本欄填報保稅工廠海關監管編號及其統一編號。 6. 輸出光罩式唯讀記憶體晶片，除外貨復運出口者外，應於本欄填報登錄證明書號碼。 7. 國外提供原料委託加工出口（限只收取加工費之外銷案件）及整修後復出口貨物應收之修理費，應於本欄填報代加工費用及修理費。 8. 統計方式 95 案件委外加工成衣進口其品名、數量應於本欄申報。 9. 保稅貨物「出口人（貨物輸出人）」欄或「買方」欄非實際銷售人或買受人，應於本欄敘明實際銷售人或買受人；另於「發貨人代碼」欄或 「收貨人代碼」欄報明實際銷售人或買受人之營利事業統一編號或國外廠商代碼（FFF 加上海關監管編號）。 10. 如不夠使用，可於海關簽註事項欄或續頁之「加總」後填列。 11. 三方交易案件（買方為國內廠商，排除統計代碼 90），應於本欄填報「三方交易案件，買方為國內廠商」；另「收貨人代碼」欄、「收貨人名稱（英）」欄及 「收貨人地址（英）」欄應填列國外實際收貨人資料。「收貨人代碼」比照買方統一編號（28）欄之國外廠商填列方式。發票或裝箱單上應載明收貨人（Consignee、Sold to 或 Ship to 等）之資料。

項次	欄位名稱 （電腦處理編號）	填報說明
49	其他申報事項 （46）	12. 復運出口貨品且報單總離岸價格逾新臺幣 25 萬元，免收推廣貿易服務費者，應於本欄填報「復運出口免收推貿費」。但保稅貨品毋須填報。 13. 依海關代徵營業稅稽徵作業手冊參、十四規定，貨物進口翌日起 3 個月內未經使用退運出口，申請退還已納營業稅之申請核辦方式，得於本欄填報「貨物未經使用，退運出口不再復運進口，申請退還已納營業稅」。
50	推廣貿易服務費	依推廣貿易服務費相關規定徵收收：應徵推廣貿易服務費項次之離岸價格（新臺幣）加總後（含應加減費用，惟單價條件為 EXW 時，則免再加計應加費用）乘以 0.04%，核計至元為止，元以下不計；未逾 TWD100 者免收。
51	空白欄	
52	合計	將推廣貿易服務費及其他應收款項各欄加總之總金額填入。
53	通關方式	1. 係海關內部作業使用，出口通關方式計分：C1（免審免驗通關）、C2（文件審核通關）、C3M（人工查驗）及 C3X（儀器查驗）。 2. 連線者遞送報單時應列印通關方式。
54	申請審驗方式	1. 係供海關權責人員決定該報單將採行之審驗方式，或供報關人填報申請審驗方式。 2. 本欄以代碼表示： 代碼 2：申請「船（機）邊驗放」 代碼 3：申請「廠驗」 代碼 4：申請「鮮冷蔬果驗放」 代碼 6：申請「倉庫驗放」 代碼 7：申請「免驗船邊裝（提）櫃」 代碼 8：申請「文件審查」 代碼 9：申請「免驗」 3. 申請審驗方式代碼使用說明，（請參閱「關港貿作業代碼」伍、十）。 4. 情形較特殊依規定應由報關人報明代碼者，應依規定主動報明。
55	證明文件申請聯別、份數	依實際需要證明文件之聯別、份數填明申請。

項次	欄位名稱 （電腦處理編號）	填報說明
56	報關人/AEO 編號 (47)	1. 應填列本報單之報關人中文名稱。電子傳輸時名稱、簽章免傳。 2. 填列報關人向海關借用之候單箱號（3 位數）或含報關業者箱號附碼（1 位）。 3. 本欄係供書面報關時，報關人簽名蓋章之用。如係納稅義務人自行報關者，應加蓋公司行號章及負責人章，二者均應與輸入許可證上所蓋者相同。如報關業係受委任報關者，其所加蓋之公司行號章、負責人章以業經向海關登記之印鑑為限。 4. 委託報關業連線報關補送之書面報單免加蓋報關業及負責人章及簽名。
57	專責人員 (48)	1. 係指經「專門職業及技術人員普通考試專責報關人員考試」或「專責報關人員資格測驗」及格，向海關登記為「專責報關人員」者，負責本份報單內容審核簽證人員填列姓名之用。電子傳輸時姓名、簽章免傳。納稅義務人自行報關者免填。 2. 委託報關業連線報關補送之書面報單免加蓋專責人員章及簽名。
58	報單背面	1. 背面各欄報關人免填。 2. 供海關書面簽章使用。 3. 應貼之規費證，如正面無位置可黏貼於背面。
59	海關簽註事項	係供海關承辦關員簽註處理情形或加註必要之文字。
60	報單續頁	續頁填報方式與首頁相同。
61	營業稅記帳廠商編號	出口人申請營業稅沖銷者，應於關務署關港貿 XML 訊息建置指引（通關）之「N5203 出口報單」中「營業稅記帳廠商編號」欄填報營業稅記帳廠商編號，未填列者視同不申請沖銷。
62	原進口報單號碼、項次	復運出口貨品（包括外貨、國貨），應逐項填報欲核銷之原進口報單號碼及項次，以利分估審核或電腦比對核銷，核銷作業採「1 項對 1 項」方式核銷原進口報單資料，該項之原進口數量應大於或等於復運出口數量，數量不符者，應予拆項或增項。但保稅貨品應依本報關手冊捌、保稅物品及自由貿易港區貨物通關特殊規定辦理。

（本填報說明資料來源：財政部關務署預報貨物通關報關手冊）

3-3 驗貨

　　出口貨物免徵關稅，其查驗目的在於防止貨物輸出人藉報運貨物出口，而將管制品、仿冒品私運出口，或從事假出口、真退稅等不法情事。原則上出口報單之查驗比率為 4 ～ 5%。

　　出口貨物報關後，海關以海關查驗貨物通知訊息或表格通知倉儲業配合查驗。出口貨物之查驗作業與進口貨物相同，但櫃裝出口貨物不必於集中查驗區查驗僅於貨櫃場辦理查驗即可。

3-3-1 應驗、免驗、抽驗之規定

　　出口貨物報關後，抽中應驗之報單，必要時，得由進出口單位驗貨、分估主管或其指定人員改為免驗報單。抽中免驗或依規定免驗之報單，必要時，得由進出口單位驗貨、分估主管或其指定人員改為應驗報單。

一、應驗項目

　　目前海關對高風險群廠商、廠商自行申請查驗、有密報案件，以及海關認為有查驗必要之出口貨物均列為應驗項目。

二、免驗物品

　　「進出口貨物查驗準則」第 27 條規定下列出口物品免驗：

㈠總統、副總統運寄國外之物品。

㈡駐在中華民國之各國使領館、外交官、領事官及其他享受外交待遇之機關與人員運寄國外之物品，經外交部或其授權之機關證明者。

㈢其他經財政部專案核准免驗物資。

三、得予免驗物品

　　「進出口貨物查驗準則」第 28 條規定下列出口物品得予免驗：

㈠鮮果及蔬菜。

㈡動物、植物苗及樹木。

㈢包裝、重量相同或散裝出口之大宗貨物。

㈣軍政機關及公營事業出口貨物。

㈤政府機構、公益、慈善團體出口之救濟物資。

㈥不申請沖退稅之外銷品。

㈦危險品。

㈧靈柩或骨灰。

㈨其他經海關核准之廠商出口貨物。

四、得船（機）邊驗放之貨物

　　「進出口貨物查驗準則」第 30 條規定，鮮貨、易腐物品、活動物、植物、危險品、散裝、大宗、箱裝及體積龐大之出口貨物，或有其他特殊情形者，得經海關核准船（機）邊驗放或船（機）邊免驗放行。

3-3-2　應注意驗對事項

　　驗貨關員依照派驗之出口報單辦理查驗時，應會同報關人。

一、查驗時間

　　出口貨物應在海關辦公時間內查驗。如於辦公時間內未能驗畢者，得由海關酌准延長。但經海關核准在船邊驗放之貨物，得不受辦公時間之限制。

二、查驗程序

　　驗貨關員查驗出口貨物，應先審核出口報單申報事項及所附文件資料是否完備，如有應行補正事項，應責成報關人補正。查驗出口貨物應依「進出口貨物查驗注意事項」第 23 點規定按下列程序辦理：

　　㈠核對貨物存放處所：

　　　出口貨物存放處所須與出口報單申報之存放處所相符，方予查驗，否則不予查驗。

　　㈡核對貨櫃號碼及封條：

　　　查驗之貨櫃號碼與報單申報不符者，應不予查驗。封條如為海關封條者，應查明後再驗。

　　㈢查核貨物是否全部到齊：

　　　出口貨物不論進存倉庫或運置碼頭或貨櫃集散站，應俟全都到齊後始予查驗，否則不予查驗。但大宗貨物經海關核准船邊驗放者，不在此限。

㈣核對包裝外皮上標記及號碼：

包裝外皮上標記號碼應與報單上所申報及裝貨單上所記載者相符。

㈤指件查驗：

根據派驗報單主管人員在報單上之批註，至少開驗若干件、過磅若干件之範圍內，自行指定件數查驗。

㈥拆包或開箱：

查驗出口貨物時，其搬移、拆包或開箱及恢復原狀等事項，統由貨物輸出人或其委託之報關人辦理，但驗貨關員應盡可能保持貨物裝箱及包裝之原狀，並避免貨物之損失。

㈦查驗：應注意下列事項：

1. 貨物名稱、商標、品質、規格、貨號、型號及產地標示等。

2. 數量（長度、面積、容量等均用公制單位）。

3. 淨重（用公制單位）。

㈧驗訖標示：

無箱號之貨件，應在箱件上加蓋查驗戳記或以不褪色墨水筆簽署；有箱號者，應將箱號批註於裝箱單上，免蓋查驗戳記或簽署。

㈨人工查驗方式：準用第 7 點規定辦理。

三、開驗原則

出口貨物以抽驗為原則，依貨物之性質、種類、包裝、件數之多寡酌定抽驗件數，但必要時（有下列情況時）得全部開驗：

㈠申報件數少而貨物項目複雜者。

㈡查驗過程中，發現有偽報貨名、品質、規格或匿報數量、或夾帶貨物、或其他違章情事時。但在繼續查驗中，其已查驗部分足以推斷整批貨物之真實內容者，得酌情免予繼續查驗。

四、退關或註銷貨物之查驗

㈠退關貨物

凡出口或復運出口或轉船貨物，經向海關傳遞之連線、非連線報單，已產生通關方式，並已放行，因故未能裝船（機）出口者，謂之退關貨物。

1. 已查驗或免驗貨物

已報關放行之出口貨物，辦理退關提回，或因故核定退運出口之貨物，其業經查驗者，如驗明貨櫃（物）原封條完整，得免再開驗，如屬非原封貨櫃（物）、海運非櫃裝或空運未加封貨物，應再查驗；原核定免驗者，得准予免驗。

2. 重報出口貨物

已退關之出口貨物，重報出口時，海關得重新核定應否查驗。

㈡註銷貨物

出口或復運出口或轉船出口貨物，經向海關傳遞之連線、非連線報單，尚未放行者，因故不裝船（機）出口，經由貨主、報關人、船公司或其代理行向有關出口業務單位申請註銷者，謂之註銷報關貨物。

船（機）邊驗放之出口報單，其出口貨物因故全部未到者，得憑報關人之申請逕予註銷；如部分未到者，應憑報關人於第 1 次派驗前之申請，按實際到達船（機）邊或機放倉庫之數量於查驗無訛後，方准辦理退關或放行裝船（機）。

五、產地標示之查核

㈠應具顯著性與牢固性

輸出貨品，應於貨品本身或內外包裝上標示產地，其標示方式應具顯著性與牢固性。

㈡應標示之文字

輸出貨品係中華民國製造者，應標示中華民國製造或中華民國臺灣製造，以其他文字標示者，應以同義之外文標示之。但輸往美國以外之無邦交地區者，得標示臺灣製造或其同義之外文。其因特殊原因須免標產地，或標示其他產地者，應向貿易局申請專案核准。

㈢不得標示之文字

輸出貨品係在中華民國製造者，不得標示其他國家或地區製造之字樣，或加標外國地名或其他使人誤認係其他國家或地區製造之字樣。但有下列情形之一經專案核准者，不在此限：

1. 原標示於進口貨品或零組件之原產地標示，得予保留。

2. 供國外買主裝配之零組件，其產地標示在表明其最後產品之產地者。

3. 供國外買主盛裝之容器或包裝材料者。

六、商標標示之查核

　　㈠應自行查明專用權之歸屬

　　　　出口貨品標示有商標者，應自行查明所標示之商標之專用權歸屬，不得有仿冒情事。貨品之內外包裝或容器標示有商標時，適用本項規定。

　　㈡應於報單上載明或黏貼

　　　　輸出貨品，應於出口報單上正確載明或黏貼其所標示之商標，未標示商標者應載明「無商標」。

　　㈢經海關查明與申請不符者之處理

　　　　輸出貨品標示之商標，經海關查明與出口報單申請不符者，海關得要求出口人提供該商標專用權人指定標示或授權使用或其他能證明無仿冒情事之文件供查核放行。

　　　　另依「進出口貨物查驗注意事項」第 13 點規定，驗貨關員查驗進出口貨物如發現有侵害商標權、專利權及著作權之虞者，應依據「海關執行商標權益保護措施實施辦法」及「海關配合執行專利及著作權益保護措施作業要點」辦理。

七、驗明不符報單之處理

　　出口貨物在查驗過程中，發現有虛報貨名、品質、規格或匿報數量，或夾帶貨物，或其他違章情事時，以全部查驗為原則。但在繼續查驗中，其已查驗部分足以推斷整批貨物之真實內容者，得酌情免予繼續查驗。

　　查驗結果與報單申報不符案件，驗貨關員應在報單上據查驗結果，比照進口報單申報不符案件予以改正。

八、其他事項

　　出口貨物查驗後之提取貨樣、加封封條、填報查驗紀錄及驗畢註記作業，均比照查驗進口貨物之有關作業辦理。

3-4 分估

　　出口業務單位之分估關員比照進口業務單位之分估關員，辦理廠商分類、稅則分類、離岸價格、違章案件等之審核與處理作業。貨物出口案件免徵關稅，僅由海關代徵推廣貿易服務費，故無徵稅作業。

　　海關將出口廠商分為低危險群廠商（L 類）、一般廠商（G 類）、高危險群廠商（H類）3 類，以便利報單抽驗並查緝違規不法貨物。

3-4-1　貨品分類及資料之審核

　　出口貨物之稅則分類準用「中華民國輸出入貨品分類表」之規定。

3-4-2　分估註記

　　分估人員以有關程式鍵入報單號碼，調出分估畫面顯示經專家系統篩選之分估提示資料，辦理分估工作，必要時得自分估資料參考檔（包括貨品分類基準檔、簽審規定檔、欠稅檔等），擷取分估參考資料，依有關規定辦理核定稅則號別、離岸價格、統計方式、推廣貿易服務費、核銷輸出許可證及有關簽審規定應審文件（紡拓會、資策會、簽審機關委託代審、檢驗、檢疫合格證等），作業完成後，鍵入分估（放行）檔完成註記。

3-4-3　貨品分類號列申報不符案件之處理

1. 貨證相符，但申報之分類號列不符案件

   貨品不涉及管制及限制者，由出口地海關逕行更正分類號列，憑原輸出許可證核銷放行。貨品涉及管制及限制者，應驗憑更正之輸出許可證或依有關規定辦妥手續後方准予放行。貨主如有異議經審核尚有疑義者，得准其出具切結書，取樣後先予放行，事後報請貨品分類審議小組核定。如申請退關由出口地海關逕依有關規定處理。

2. 貨證不符案件，應依「出口貨物報關驗放辦法」有關規定處理。

3-4-4　核算離岸價格

一、離岸價格之核定

　　㈠核算依據

　　　　出口貨物之價格，應以輸出許可證所列之離岸價格折算申報。免除輸出許可證者，以輸出口岸之實際價值申報。

　　㈡費用之扣除

　　　　出口貨物係以起岸價格為成交條件者，應扣除運費、保險費及其他發生在輸出港口之一切費用。

二、外幣價格之折算

　　出口貨物離岸價格之計算，其匯率之適用，以每旬關務署編製之外幣匯率表買入匯率為準折算為新臺幣。

3-4-5　批註查驗取樣

　　為鑑定出口貨物之名稱、種類、品質供稅則分類或核退稅捐之參考，出口報單得批註查驗取樣憑核，並依規定留存樣品室。

　　無法就貨樣鑑別其品質成份之出口貨物，得移送進口單位化驗室化驗或簽請委託其他機關代為化驗。

3-4-6　審核輸出許可證

一、貨品分類號列申報不符案件之處理

　　㈠貨證相符，但申報之分類號列不符案件：

　　　1.　貨品不涉及管制及限制者，由出口地海關逕行更正分類號列，憑原輸出許可證核銷放行。

　　　2.　貨品涉及管制及限制者，不得放行。

　　㈡貨證不符案，應依「出口貨物報關驗放辦法」有關規定處理。

二、輸出許可證之更正及註銷

　　輸出許可證內容之修改、註銷及補發均應依規定時限申請。

3-4-7　退關及註銷貨物之處理

退關或註銷案件，均應由報關人辦理退運出倉或改船出口作業。

3-5 放行

出口貨物不必經徵稅手續，故分估後報關人僅須繳納海關代徵之推廣貿易服務費即可辦理放行。出口報單放行後，業者即可辦理貨物裝船（機）之作業。

3-5-1　放行通知及貨櫃（物）裝船（機）

1. 集散站或倉儲業者接收放行訊息並裝櫃（貨）。
2. 運輸業者應於收到海關放行通知（訊息）或經海關蓋印放行之裝貨單或託運單後，始得辦理出口貨物裝船（機）手續。
3. 出口貨物應於海關放行之翌日起 30 日內裝船（機）出口；逾期者，由貨物輸出人辦理退關手續。

3-5-2　審核、簽證、理單作業

審核、理單作業請參閱進口審核、理單部分作業說明。簽證作業係出口報單副本之申請與核發，出口業務單位均應依限完成。

本章習題

一、選擇題

(　　) 1. 出口貨物之申報，由　(A) 納稅義務人　(B) 貨物輸出人　於載運貨物之運輸工具結關或開駛前之規定期限內，向海關辦理。

(　　) 2. 出口報單之貨物價格應以　(A) C&F　(B) FOB　(C) CIF　核計。

(　　) 3. 我國免徵關稅的貨物是　(A) 進口貨　(B) 出口貨　(C) 以上兩者皆是。

(　　) 4. 海運出口報單放行後之作業為　(A) 提領貨物　(B) 貨物裝船　(C) 以上兩者皆是。

二、問答題

1. 請說明海關查驗出口貨物之目的。
2. 請說明海關對出口貨物產地標示之查核規定。

三、簡答題

1. 出口貨物之通關程序包含幾個步驟？
2. 出口貨物之報關，應注意哪些重要之輸出規定？
3. 出口報單稅費欄如何填報？

NOTE

4

轉運貨物之通關

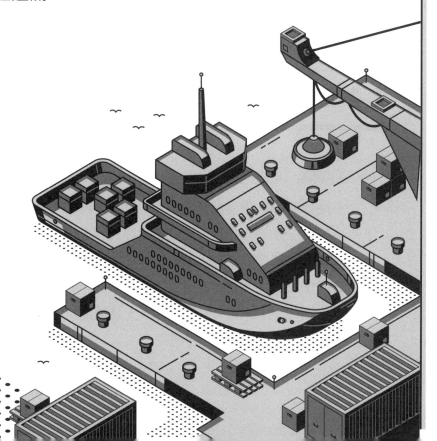

本章以轉運、轉口兩種貨物之概念及通關規定為主要介紹對象。三角貿易亦有轉運之性質，故其通關作業一併在本章加以介紹。

4-1 轉運之概念

　　一般人對轉運貨物通關流程之定義為轉運（轉口）貨物運抵我國通商口岸，至轉運抵目的地或裝另一船、機出口。

　　在「海關管理進出口貨棧辦法」、「海關管理貨櫃辦法」中規範之轉運貨物，包括轉口、轉運兩種。

　　轉口貨物（Transshipment Cargo）係指國外貨物由甲運輸工具載運，暫時卸存我國碼頭（機坪）、管制區內貨櫃集散站或貨棧後，再經由乙運輸工具載運出口之貨櫃（物）。

　　轉運貨物（Customs Transit Cargo），係指國外貨物於運輸工具最初抵達本國口岸卸貨後，轉送他關區港口、貨櫃集散站／貨棧，或科學園區、科技產業園區、農技園區、自貿港區之貨櫃（物）。

　　另「過境貨物」（Through Cargo）係指運輸工具所載國外貨物（櫃），在本國口岸過境，不卸岸，原船（機）載運離境者。

4-2 應否申報轉運申請書之規定

一、海運轉運（進口）貨物

　　㈠貨物卸船後，進儲艙單之卸貨地點（惟艙單未申報暫存地點），納稅義務人因通關需要，須將貨物運至他關區或四區（科學園區、科技產業園區、農業科技園區及自由貿易港區）內通關者，納稅義務人應向海關申報 T1 轉運申請書。

　　㈡貨物卸船後，直接拖運進儲進口艙單之卸存地點（含跨關區、同關區或他關區之四區卸存地），或貨物卸船後，先進儲進口艙單之暫存地點，再跨關區運送至卸存地點者，免申報轉運申請書。

二、海運轉口貨物

　　㈠不同關區轉運出口，應申報 T2 轉運申請書。

　　㈡同一關區以海運進口並以海運出口之轉口貨物，經船公司承諾並向海關提出申請，審核符合下列原則者，於船公司基本檔註記後，免申報 T2 轉運申請書：

　　　　1. 配合預報出口裝船清表（N5262）。

　　　　2. 配合預報進口艙單。

　　　　3. 確實申報轉口艙單貨名。

　　　　4. 使用 XML 申報相關資料。

三、空運轉運（進口）貨物

　　㈠跨關區移運，應申報轉運申請書。

　　㈡同一關區內移動，非屬轉運，使用特別准單即可，不必申報轉運申請書。但臺北關本部與科學園區間、臺中關與科學園區間、高雄關與科學園區間、高雄關高雄機場分關轉運至高雄科技產業園區、楠梓科技產業園區、屏東科技產業園區、屏東科技園區，進口貨物之移動一律使用 T1 轉運申請書為例外。

四、空運轉口貨物

　　㈠不同關區轉運出口，應申報 T2 轉運申請書。

　　㈡同一關區轉運出口者，免申報 T2 轉運申請書，使用特別准單。

4-3 轉運案件之類別、代碼、適用範圍及適用限制

表 4-1 轉運案件之類別

代號	適用範圍	適用限制
T1	外貨轉儲運送	1
T2	外貨轉口（海運外貨跨關區運送裝船轉口、空運外貨跨關區內陸運送裝機轉口）	1、3、4、5
T3	多國集併貨櫃（物）轉口	1、4、5
T4	船用品轉口	1
T6	海運之轉口貨物由空運轉運出口者	1、4、5
T7	空運之轉口貨物由海運轉運出口者	1、5
L1	國外之貨物進儲物流中心	6

註：「適用限制」代碼之意義：

1. 以連線或未連線方式報關均可（惟 T1 二次轉運者限以未連線方式辦理）。
2. 以未連線方式報關爲限。
3. 轉口貨櫃（物）跨港口或機場之管制區以內陸運送者，應依照海關公告之「貨櫃（物）運送路線暨運送時間限制表」辦理，載運途中不得無故逗留或繞道他處，逾時到達者，由海關依據有關規定處理。
4. 海運轉口貨櫃（物），不得拖至內陸貨櫃集散站或貨棧存放。
5. 武器、彈藥、毒品等轉口貨櫃（物）限由原進口之港口或機場轉運出口。
6. 需以連線方式 向貨物卸載口岸轄區海關報關。

4-4 轉運、轉口貨物（T1、T2）通關各步驟與相關業者及機關配合事項

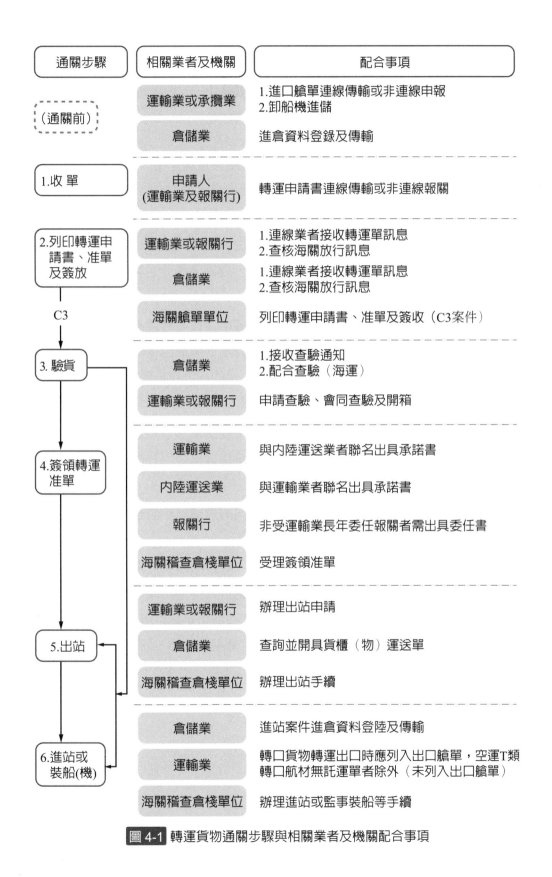

圖 4-1 轉運貨物通關步驟與相關業者及機關配合事項

4-5 轉運、轉口貨物之通關

　　轉運、轉口貨物依國際貿易慣例，認定貨物尚處於運送途中，非正式之進出口貨物，故轉運申請書不必申報貨物價格、關稅資料，通關作業流程中亦無分估、徵稅兩項步驟。報關人申報之轉運准單、轉運申請書，除經海關抽中應查核者外，即予放行。

　　轉運貨物屬於海運者，於船隻抵達港埠後，由船公司傳送進口艙單，向海關申領普通卸貨准單及特別准單及進口貨櫃清單卸船進儲，倉儲業憑分送艙單點收貨物（櫃）保管。

　　轉運其他關稅局之進口貨櫃，由報關人向海關申請核發轉運准單、轉運申請書，並檢附承諾書辦理轉運。轉運保稅區進口貨物，憑特別准單或由報關人以相關報單連線報關，經放行後押運或監封保稅卡車（或貨櫃）運往目的地倉庫拆櫃進倉。轉運出口貨櫃，則由報關人向海關申請核發轉運准單、轉運申請書，並檢附承諾書辦理轉口裝船（機）。

　　轉運貨櫃（物）欲拖運出站或裝船出口時，由倉儲業者憑轉運准單訊息，列印貨櫃（物）運送單，駐站（庫）關員憑轉運申請書及承諾書核簽放行准單，並核對貨櫃無訛後准予拖運出站或裝船出口。

　　海空聯運轉口貨物，由運送人以轉運申請書向海運關區申請核准後，裝貨櫃或保稅工具轉運機場貨棧拆櫃進倉再裝機出口。

　　海運轉口貨櫃（物），經由海運轉運出口者，除經海關派員押運或核准加封電子封條外，不得以內陸運輸方式運送至內陸貨櫃集散站或其他港口辦理出口，並由關務署分期分區公告實施。但以海空聯運或空海聯運方式依海關指定路線辦理轉運或以海上走廊、空運方式辦理轉運者，不受上開規定限制。武器、彈藥、毒品、危險品等轉口貨櫃（物）限由原進口之港口或機場轉運出口。

　　轉運貨物通關流程圖如下：

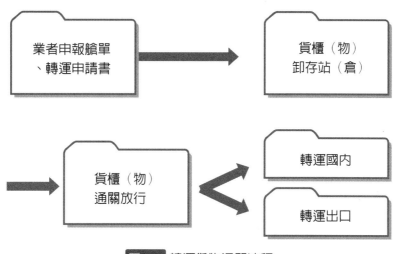

圖 4-2 轉運貨物通關流程

4-5-1　轉運申請書之申報

轉運貨物由運輸業、承攬業、物流中心、科學園區園區事業、科技產業園區區內事業、農業科技園區園區事業、自由港區事業或受委託之報關業將轉運申請書（Customs Declaration：Transit）訊息（N5301 或 N5303）傳輸海關辦理通關；以書面申請者，應將轉運申請書（N5301 或 N5303）遞交海關辦理通關。

4-5-2　報關期限

一、轉口貨櫃（物）

運輸工具載運轉口貨櫃（物），應於進儲貨櫃集散站（或碼頭）或貨棧之翌日起 60 日內轉運出口。如無船期、班機或有其他原因者，得向海關申請延長 30 日。

二、誤裝、溢卸或其他特殊原因，須退運或轉口

進口貨物在報關前，如因誤裝、溢卸或其他特殊原因須退運或轉口者，應於裝載該貨之運輸工具進口後 15 日內向海關申請核准，90 日內原貨退運或轉運出口。其因故不及辦理者，可於限期屆滿前，依關稅法第 58 條規定，向海關申請存儲保稅倉庫。

4-5-3 報關應檢附文件

遞送轉運申請書時，應檢附下列文件：

一、委任書 1 份（辦理長期委任者免附）

　　㈠報關業辦理轉運申請書者應辦理委任，並得辦理長期委任。連線報關經邏輯檢查無長期委任關係者，即以錯誤訊息駁回，不受理報關，請改以未連線方式辦理，繕具書面格式併檢具個案委任書遞交海關人工鍵檔。

　　㈡報關業受運輸業長期委任連線辦理轉運申請書時，以該運輸業工具之主體船公司或聯營船公司為限。

　　㈢海運 T1 轉運申請書准由科學園區園區事業、科技產業園區區內事業、自由港區事業或農業科技園區園區事業與報關業辦理委任關係，併應於「申請人」欄位申報科學園區園區事業、科技產業園區區內事業、自由港區事業或農業科技園區園區事業之海關監管編號。

二、申請書

　　溢卸貨物於海運關區申請由空運出口，或於空運關區申請由海運出口者，應檢附申請書（敘明理由經海關核准）及 T6（海空聯運）T7（空海聯運）轉運申請書辦理。

三、裝箱單或發票

　　轉運貨物如為船用品未按明細項目申報者，應檢附裝箱單或發票憑核。

4-5-4 海關受理單位

一、海運

　　艙單單位受理 T1（進口貨物轉儲）、T2（轉口貨物）、T3 港區事業貨物轉口、T4（船用品轉口）、T6 等 5 類轉運申請書。

二、空運

　　艙單單位或出口業務單位。

4-5-5　轉運申請書格式及各欄位填報說明

轉運申請書

轉運申請書編號(1)：

進口海關通關號碼(2)	艙單號碼(3)	主提單號碼(4)	分提單號碼(5)
出口海關通關號碼(6)	裝貨單號碼(7)	託運單主號(8)	託運單分號(9)

報關業者箱號/附碼/專責人員(10)	申請人英文名稱(11)	申請人代碼(12)	海空運別(13)	轉運申請書類別(14)

進口日期(15) (民國)　年　月　日	收單日期 (16) (民國)　年　月　日	起運地點代碼(17)	運往地點代碼(18)

進口船舶名稱(19)		進口船(機)代碼(20)		進口船舶航次(海)/航機班次(空) (21)	
出口船舶名稱(22)		出口船(機)代碼(23)		出口船舶航次(海)/航機班次(空) (24)	

總件數、單位(25)	貨名 (26)	數量(單位)(27)	總毛重(公斤)(28)
標記及貨櫃號碼(29)			

其他記載事項(30)

	海關處理紀錄	收件（單）	申請人或其委託人簽章
8056952701243597815404			

圖 4-3 轉運申請書格式（N5301）

表 4-2 轉運申請書各欄位填報說明

項次	欄位名稱	填報說明	備註
1	轉運申請書編號 (1)	編碼方式： 收單關別（2 碼）＋轉至關別（2 碼）＋年度（2 碼）＋報關業 / 運輸業、承攬業箱號（3 碼）＋業者自編流水號（5 碼）	運輸業或承攬業自行申報者，可向海關申請箱號
2	進口海關通關號碼 (2)	填列載運該筆轉運 / 口貨物，其進口船隻之海關通關號碼，海運必填。	海運專用
3	艙單號碼 (3)	填列載運該筆轉運 / 口貨物所申報之艙單號碼，必填。	海運專用
4	主提單號碼 (4)	填列載運該筆轉運 / 口貨物，其艙單申報之主提單號碼（Master B/L No），必填。	
5	分提單號碼 (5)	填列載運該筆轉運 / 口貨物，其艙單申報之分提單號碼（House B/L No），若進（轉）口艙單有填，則此欄必填。	
6	出口海關通關號碼 (6)	填列該筆轉口貨物，出口訂艙船隻之海關通關號碼，海運出口必填。	海運專用
7	裝貨單號碼 (7)	填列該筆轉口貨物，出口訂艙船隻之裝貨單號碼，海運出口必填。	海運專用
8	託運單主號 (8)	填列該筆轉口貨物，出口航商所發放之出口託運單主號（Master B/L No）。	
9	託運單分號 (9)	填列該筆轉口貨物，出口貨物承攬業者所發放之出口託運單分號（House B/L No）。	
10	報關業箱號 / 附碼 / 專責人員 (10)	一、報關行箱號 　　1. 填列報關人向海關借用之候單箱號（三位數） 　　2. 運輸業 / 承攬業自行報關者，應向進口地海關申請 　　　 自行報關箱號。 二、報關行箱號附碼：有申請附碼者應填報。 三、專責人員 　　1. 專責人員之填報參照進口報單各欄位填報說明項次3， 　　　 專責人員姓名、簽章之填報說明。 　　2. 運輸業 / 承攬業自行報關者應填報專責代號。	
11	申請人英文名稱 (11)	1. 運輸業者申報時，此欄位填列運輸業名稱。 2. 承攬業者申報時，此欄位填列承攬業名稱。 3. 科學園區、科技產業園區農業科技園區及自由貿易港區納稅義務人申報時，此欄位填列納稅義務人名稱。 4. 納稅義務人申報空運進口貨物跨關區不同航空貨物集散棧移儲時，此欄位填列納稅義務人名稱。 5. 報關業者申報時，此欄位填列收貨人名稱。	

項次	欄位名稱	填報說明	備註
12	申請人代碼 (12)	1. 運輸業者申報時，此欄位填列運輸業代碼。 2. 承攬業者申報時，此欄位填列承攬業統一編號。 3. 報關業者申報時，此欄位填列收貨人統一編號。	
13	海空運別 (13)	填列進口運輸方式： 海運填列 1，空運填列 4。	
14	轉運申請書類別 (14)	填列轉運申請書類別： T1：進口貨物轉儲運送作業。 T2：轉口貨物轉儲作業。 T3：多國策併貨櫃（物）轉口。 T4：船用品作業。 T6：海運轉口貨物轉空運裝機出口。 T7：空運轉口貨物轉海運裝船出口。	
15	進口日期 (15)	係填列載運本申請書貨物的運輸工具進口日期。	
16	收單日期 (16)	1. 係供海關收單關員簽蓋收單日期，並予編號之用。 2. 連線者以訊息傳輸送達通關網路之日期為準。	
17	起運地點代碼 (17)	填列原進口貨物艙單申報之卸存地點代碼。參照「關港貿作業代碼」四十三、貨物卸存地點（含保稅倉庫或物流中心海關監管編號）。	
18	運往地點代碼 (18)	1. 填列貨物進儲運輸業者指定貨物結關卸存地點代碼。參照「關港貿作業代碼」四十三、貨物卸存地點（含保稅倉庫或物流中心海關監管編號）。 2. 如貨物起運地點即為運輸業者指定貨物結關卸存地點代碼者，仍應申報。	
19	進口船舶名稱 (19)	填報載運該筆貨物之進口船舶名稱，船名可由提貨單上查明。	海運專用
20	進口船（機）代碼 (20)	海運以船舶 IMO 代碼填列，若無 IMO，填主管機關核發之船舶編號，空運以航機註冊號碼填列（外籍航機亦同）。	
21	進口船舶航次（海）/航機班次（空）(21)	1. 海運係填列船舶進口之航次。 2. 空運係填列飛機進口之班次。	
22	出口船舶名稱 (22)	填報載運轉口貨物出口之船舶名稱。	海運專用

項次	欄位名稱	填報說明	備註
23	出口船（機）代碼 (23)	海運以船舶 IMO 代碼填列，若無 IMO，填主管機關核發之船舶編號，空運以航機註冊號碼填列（外籍航機亦同）。	
24	出口船舶航次（海）/ 航機班次（空）(24)	1. 海運係填列船舶出口之航次。 2. 空運係填列飛機出口之班次。	
25	總件數、單位 (25)	填列進口貨物艙單記載之貨物總件數及單位。	
26	貨名 (26)	填列原進口貨物艙單所載貨物名稱。	
27	數量（單位）(27)	依原進口貨物艙單所載數量（單位）填報。單位請參照「關港貿作業代碼」六、計量單位。	
28	總毛重（公斤）(28)	1. 依原進口貨物艙單所載毛重填報，並以公斤為計量單位。 2. 小數點以下取 6 位數（不四捨五入）。	
29	標記及貨櫃號碼 (29)	1. 非櫃裝貨物：填報貨物外包裝之標記。 2. 櫃裝貨物：應逐項填列貨櫃標誌號碼、貨櫃種類、裝運方式，如 APLU1234567/42G1/1 等。代碼參照「關港貿作業代碼」三十六、貨櫃裝運方式，三十七、貨櫃種類。	
30	其他記載事項 (30)	係供對本申請書記載事項另行補充、提示海關承辦關員注意特別處理事項、或依有關法令規定應報明之事項，如無適當欄位填報時，應於本欄中填報。	
31	海關處理記錄	1. 供海關承辦關員簽註處理情形或加註必要之文字（如須押運、儀檢、加封電子封條等）。 2. 供核定通關方式列印或加蓋章戳之用。	
32	收件（單）	係以未連線方式申報者，海關以人工方式收單作業加蓋章戳之用。	
33	申請人簽章	1. 填列申請人之中文名稱，傳輸時本欄免傳。 2. 申請人可為船務（航空）公司或報關業，其所蓋之公司行號章、負責人章，以業向海關登記之印鑑為限。 3. 本欄不必經由「專責報關人員」簽蓋。	
34	條碼處	實際實施方式及日期，另行規定。	

（資料來源：財政部關務署預報貨物通關報關手冊）

4-6 三角貿易貨物之通關

4-6-1　意義

　　三角貿易（Triangular Trade）係指甲國商人將乙國貨物賣給丙國之貿易。即我國廠商接受國外客戶（買方）之訂貨，而轉向第三國供應商（賣方）採購，貨物由賣方逕運買方，或經過我國轉運銷售至買方之貿易方式。

4-6-2　三角貿易與貨物通關

　　甲國從乙國進口貨物後存入進口、保稅倉庫，再出口到丙國者，一般稱為轉口貿易，按此種方式進行者，與甲國海關通關作業有關。如甲國將貨物由乙國逕運至丙國，則與甲國海關通關作業無關。

4-6-3　通關作業規定

一、報單之申報

　　進、出口報單應同時申報（進口報單「納稅辦法」欄、出口報單「統計方式」欄均填報「90」，進口報單「其他申報事項」欄須註明三角貿易及出口報單號碼，並於出口報單第 1 項貨物「原進倉報單號碼」欄填報進口報單號碼），先經進口單位辦理進口放行手續後，再由出口單位辦理出口放行手續。並應注意下列規定：

　　㈠三角貿易案件無論是否列屬限制輸出之表 1、表 2 貨品，因無進口之事實，免繳驗輸出許可證，惟出口戰略性高科技貨品應取得輸出許可。

　　㈡產地之標示：

　　　1. 洋貨不得標示產地為我國。

　　　2. 已正確標示原產地國別，且有標示國內廠商名址，並已註明「進口商」或「代理商」或「經銷商」或其他類似文字者，出口時無須塗銷或剪除國內廠商名址。

　　㈢一段式通關

　　　三角貿易貨物，如果符合整裝貨櫃且進、出口存放於同一貨櫃集散站的條件，業者可使用進出口合一報單向海關辦理通關。開放三角貿易一段式通關後，業者僅

須向海關遞送 1 份進出口合一報單，並由進口單位辦理審核或查驗後，即自動完成三角貿易貨物的進出口放行程序，大幅提升三角貿易貨物通關效能，較傳統模式至少節省一半時間。

二、貨物在同一關進、出口之通關程序

　　(一) 暫存原進口區（倉）之三角貿易貨物，廠商於規定報關期限內向海關申報進口報單，並檢附出口報單，報明係三角貿易，經海關進口關別辦理進口報單通關放行後，移請稽查或倉棧單位將貨物加封或押運或監視移至出口區（倉），再將進、出口報單併送出口關別辦理通關作業，俟放行後，將進、出口報單送稽查或倉棧單位辦理監視裝櫃加封或押運裝船（機）出口；但屬ＣＹ櫃貨物，進、出存放於同一貨櫃集散站者，得按原儲位傳輸出口進倉資料，辦理出口通關手續。

　　(二) 屬ＣＹ櫃之三角貿易貨物，進、出存放於同一貨櫃集散站者，倘使用進出口合一報單申報，經收單關別之進口單位辦理進出口合一報單通關手續後，應傳輸出口進倉資料，並依放行通知訊息及放行附帶條件，將進出口合一報單送稽查或倉棧單位辦理監視裝櫃加封或押運裝船出口。

三、貨物自不同關進、出口之通關程序

　　(一) 於不同關辦理進、出口報單通關手續者

　　　1. 進口關區進口單位核准三角貿易貨物自其他關區出口，於辦理進口報單通關放行時，應勾選進口貨物電腦放行附帶條件，並於提單、進口報單上批註「請派員押運（或加封或監視裝入保稅卡車）至 XX 關（XX 分關）出口倉」等字樣，連同出口報單（註：報關人應繕打出口地海關之出口報單號碼）等全卷轉送稽查或倉棧單位。

　　　2. 稽查或倉棧單位依進口單位批註之轉運方式辦理貨櫃（物）轉運手續，應影印進口報單一份連同出口報單送交出口關區。進口報單正本於簽註辦理轉運情形後送還進口關區放行單位。

　　　3. 出口關區出口單位於辦理出口報單通關手續後，應於進口報單影本簽註已出口事項，並送還進口地海關進口放行單位，俾附存原進口報單以作相互勾稽。

　　(二) 於進口關區辦理進、出口報單通關手續者

　　　1. 進口關別辦理出口報單通關手續時，出口報單號碼第 3、4 碼應繕打裝船（機）出口關別。

　　　2. 進口關別核准三角貿易貨物自其他關區裝船（機）出口，於辦理進口報單通關

手續後，移請稽查或倉棧單位將貨物加封或押運或監視移至出口區（倉），再將進、出口報單併送出口單位辦理出口通關作業。俟放行後，將進、出口報單送稽查或倉棧單位辦理監視裝櫃加封或押運至出口地裝船（機）出口。但屬CY櫃之三角貿易貨物，進、出存放於同一貨櫃集散站者，得按原儲位傳輸出口進倉資料，辦理出口通關手續。

3. 屬CY櫃之三角貿易貨物，進、出存放於同一貨櫃集散站者，倘使用進出口合一報單申報，經收單關別之進口單位辦理進出口合一報單通關手續後，應傳輸出口進倉資料，並依放行通知訊息及放行附帶條件，將進出口合一報單送稽查或倉棧單位辦理監視裝櫃加封或押運裝船出口。

本章習題

一、選擇題

( ) 1. 轉運貨物是由 (A) 進口業者 (B) 出口業者 (C) 運送業者 辦理申報通關作業。

( ) 2. 轉運貨物以 (A) 進口報單 (B) 出口報單 (C) 轉運申請書 申報通關。

二、問答題

1. 轉運、轉口貨物通關之申報人及申報文件，與進口、出口貨物通關最大不同何在？

2. 轉運申請書之報關期限？

三、簡答題

1. 轉運貨物、轉口貨物、過境貨物之意義？

2. 一般人如何定義轉運貨物之通關流程？

5

保稅貨物之通關

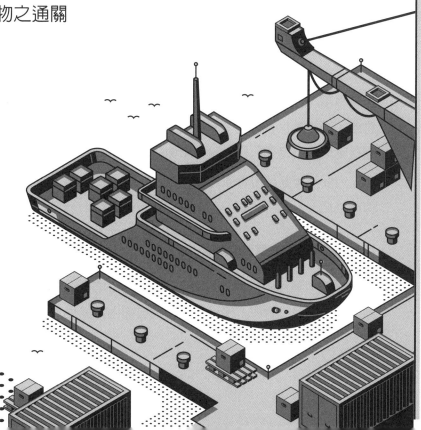

保稅倉庫（Bonded warehouses）、物流中心（Logistics Centers）、保稅工廠（Bonded factories）、科學園區（Science-base parks）、農業科技園區（Agricultural biotechnology parks）、科技產業園區（Export processing zones）、免稅商店（Duty-free shops）、自由貿易港區（Free ports）等屬於保稅區。保稅工廠及科學園區、農業科技園區、科技產業園區等區內事業進口之原料，僅於進廠（區）時登記數量，不必繳稅，待其加工為成品外銷後，按實際的數量予以銷帳，海關只作平時的稽核及定期的盤點，此一制度可使廠商不須先繳稅，減輕生產成本，增加外銷競爭力。進儲保稅倉庫、物流中心之貨物，於提領出倉、出中心進口時才須繳稅，以利廠商發展轉口貿易。設置免稅商店的目的則在服務入出境或過境旅客。

保稅區貨物（櫃），憑特別准單或轉運申請書及進口艙單辦理進儲作業；並憑相關保稅報單辦理連線通關作業。保稅區內業者，已漸採取電腦化帳冊、自主管理方式。

本章各節分別就保稅倉庫、物流中心、保稅工廠、科學園區、農業科技園區、科技產業園區、免稅商店、自由貿易港區等保稅區貨物通關之規定加以說明。

5-1 保稅倉庫貨物之通關

5-1-1 意義

保稅倉庫係經海關核准登記供存儲保稅貨物之倉庫。保稅倉庫應指定專人辦理有關保稅事項，並向海關報備。原由海關監視關員辦理事項，在經海關核准自主管理之保稅倉庫，得由其保稅專責人員辦理。但須押運之貨物，仍應由關員辦理。監管海關得派遣關員定期或不定期前往保稅倉庫稽核保稅貨物及帳冊、表報。

海關為規範保稅倉庫貨物之存儲、出倉及通關，訂有「保稅倉庫設立及管理辦法」，俾便依循。

5-1-2 存放貨物之限制

運達中華民國口岸之貨物，在報關進口前，得向海關申請存入保稅倉庫。但有些物品不准進儲保稅倉庫。保稅倉庫存儲自國內採購之貨物適用本項規定。

一、得存儲貨品

　　保稅倉庫得存儲下列貨物：

　　㈠一般貨物。

　　㈡供經營國際貿易之運輸工具專用之物料及客艙用品。

　　㈢供經營國際貿易之運輸工具專用之燃料。

　　㈣修造船艇或飛機用器材。

　　㈤礦物油。

　　㈥危險品。

　　㈦供檢驗、測試、整理、分類、分割、裝配或重裝之貨物（下稱重整貨物）。

　　㈧修護貨櫃或貨盤用材料。

　　㈨展覽物品。

　　㈩供免稅商店或離島免稅購物商店銷售用之貨物。

　　㈤其他經海關核准存儲之物品。

二、不得存儲貨品

　　㈠關稅法第 15 條規定不得進口物品。

　　㈡毒品、管制藥品。

　　㈢槍械、武器、彈藥及爆炸危險物。

　　㈣舊車零組件、廢鐵、廢五金、有害事業廢棄物、醫藥報廢物及其他廢料。

　　㈤管制輸入貨品。

　　㈥未經檢疫合格之動、植物或其產品。

　　㈦未取具相關主管機關同意文件之下列物品：

　　　1. 毒性化學物品、氯氟烴（HCFCs）等列管化學品。

　　　2. 放射性物品。

　　　3. 輸往管制地區之特定戰略性高科技貨品。

　　　4. 存儲期間可能產生公害或環境污染之貨物。

　　　5. 保育類野生動物或其產製品。

　　　6. 鑽石原石。

　　　7. 其他經相關主管機關公告須取具同意文件之物品。

　　㈧其他經海關認為不適宜存儲保稅倉庫之貨物。

三、貨物存倉期限

　　存儲保稅倉庫之保稅貨物，其存倉期限以 2 年為限，不得延長。但如係供應國內重要工業之原料、民生必需之物資、國內重要工程建設之物資或其他具有特殊理由經財政部核准者，不在此限。

　　保稅貨物如不在前項規定之存倉期間內申報進口或退運出口，自存倉期限屆滿之次日起，準用關稅法規定加徵滯報費，滯報費徵滿 20 日，仍不申報進口或出口者，準用關稅法將貨物變賣之規定處理。

5-1-3 貨物之進儲及出倉

　　貨物進出保稅倉庫，應在海關規定之辦公時間內為之。但經海關核准實施自主管理之保稅倉庫或有特殊情形經海關核准者，不在此限。

一、貨物之進儲

　　(一)外貨之進儲

　　　　外貨進儲保稅倉庫，應由收貨人或提貨單持有人填具「外貨進儲保稅倉庫申請書」，由倉庫業者憑電腦放行通知或進儲准單會同監視關員核對標記及數量無訛後進倉。

　　　　專供飛機用之燃料、物料、客艙用品或修護器材，得經海關核准，先行卸存保稅倉庫，於進倉之翌日起 3 日內補辦進儲手續。

　　(二)保稅區保稅貨物之進儲

　　　　自用保稅倉庫自科技產業園區、科學園區及農技園區區內保稅倉庫以外之事業、保稅工廠或物流中心購買保稅貨物，應由買賣雙方聯名填具報單，檢附報關必備文件向海關申報，憑電腦放行通知或進儲准單進儲。

　　(三)大陸地區物品之進儲

　　　　經海關核准從事重整業務之保稅倉庫，准許進儲未經公告准許輸入之大陸地區物品，轉售保稅工廠、科技產業園區、或科學園區事業。經海關核准從事重整業務之帳冊電腦化保稅倉庫，進儲未經公告准許輸入之大陸地區物品，准許重整後全數外銷。經海關核准從事重整業務之自主管理保稅倉庫，進儲未經公告准許輸入之大陸地區物品，准許以原型態轉售（轉儲）物流中心，或重整後轉售（轉儲）保稅工廠、科技產業園區或科學園區事業或物流中心。

保稅倉庫進儲、轉售或轉儲未經公告准許輸入之大陸地區物品時，免向國貿局申請，逕依「保稅倉庫設立及管理辦法」及其他有關規定向海關申請辦理。惟承購之保稅工廠、科技產業園區或科學園區事業，應分別依「輸入供加工外銷之原物料與零組件，及供重整後全數外銷之物品之輸入條件」等規定向國貿局、管理處或科學園區管理局專案申請許可。

供參展用之非屬經濟部公告准許輸入之大陸地區物品進儲保稅倉庫，應依下列規定辦理：

1. 進口人應檢附申請書、貨品明細清單及相關文件向國貿局提出專案申請。

2. 經經濟部專案核准之案件，其屬「限制輸入貨品表」內之貨品者，應憑專案核准文件正本向國貿局申請輸入許可證，其非屬「限制輸入貨品表」內之貨品者，免辦輸入許可證，憑專案核准文件正本逕向海關報關進口。

3. 進口人進儲前述大陸地區物品，仍應符合「中華民國輸出入貨品分類表」及「限制輸入貨品、海關協助查核輸入貨品彙總表」之規定。

4. 經經濟部專案核准參展之大陸地區物品，應於參展完畢 1 個月內全數復運出口，進口人並應於貨品出口後 1 個月內檢附經海關核章之出口證明文件向國貿局辦理銷案。如無法於 1 個月內全數復運出口，應事前經經濟部同意。

5. 旨揭供參展之大陸地區物品，於進儲後如經經濟部公告開放准許輸入，即不受限供參展用、展畢 1 個月內全數復運出口及檢證銷案之限制。

㈣自用保稅倉庫自課稅區廠商購買供重整用之貨物

應由買賣雙方聯名填具報單，檢附報關必備文件向海關申報，憑電腦放行通知或進儲准單進儲。

二、貨物之出倉

㈠出倉進口

依「保稅倉庫設立及管理辦法」第 16 條規定存儲保稅倉庫之保稅貨物申請出倉進口者，依下列規定辦理：

1. 完稅進口（內銷）

應由貨物所有人或倉單持有人填具報單，檢附報關必備文件，向海關申報，倉庫業者憑電腦放行通知或出倉准單會同監視關員核對標記及數量相符後出倉。

2. 供應區內事業、科學園區園區事業、農技園區園區事業或保稅工廠

　　由貨物所有人或倉單持有人檢附報關必備文件，向海關申報，倉庫業者憑電腦放行通知或出倉准單會同監視關員核對標記及數量相符後出倉。

(二)退運出口

　　依「保稅倉庫設立及管理辦法」第 28 條規定保稅倉庫存儲之外貨出倉進口後，發現品質、規格與原訂合約不符，由原保稅貨物所有人或倉單持有人負責賠償或調換者，應由買賣雙方聯名填具退貨申請書，報經海關核准，其免徵關稅準用關稅法第 51 條規定辦理。存儲保稅倉庫之外貨供應科學園區、農技園區、保稅工廠，退貨再存儲者，其 2 年期限之起算日期應自該批貨物原進儲時起算。

　　依「保稅倉庫設立及管理辦法」 第 30 條規定保稅倉庫存儲之外貨，申請出倉退運出口者，由貨物所有人或倉單持有人填具保稅貨物退運出口申請書，向監管海關申請核發出倉准單並向出口地海關報關，倉庫業者憑准單會同監視關員核對標記及數量相符後，准予提貨出倉，由海關派員押運或監視加封運送至出口地海關辦理通關放行手續。

(三)自用保稅倉庫之保稅貨物申請出倉

　　「保稅倉庫設立及管理辦法」第 24 條規定依同辦法第 16 條及第 17 條規定進儲自用保稅倉庫之保稅貨物，申請出倉時，依下列規定辦理：

1. 售與課稅區廠商

　　視同進口，應由倉庫業者填具報單，檢附報關必備文件向海關申報，並按出倉形態徵稅後，憑電腦放行通知或出倉准單辦理提貨出倉。

2. 售與科技產業園區、科學園區或農技園區區內事業或保稅工廠

　　應由買賣雙方聯名填具報單，檢附報關必備文件向海關申報，憑電腦放行通知或出倉准單辦理提貨出倉。

3. 出倉出口

　　應由倉庫業者填具報單，檢附報關必備文件向海關申報，並憑准單核對標記及數量相符後出倉，運送至出口地海關辦理通關手續；其貨物由其他廠商或貿易商報運出口者，由報運出口人另於出口報單上載明「本批貨物由○○保稅倉庫供應，除該保稅倉庫得申請除帳外，出口廠商不得申請退稅」字樣，並於出口後將出口報單副本交由倉庫業者除帳。

4. 移至免稅商店、預售中心、提貨處或離島免稅購物商店

應繕具移倉申請書，檢附裝箱單，傳輸移倉申請書至關港貿單一窗口，經系統回應紀錄有案憑以移運，經監視關員核對無訛加封或押運。

5. 以郵遞出口者

應依「保稅倉庫設立及管理辦法」第 11 條第 3 項規定提供足額保證金，且應由自用保稅倉庫業者填具報單，檢附發、裝箱單，連同貨物至海關各郵包通關處所辦理通關手續。並於貨物出倉前重整為符合郵包限制之尺寸、重量及於外箱貼妥發遞單後，將發遞單號碼填載於裝箱單及出口報單。但屬「保稅倉庫設立及管理辦法」第 4 條第 1 項第 7 款所列示未取具相關主管機關同意文件之物品及菸酒，不得辦理郵寄。

㈣轉儲

依「保稅倉庫設立及管理辦法」 第 47 條規定保稅倉庫存儲之保稅貨物，有下列情形之一者，得轉儲其他保稅倉庫、自貿港區或物流中心，由原進儲人或買賣雙方聯名填具保稅貨物轉儲其他保稅倉庫、自貿港區或物流中心申請書向海關申請辦理：

1. 得轉儲之情形

存儲保稅倉庫之保稅貨物，有下列情形之一者，得轉儲其他保稅倉庫或物流中心，由原進儲人或買賣雙方聯名填具保稅貨物轉儲其他保稅倉庫或物流中心申請書向海關申請辦理：

A. 運往物流中心或國內其他通商口岸保稅倉庫者。

B. 售與自用保稅倉庫者。

C. 自用保稅倉庫出售之外貨。

D. 保稅倉庫廢止登記停止營業者。

E. 發生不可抗力之天災，如浸水、山崩、颱風致有損壞存儲之保稅貨物或可預見其發生之可能者。

F.原進儲人自行設立保稅倉庫者。

G. 其他特殊情況者。

2. 應事先申請核准項目

前項第 D 款至第 G 款情形，如係轉儲同一通商口岸之其他保稅倉庫者，應事先申請海關核准。

㈤退貨

依「保稅倉庫設立及管理辦法」 第 26 條規定依同辦法第 17 條及第 36 條第一項、第二項規定進儲保稅倉庫之保稅貨物發生退貨時，依下列規定辦理：

1. 退回課稅區之貨物

   應由買賣雙方聯名填具退貨申請書，報經海關核准後，填具報單，向海關申報。

2. 退回科技產業園區、科學園區、農技園區、保稅工廠、物流中心之貨物

   應由買賣雙方聯名填具報單，向海關申報。

3. 進口外貨之退回

   保稅倉庫存儲之外貨出倉進口後，發現品質、規格與原訂合約不符，由原保稅貨物所有人或倉單持有人負責賠償或調換者，應由買賣雙方聯名填具退貨申請書，報經海關核准，其免徵關稅準用關稅法第 51 條規定辦理。

   存儲保稅倉庫之外貨供應科技產業園區或科學園區、農技園區、保稅工廠，退貨再存儲者，其 2 年期限之起算日期應自該批貨物原進儲時起算。

5-1-4 保稅貨物之重整

一、重整貨物之進倉

保稅倉庫存儲科技產業園區內事業、科學園區事業、農技園區事業、保稅工廠、物流中心或其他保稅倉庫加工、製造或重整之國產保稅貨物時，應由貨物持有人或買賣雙方聯名填具報單，檢附報關必備文件向海關申報，憑電腦放行通知或進儲准單進儲。

保稅倉庫存儲之重整貨物，其貨物所有人或倉單持有人為重整貨物，需向國內課稅區廠商、保稅工廠、科技產業園區事業、科學業園或農技園區區內事業採購原材料、半成品或成品時，應由買賣雙方聯名填具報單向海關申報查驗進倉。保稅工廠售予保稅倉庫供修護貨櫃或貨盤用材料，得依此一規定辦理。

進儲保稅倉庫之材料，因故退出保稅倉庫者，應報請海關核發准單，經驗明無訛後放行。

二、保稅貨物重整方式

保稅倉庫之保稅貨物得依下列方式辦理重整。貨物所有人或倉單持有人於保稅倉庫內重整貨物前，應向海關報明貨物之名稱、數量、進倉日期、報單號碼、重整範圍及工作人員名單，經海關發給准單後，由海關派員駐庫監視辦理重整，但經海關核准自主管理之保稅倉庫，得免派員監視。

自國內提供為重整貨物所需使用之機具設備，應憑海關核發之准單，經驗明無訛後運入或運出保稅倉庫。保稅貨物於重整過程所產生之損耗，經海關核明屬實者，准予核銷。保稅貨物於重整過程中所發生之廢料，有利用價值部分，應依法徵免稅捐進口；無利用價值者，由海關監督銷燬。

　　㈠檢驗、測試：存倉貨物予以檢驗、測試。

　　㈡整理：存倉貨物整修或加貼標籤。

　　㈢分類：存倉貨物依其性質、形狀、大小顏色等特徵予以區分等級或類別。

　　㈣分割：將存倉貨物切割。

　　㈤裝配：利用人力或工具將貨物組合。

　　㈥重裝：將存倉貨物之原來包裝重行改裝或另加包裝。

　　上列重整作業應受下列限制：

　　㈠不得改變原來之性質或形狀。但雖改變形狀，卻仍可辨認其原形者，不在此限。

　　㈡在重整過程中不發生損耗或損耗甚微。

　　㈢不得使用複雜大型機器設備以從事加工。

　　㈣重整後不合格之貨物，如屬國內採購者，不得報廢除帳，應辦理退貨，如屬國外採購者，除依規定退貨掉換者外，如檢具發貨人同意就地報廢文件，准予報廢除帳。

　　㈤重整後之產地標示，應依其他法令有關產地之規定辦理。

三、重整貨物之出倉

　　保稅貨物於重整後，應由貨物所有人或倉單持有人申請出倉。國產貨物進倉與重整貨物裝配後之貨物，由重整貨物部分之貨物所有人或倉單持有人申請出倉。申請出倉進口、退運出口或轉運、科學園區及農技園區，均應於報單上詳細報明貨物重整前、後之名稱、數量、進倉日期、原報單號碼等，以供海關審核。其有使用國產貨物者，並應報明所使用國內課稅區廠商、保稅工廠、科學園區或農技園區區內事業採購原材料、半成品或成品之名稱、數量、規格、製造廠商名稱及原報單號碼等退稅資料。

　　㈠申請出倉進口者

　　　　海關應按重整前（即進倉時）之貨物狀況准予銷帳。但應依重整後之貨物狀況核定其完稅價格、稅則號別及應否課徵貨物稅。

㈡申請出倉退運出口者

　　海關應按重整前（即進倉時）之貨物狀況准予銷帳。如有使用國產貨物者，應依退運出口時，貨品輸出有關規定辦理，修理貨櫃或貨盤如有使用國產貨物者亦同。

㈢保稅貨物於重整後出口或修護貨櫃、貨盤完工後，其所使用之課稅區國產貨物，除已公告取消退稅之項目外，得於出口後依「關稅法」第 63 條規定辦理沖退稅。

㈣專供存儲免稅商店銷售貨物之自用保稅倉庫進儲課稅區國產貨物，除已公告取消退稅之項目外，得於貨物通關放行後，由出口人向海關申請核發出口報單副本，憑以辦理沖退稅。

㈤自課稅區進儲國產貨物之退貨，應於進儲之翌日起 3 個月內提出申請，出口人已領有出口報單副本者，應予收回註銷或更正；其已辦理沖退稅者，應補徵已沖退稅款，並通知所屬稅捐稽徵機關。進儲逾 3 個月之退貨案件，其退貨手續按一般貨物進口通關程序辦理，並按該貨物進儲時形態課稅。

5-2 物流中心貨物之通關

5-2-1　意義

　　物流中心係指經海關核准登記以主要經營保稅貨物倉儲、轉運及配送業務之保稅場所。物流中心得經海關核准，於不同地址另設二處分支物流中心。各分支物流中心除資本額外，應依「物流中心貨物通關辦法」有關規定辦理登記、管理及通關，並分別獨立設帳控管貨物之進出；該辦法未規定者，適用其他相關法令之規定。

　　物流中心內得進行因物流必需之重整及簡單加工。進口貨物存入物流中心，原貨出口或重整及加工後出口者免稅。國內貨物進儲物流中心，除已公告取消退稅之項目外，得於出口後依關稅法規定辦理沖退稅。「物流中心貨物通關作業規定」即為物流中心作業之主要依據。

5-2-2　存放貨物之限制

一、物流中心不得進儲物品

　　物流中心不得進儲下列物品：

㈠關稅法第 15 條規定不得進口之物品。

㈡槍械、武器、彈藥及爆炸危險物。

㈢毒品、管制藥品。

㈣舊車零組件、廢鐵、廢五金、有害事業廢棄物、醫藥報廢物及其他廢料。

㈤管制輸入貨品。

㈥動物活體。

㈦未經檢疫合格之動物產製品、植物及其產品。

㈧未取具相關主管機關同意文件之下列物品：

1. 毒性化學物品、氫氟烴（HCFCs）等列管化學品。

2. 放射性物品。

3. 輸往管制地區之特定戰略性高科技貨品。

4. 存儲期間可能產生公害或環境污染之貨物。

5. 保育類野生動物或其產製品。

6. 鑽石原石。

7. 其他經相關主管機關公告須取具同意輸入文件之物品。

㈨其他經財政部公告不適宜存儲之貨物。

二、貨物存倉期限

　　進儲物流中心之貨物，除經海關公告定有存儲期限或依規定通關後進儲，存儲期限為 2 年者外，其存儲期間不受限制。存儲逾 2 年之貨物，應於海關要求時列印報表供查核。

5-2-3　貨物之進儲

一、國外貨物之進儲

　　國外貨物進儲物流中心，物流中心應填具申請書表，以電腦連線向海關申報，經海關電腦紀錄有案，始得進儲。

二、由保稅區運入貨物之進儲

　　國內貨物進儲物流中心，由保稅區運入者，應由物流中心與保稅區業者聯名填具相關申請書表，向原保稅區監管海關申報，經完成通關後進儲。

此類案件得向海關申請按月彙報，經核准者，得先憑交易憑證檢附裝箱單，點收建檔進儲物流中心，於次月 15 日前彙總填具報單辦理通關手續，並以報單放行日期視為進出口日期。

三、由課稅區運入貨物之進儲

　　㈠由物流中心填具「國內貨物進（出）單」，並登錄電腦後進儲，列為非保稅貨物。

　　㈡由物流中心與課稅區業者聯名填具出口報單，經完成通關後進儲。

5-2-4　貨物之運出

一、運往課稅區

　　物流中心保稅貨物輸往課稅區，由納稅義務人填具進口報單（D2），向物流中心轄區海關申報，其原以 D8 進儲申請書申報進儲之貨物，除有查驗必要者外免驗，經通關放行，物流中心憑放行通知訊息列印「貨櫃（物）運送單（兼出進站放行准單）」運出。

二、原貨配銷課稅區

　　㈠原由課稅區以「國內貨物進（出）單」進儲物流中心之貨物，配銷課稅區者，由物流中心填具「國內貨物進（出）單」並登錄電腦後運出，由物流中心電腦自動勾稽銷案。

　　㈡原由課稅區以出口報單（D1）申報進儲物流中心之貨物，配銷課稅區者，由納稅義務人填具進口報單（D2），向物流中心轄區海關申報，經通關放行，物流中心憑放行通知訊息列印「貨櫃（物）運送單（兼出進站放行准單）」運出。

三、運往保稅區

　　㈠運往保稅工廠、科技產業園區、科學園區、保稅倉庫或其他物流中心者，填具進口報單。

　　㈡由物流中心及保稅區業者聯名向海關申報。經通關放行，物流中心憑電腦放行通知訊息並依海關對進出口貨櫃（物）之控管規定列印運送單，貨物以自備封條加封後運出。但物流中心貨物運往其他物流中心、保稅工廠、科技產業園區、科學園區、農業科技園區之非按月彙報者，以及運往同一管制區域內其他碼頭貨棧者，除屬非准許進口之貨物、物流中心貨物通關辦法第 4 條第 9 款規定需經相關主管機關同意進儲之物品及經海關公告訂有存儲期限之貨物外，可免加封。

　　㈢同批貨物含有保稅貨物及課稅區進儲貨物，應同時由雙方聯名填具各該使用報單向海關申報。

㈣物流中心貨物運往保稅區案件得向轄區海關申請按月彙報，經核准者，物流中心得分批將出倉貨物明細登錄電腦，列印運送單，應加封貨物以自備封條加封後，憑相關文件及裝箱單運出。次月 15 日前彙總填具報單辦理通關，並以報單放行日期視爲進出口日期。

四、出口

㈠一般物流中心貨物

由物流中心或貨物持有人填具出口報單（D5）向出口地海關連線申報，於貨物裝櫃（車）加封後，列印「貨櫃（物）運送單（兼出進站放行准單）」，貨物憑以運往出口地辦理通關，經通關放行後，物流中心憑電腦放行通知訊息銷帳。

㈡設於科技產業園區、科學園區及國際港口、國際機場管制區內之物流中心貨物

由物流中心向駐（轄）區或出口地海關報關，經通關放行後，憑電腦放行通知訊息，並依海關對出口貨櫃（物）管控之規定，列印「貨櫃（物）運送單（兼出進站放行准單）」，貨物憑以運往出口地裝船（機）。

㈢國內課稅區進儲貨物

出口貨物如全係國內課稅區進儲者，以物流中心「國內貨物進（出）單」運出後，依照國內貨物出口方式向出口地海關申報。但設於科技產業園區、科學園區及國際港口、國際機場管制區內之物流中心向駐（轄）區或出口地海關報關。

㈣手提小件貨物

物流中心手提小件貨物交由專人攜帶自機場出口，填具出口報單（D5），報明出境日期及班機航次代號，依保稅區視同出口之作業方式向物流中心轄區海關辦理通關，放行後列印「貨櫃（物）運送單（兼出進站放行准單）」及報單副本一聯交攜帶人具領出物流中心。攜帶出境後機場海關應即回傳經簽證之運送單銷案。

㈤應逐項申報

物流中心申報運出之貨物，應逐項申報原進儲報單號碼及項次。其出口後需申請沖退使用原料稅者，依「外銷品沖退原料稅辦法」等有關規定申報。

5-3 保稅工廠貨物之通關

外銷品製造廠商依關稅法第 59 條規定向海關申請核准登記爲海關管理保稅工廠,其自國外進口之原料存入保稅工廠製造或加工產品外銷者,免徵關稅。

保稅工廠應指定專人代表保稅工廠辦理有關保稅事項,並向海關報備。監管海關得派遣關員定期或不定期前往保稅工廠稽核保稅工廠生產情形、產品單位用料清表、帳冊與表報、盤查保稅物品等等事項。

目前海關對保稅工廠採分級管理辦法,就工廠規模、銷售實績、財務狀況、產銷控管方法,暨對保稅物品管理等情形,以及有無違章及逃漏關稅等項詳予審核並評定其等級,將保稅工廠區分爲優、甲、乙、丙四級,作爲海關管理之依據。其中優、甲級保稅工廠列爲低危險群廠商,乙級保稅工廠列爲一般廠商,丙級保稅工廠列爲高危險群廠商。海關將查核重點置於高危險群廠商之監管,以減輕查核關員工作負荷並提升查核績效。經核定爲優級保稅工廠、優良保稅業務人員者,由海關頒給獎狀或予以表揚。

保稅工廠相關法規包括海關管理保稅工廠辦法、海關管理保稅工廠業務執行注意事項、保稅工廠辦理盤存注意事項等等。

保稅工廠進出口(包括視同進出口)保稅貨物,應繕具報單辦理通關手續。海關得視其等級依有關規定增減查驗比率或予以免驗。

5-3-1 原料、物品進廠

一、進口原料、自用機器、設備

保稅工廠進口原料、自用機器、設備,應繕具報單,依照一般貨物進口規定辦理通關手續。海關於必要時,得派員在保稅工廠內辦理查驗。

保稅工廠不得將非保稅原料列爲保稅原料報運進口。如有誤列,應於放行之次日起 30 日內繕具報單,向監管海關申請補繳進口稅捐。

二、國內廠商售與保稅工廠之加工原料、自用機器、設備

如需辦理沖退稅捐者,其通關程序如下:

㈠進廠時買賣雙方應聯名繕具報單,檢附發票、裝箱單等報經監管海關核准後放行進廠登帳。監管海關應於核准之翌日起 20 日內核發視同出口報單副本,交國內廠

商憑以辦理沖退稅。

(二)前款之加工原料交易，得先憑交易憑證點收進廠登帳，於次月 15 日前依前款規定按月彙報，並以該批貨物報單放行日期視同進出口日期。

(三)未依前項規定辦理而進入保稅工廠之物品，概按非保稅物品處理。

三、復運進口之出口產品

出口產品因故退貨復運進口者，應繕具報單依照一般復運進口貨物進口之規定辦理通關手續，並於進廠後存入成品倉庫及入帳。

四、退貨

(一)保稅物品售與科學園區及區內事業或其他保稅工廠再加工出口發生退貨時

應由買賣雙方繕具報單，並檢附發票、裝箱單及區內主管機關核准等有關文件，向海關辦理通關手續。

(二)產品或保稅原料出售與稅捐記帳之外銷加工廠再加工外銷發生退貨時

1. 由買賣雙方聯名繕具退貨申請書及報單，於報單上註明「○○報單退貨」字樣，並檢附裝箱單及原報單影本，於視同出口及進口放行之次日起 1 年內向監管海關申請核辦，經核准後退貨進廠登帳，原出售工廠已領有視同出口證明者，監管海關應同時通知有關稅捐稽徵機關。

2. 監管海關辦畢上述手續後，應發給原購買廠商退稅用報單副本，憑以辦理沖退稅。

5-3-2　物品出廠

保稅工廠之保稅物品，除直接出口或售與保稅區者外，應依規定申請海關核准或向海關報備，始得出廠。保稅工廠之物品出廠時，均應由保稅工廠依規定填具出廠放行單，否則，駐守警衛不得放行。出廠放行單應編列統一編號，按序使用，並保留其存根聯，以備查核。

一、產品出口

保稅工廠產品出口應繕具報單，並報明向監管海關備查之保稅產品單位用料清表文號及頁次，或申請出口後再造送該清表之報備文號，出口地海關認有必要時，得要求保稅工廠提供已備查之用料清表影本或向監管海關申請報備文號，未經備查者，依照一般貨物出口之規定向出口地海關辦理通關手續。

(一)運送

產品出口時，應將出廠放行單一聯隨運輸工具附送至出口地海關，如出口貨物係分裝多車運送，或分次多批運送者，其出廠放行單上應註記所有裝運之車號及每車件數，或各批次之件數，以備海關稽核。

(二)查驗

貨物由出口地海關查驗。如因包裝特殊不宜在出口地查驗者，得申請監管海關派員在廠內查驗後押運、或監視加封運送至出口地辦理通關手續。但出口地海關認為必要時，仍得複驗。

二、保稅物品售與或輸往科學園區園區事業、科技產業園區區內事業、農技園區園區事業及自由港區事業或其他保稅工廠

應於出廠時，由買賣雙方聯名繕具報單，檢附報關必備文件向買方之監管海關或駐區海關辦理通關手續；如為自用機器、設備者，應併於報單中敘明改變原用途之原因。

貨品發生退貨或運回時，應由雙方聯名繕具報單，檢附報關必備文件，向海關辦理通關手續。

三、產品或保稅原料出售與稅捐記帳之外銷加工廠再加工外銷

由買賣雙方聯名繕具報單，檢具發票、裝箱單等有關文件，依規定向監管海關申報辦理稅捐記帳及放行手續，始准出廠。惟保稅工廠得於提供擔保後，先行出廠，於次月15日前檢附有關證明文件，辦理按月彙報手續。依上述規定放行之貨物，得分批出廠。但應於簽放之次日起1個月內出貨完畢。

前項外銷加工廠之稅捐記帳，應依照外銷品沖退原料稅捐辦法有關規定辦理，並以經辦海關簽放報單日期為視同出口及進口日期。

四、產品由其他廠商或貿易商報運出口

應依產品出口之規定辦理，並於出口報單上載明「本批貨物由○○保稅工廠供應，除該保稅工廠得申請除帳外，出口廠商不得申請退稅」字樣，於出口後交由保稅工廠除帳。

五、產品內銷

內銷之保稅工廠產品，應由保稅工廠或由買賣雙方聯名繕具進口報單，報經監管海關依出廠時之形態補徵進口稅捐後，始准放行出廠。（保稅工廠進口原料，經監管海關核准改為內銷案件，其報關及退稅作業準用產品內銷之規定辦理）。

㈠稅款之核計

　　保稅工廠內銷之產品，除該產品係屬使用供裝配用已逾 50% 以上之單一半成品所製成者，應依完稅價格按有關稅率核計關稅外，得由廠商向監管海關申請依下列方式之一課徵關稅：

1. 內銷保稅產品應依完稅價格減去 30% 後，就其餘額按有關稅率核計關稅。

2. 內銷保稅產品有使用非保稅原料經海關查明屬實者，依完稅價格先扣除該項非保稅原料部份之價值後，就其餘額按有關稅率核計關稅。

㈡按月彙報

　　保稅工廠內銷補稅案件，得由保稅工廠或買賣雙方聯名向監管海關申請按月彙報，並依下列規定辦理：

1. 由保稅工廠提供相當金額之擔保。

2. 設置按月彙報內銷登記簿，於貨品出廠前，按出廠批數，逐批登記內銷日期、貨名、規格、數量及預估稅額後，於擔保額度內准予先行提貨出廠。

3. 次月 15 日前，將上月內銷貨品，彙總繕具報單依規定辦理補稅。

㈢經再加工外銷者

　　保稅工廠內銷之產品，如經再加工外銷，得依外銷品沖退原料稅辦法等有關規定辦理退稅。但屬於取消退稅之貨品項目，仍不得退稅。

六、樣品及贈品

㈠產品售與或贈送國內廠商及到廠參觀之客戶，產品價值未逾免簽證限額者，依下列規定辦理

1. 售與或贈與國內廠商，依內銷之規定辦理。

2. 寄送國外廠商者，依產品出口之規定辦理。

3. 交與到廠參觀之國外客戶、廠方人員或委託快遞專差攜帶出口者，應填具「攜帶保稅工廠產品出口（或復運進口）申請書」，交國外客戶或廠方職員或快遞專差具領出廠，於出廠之次日起 10 日內憑出口地海關出口證明銷案；保稅工廠事先透過電子傳輸方式申請隨身攜帶保稅工廠產品出口，且經出口地海關進行到貨註記之案件，由監管地海關查明後自行銷案。隨身攜帶出口之保稅產品攜帶復進口時，應持憑原「攜帶保稅工廠產品出口（或復運進口）申請書」，向進口地海關報驗進口，於放行之翌日起 1 週內進廠存倉並入帳。（攜帶保稅原料出口或復進口，其價值未逾免簽證限額者，比照本款辦理）。

㈡政府機關派員出國或接待來訪外賓向保稅工廠購買保稅產品贈送友邦人士得憑中
　央各院所屬一級單位證明及收據提領出廠銷案。

㈢登記簿之設置

　　保稅工廠應設置未逾免簽證限額產品出廠登記簿，並報請監管海關驗印，逐筆
登記出廠產品之日期、名稱、規格、數量及繳稅金額，以備查核。

　　上述㈠之 3 或㈡之保稅產品未依規定銷案，亦未運回廠內者，應於銷案期限屆滿之
次日起 10 日內繕具報單依前述內銷之規定辦理補稅。

七、復運出口及退貨

㈠進口原料、自用機器、設備之復運出口

　　保稅工廠進口原料、自用機器、設備，因退貨、掉換或其他原因復運出口者，
應繕具報單依照一般復運出口貨物出口之規定辦理通關手續。

㈡向國內廠商購買原料之退回

　　國內廠商售與保稅工廠之原料退貨時，應於進廠之次日起 3 個月內由買賣雙方
聯名繕具退貨申請書，報經監管海關核准，原供應廠商已領有視同出口證明文件者，
應予收回註銷或更正，並通知有關機關註銷或更正；其已辦理沖退稅捐者，應繳回
已沖退稅捐，並通知所屬稅捐稽徵機關，始可辦理退貨。

　　進廠 3 個月後之退貨案件，其手續按一般貨品進口通關程序辦理，並按該貨進廠形
態課稅。

5-4 加工出口區（科技產業園區） 貨物之通關

　　為促進投資、發展經貿及提升創新能量，主管機關得依科技產業園區設置管理條例
之規定，選擇適當地區，劃定範圍，報請行政院設置科技產業園區（下稱園區）。

　　園區區內事業係指經核准在區內製造加工、組裝、研究發展、貿易、諮詢、技術服
務、倉儲、運輸、裝卸、包裝、修配之事業及經主管機關經濟部核定之其他相關事業。

　　海關對園區原係採圍牆式之管理，於各園區設分支局辦理通關及貨物進出區之檢查

作業，爲配合園區轉型及加速區內貨品之流通，已自 2002 年 7 月 1 日起實施保稅帳冊式管理，以落實區內事業之自主管理及節省關員人力。

　　園區業務由主管機關所屬加工出口區管理處（下稱管理處）辦理。臺灣境內經核准設立之科技產業園區有臺中園區、中港園區、楠梓園區、高雄園區、臨廣園區、屏東園區、高雄軟體園區等處。

　　海關依據關務法規及科技產業園區設置管理條例及其施行細則、科技產業園區管理處及分處業務管理規則、科技產業園區區內事業貨品及帳冊管理要點、科技產業園區保稅業務管理辦法等相關規定，對區內事業貨品之管理及通關作業加以規範。

　　有關科技產業園區原、物料、產品進、出區之通關作業規定列述如下。

5-4-1　原、物料進區

一、由國外進口貨品

　　區內事業進口貨品得選擇在區內海關辦理通關或於進口地海關依通關之作業規定辦理通關手續。輸出入符合「科技產業園區保稅業務管理辦法」第 6 條規定條件之貨品，得經海關核准，自行點驗進區（廠）。

　　㈠於區內海關辦理通關

　　　　應於船機卸貨後，即向輸入地海關申報，運往區內卸存經海關核准登記之貨棧、貨櫃集散站或指定地點辦理通關手續，或向海關申請核准在區內事業廠區或其他指定地點查驗或完成手續後放行。但運往與港埠或機場鄰接之科技產業園區，未經課稅區者，其貨品免辦押運或加封手續。

　　㈡於進口地海關辦理通關

　　　　經海關核准實施保稅貨品帳冊管理之區內事業輸入保稅貨物，除可於區內海關辦理通關外，其於進口地海關辦理者，依「科學園區、農業科技園區及科技產業園區保稅貨物於進口地海關通關作業規定」辦理。

　　㈢零星輸入貨品

　　　　貨品如係零星輸入，其件數在 10 件以下，每件毛重未逾 20 公斤，且價值在貨品輸入管理辦法規定免辦簽證限額以下者，得附區內事業零星輸入加封交運進區申請書，向輸入地海關（機場或港口）申請加封，並於進區時，向海關辦理通關手續。

　　　　區內事業符合上述規定之小額或小量貨品，應向海關辦理報關手續後，始得自行點驗進區（廠）。

㈣自行點驗進區（廠）

　　輸入之貨品，除依上列規定辦理外，經向進口地海關報關，並符合「科技產業園區保稅業務管理辦法」第 6 條第 2 項特定條件之區內事業，得憑海關通關文件於海關放行後，自行點驗進區（廠）。

㈤復運出口

　　區內事業進口貨品，因退貨、調換或其他原因得申請復運出口者，依一般貨品輸出規定向海關辦理通關手續。

二、課稅區廠商售與之貨品

　㈠須申請沖退或減免稅捐者

　　1. 報關

　　　·須申請沖退或減免進口稅捐、貨物稅或營業稅者，應由買賣雙方聯名填具報單，向海關申報；經海關放行之次日起 10 日內發給視同出口證明文件。適用營業稅零稅率者，應向海關辦理報關，取得視同出口證明文件，或由區內事業在統一發票扣抵聯簽署證明由其購買。

　　2. 自行點驗進出區（廠）

　　　經海關核准，自行點驗進出區（廠）之貨品，除依規定須事先報經海關複核文件或查驗者外，如屬須填具報單申報者，得先憑交易憑證、裝箱單及其他相關文件，自行點驗後進出區（廠）登帳，並按月彙報。

　　3. 退貨

　　　第 1 項貨品發生退貨情事者，應於進廠後 3 個月內，由買賣雙方聯名填具報單，檢附原進區證明文件影本，報經海關核准後辦理出區，原已發給之視同出口證明文件，應繳回註銷；其已辦理沖退或減免稅捐者，應繳回已沖退稅款，並經通知所屬稅捐稽徵機關，始可出區。進廠逾 3 個月之退貨，應按一般進口貨品相關規定辦理進口通關手續，並依法課徵進口稅捐、貨物稅及營業稅。

　㈡不辦理沖、退稅者

　　1. 自用或供轉口外銷之貨品

　　　由課稅區輸往科技產業園區內供區內事業自用或供轉口外銷之貨品，其不須申請減免稅或退稅者，於進出科技產業園區時，免辦報關手續，並免列入帳冊管理。

2. 欲運返課稅區或證明機器係全新者

該貨品有運返課稅區，或區內事業欲證明所購置之機器係全新者，於進入科技產業園區時，應填妥「自課稅區輸入未辦減免稅貨品至科技產業園區申請書」，申請海關查驗放行。

三、購自保稅區貨品

區內事業保稅貨品購自其他科技產業園區區內事業、科學園區之園區事業、農業科技園區之園區事業、保稅工廠、保稅倉庫或其他保稅範圍者，應由買賣雙方聯名填具報單，向海關申報，並得以完稅方式申報。本項貨品發生退貨情事者，應由買賣雙方聯名申報，辦理退貨出區手續。

前述貨品，得於次月 15 日前辦理按月彙報；其以完稅方式申報者，準用內銷課稅區之規定辦理。

5-4-2　貨品出區

一、成品出口

區內事業出口貨品得選擇在區內海關辦理通關或於出口地海關依通關之作業規定辦理通關手續。輸出入符合「科技產業園區保稅業務管理辦法」第 6 條規定條件之貨品，得經海關核准，自行點驗出區（廠）。

區內事業產品輸往國外者，應於報單上註明送海關備查或審定之用料清表文號；其未經海關核給核准文號者，應註明海關收受之申請書號碼。

㈠於科技產業園區內海關辦理通關

1. 報關及運送

應將貨品存放海關核准登記之出口貨棧或其他指定地點，繕具報單並檢附裝箱單、下貨單及其他有關文件，依一般貨品出口之規定向海關辦理通關手續。但貨品以整裝貨櫃裝運輸出者，得逕存放於區內事業場所。

出口貨品，經海關放行後，由海關派員押運或監視裝入保稅卡車、貨箱或貨櫃加封交運，並簽發出口貨載運單、貨櫃（物）運送單或貨櫃清單，隨貨封送出口地海關，經出口地海關核明後，以出口貨載運單或出口貨櫃清單第 2 聯送回海關銷案。但由與科技產業園區鄰接之港埠、機場輸出者，免辦加封或押運手續。

2. 輸出小量貨品

輸出貨品件數在 10 件以下，每件毛重未逾 20 公斤，且價值在貨品輸出管理辦法規定免辦簽證限額以下者，得經海關在辦公室或指定地點驗放後，以掛號包裹方式直接郵寄出口；或加封後，交由買方或賣方指派之人員攜帶出區，送交出口地海關簽收交運出口。但在運送途中遺失者，依關稅法規辦理。

㈡於出口地海關辦理通關

經海關核准實施保稅貨品帳冊管理之區內事業得出口之保稅貨物，除可於區內海關辦理通關外，其於出口地海關辦理通關者，依「科學園區、農業科技園區、科技產業園區保稅貨物於出口地海關通關作業規定」辦理。

1. 報關

出口報單訊息由區內事業或其委託之報關業者透過通關網路送達海關。

2. 區內事業保稅貨物於出口地海關辦理通關者，其貨物出區時應填具「出區放行單」或「出區證明單」，貨品出區原因欄註明「出口地海關通關」，一聯隨運輸工具附送至出口地，以備海關稽核。如出口貨物係分裝多車運送，或分次多批運送者，其「出區放行單」或「出區證明單」上應註記所有裝運之車號或櫃號及每車、每櫃或各批之件數。

3. 區內事業保稅貨物輸往自由港區事業，應事先以電腦連線向自由貿易港區管理機關申請並自行列印運送單，憑以入區；未事先申請運送單者，於港區門哨申請、列印運送單，或由自由港區事業代為申請、列印運送單，憑以入區。

4. 小額或小量貨品之出區

符合規定之小額或小量貨品，得填具攜帶區內事業貨品出口申請書，自行點驗出區（廠），但應於出區後 1 個月內，檢附出口地海關之出口證明文件，向海關辦理結；逾期未辦理結案者，應於結案期限屆滿之次日起 10 日內，填具報單，按出廠形態補稅。

二、貨品由其他廠商或貿易商報運出口

區內事業貨品由其他廠商或貿易商報運出口者，應於報單上註明「本批貨品係由科技產業園區○○公司供應，除該公司得申請除帳外，出口廠商不得申請退稅」字樣，於出口後除帳。區內事業應於次月 15 日前，將出口報單影本送管理處或分處備查。

三、成品售予稅捐記帳之外銷加工廠再加工外銷

(一)報關

　　區內事業之貨品售與稅捐記帳之外銷加工廠再加工外銷者，應由買賣雙方聯名填具報單，向海關申報。外銷加工廠之稅捐記帳，應依照外銷品沖退原料稅辦法之規定辦理，並以海關簽放報單日期視同進出口日期。

(二)退貨

　　貨品發生退貨情事者，應依下列規定辦理：

1. 由買賣雙方聯名填具報單，並於報單上註明原報單號碼，檢附裝箱單及原報單影本，於出區後 1 年內，向海關申請核辦後退貨進廠登帳；已領有視同出口證明者，海關應通知稅捐機關。

2. 海關辦理前款手續後，核發退稅用報單副本供原購買廠商辦理沖稅。

四、保稅貨品售予保稅區

(一)售予同區內其他事業或區內事業間非交易性之交付或收受保稅貨品

　　買賣雙方得免簽證及報關，逕行交貨，但應於交易後 5 日內，聯名填具區內事業交易申報書，向海關申報；或由買賣雙方聯名填具報單，向海關申報完稅。

　　本項業務，得於次月 15 日前辦理按月彙總申報；其以完稅方式申報者，應依內銷課稅區之規定辦理。區內事業應於規定期限前，向管理處或分處申報交易金額。

(二)售予其他保稅區

　　區內事業保稅貨品售與其他科技產業園區之區內事業、科學園區之園區事業、農技園區之園區事業、保稅工廠、保稅倉庫或其他保稅範圍者，應由買賣雙方聯名填具報單，向海關申報，並得以完稅方式申報。

　　本項貨品發生退貨情事者，應由買賣雙方聯名申報，辦理退貨出區手續。

　　上述貨品，得於次月 15 日前辦理按月彙報；其以完稅方式申報者，準用內銷課稅區之規定辦理。

(三)區內事業間借入、借出或歸還保稅貨品

　　區內事業間借入、借出或歸還保稅原料、半成品、成品，應於進區（廠）或出區（廠）五日內，檢送由雙方聯名填具之區內事業借入或借出原料、半成品、成品申請書，向海關申報。

　　本項貨品，限自借出之日起 3 個月內歸還；逾期未還或未向海關銷案者，應依將保稅貨品售與同區內其他事業及保稅貨品購自或售與其他保稅區之規定辦理。

五、內銷課稅區

科技產業園區貨品輸往課稅區者，比照進口貨品方式通關。

㈠貨品之存放與應檢附文件

　　科技產業園區輸往課稅區之貨品，應存放區內海關指定貨棧或地點，並檢附裝箱單及其他有關文件向海關辦理通關手續。前項貨品如係區內事業產品，於內銷時，區內事業應檢附貨品用料分析表及相關證明文件，向海關申請計算附加價值後，依規定課徵關稅。

㈡課稅

　　區內事業產製之產品輸往課稅區者，按出廠時形態扣除附加價值後課徵關稅，並依進口貨品之規定，課徵貨物稅及營業稅，其提供勞務予課稅區者，應依法課徵營業稅。

㈢按月彙報

　　區內事業內銷課稅區之保稅貨品，得依下列規定辦理按月彙報：

1. 向海關提供相當擔保。

2. 設置按月彙報內銷登記簿，於出廠前按出廠批數逐批登記內銷日期、品名、規格、數量、價格及預估稅額後，於擔保金額內先行提貨出廠。但經核准使用電腦登帳，且其辦理按月彙報之報單號碼，可由賣方事先確定，並據以登入帳冊及相關交易文件者，得免設置按月彙報內銷登記簿。

3. 應於次月 15 日前，將上月內銷貨品彙總填具報單，辦理補稅。

4. 內銷課稅區之保稅貨品，如經再加工外銷者，得依外銷品沖退原料稅辦法及其他相關規定辦理退稅。但屬於取消退稅之貨品項目，仍不得退稅。

㈣專營貿易業內銷非區內產製產品

　　區內事業如屬專營貿易業，其內銷課稅區之保稅貨品非屬區內產製產品者，應依優質企業認證及管理辦法規定，先向海關申請核准為一般優質企業。

㈤須予賠償或調換者

　　已辦理補稅貨品，因損壞或規格、品質與原訂合約不符，須予賠償或調換者，應於出區之次日起 3 個月內，填具報單，並檢附有關證件，向海關申請核准，免稅出區。

5-5 科學園區貨物之通關

　　行政院為引進高級技術工業及科學技術人才，以激勵國內工業技術之研究創新，並促進高級技術工業之發展，選定適當地點設置科學園區，設定保稅範圍，賦予保稅便利。區內之事業，以創設製造及研究發展高級技術工業產品之科學工業為主。

　　新竹、臺中、彰化、雲林、臺南、高雄等處均設有科學園區。有關科學園區原、物料、產品進、出區之通關作業規定列述如下。

5-5-1　原、物料進區

一、由國外進口貨品

　(一)於園區海關辦理通關

　　　園區事業由國外進口貨品應由運送人或委任之報關行繕具轉運申請書，向輸入港口或機場海關申報，經海關核可後，派員押運或監視裝入保稅卡車或貨櫃加封，交由運送人輸往園區。到達園區保稅範圍後，由海關驗封核對相符，卸存指定倉庫或地點，依一般貨品輸入規定辦理報關、驗放進廠。

　(二)於進口地海關辦理通關

　　　園區事業輸入保稅貨物，除可於園區內海關辦理通關外，其於進口地海關辦理者，依「科學園區、農業科技園區及科技產業園區保稅貨物於進口地海關通關作業規定」辦理。

　(三)空運或郵寄進口少量貨品

　　　園區事業由國外輸入之貨品，如以空運或郵寄數量在 10 件以下，每件未逾 20 公斤，其輸入時，得填具「園區事業空運或郵寄少量原料包裝加封交運進廠申請書」，向海關申請核准，交由該園區事業所派人員攜運進廠，並向海關辦理通關手續。但在運送中遺失者，應由園區事業補繳稅捐。

二、由課稅區購入貨品

　(一)視同外銷案件

　　　課稅區廠商售予園區事業自用之機器、設備、原料、物料及半製品，視同外銷，買賣雙方應聯名繕具報單，檢附報關必備文件等，向海關辦理通關手續，經海關放

行後，核發視同出口報單副本交賣方廠商憑以辦理沖退及減免稅捐。

具自行點驗進出區及按月彙報資格之園區事業，得於交易後次月 15 日前，向海關辦理按月彙報。

㈡不申請減免或退稅案件

由課稅區輸入園區保稅範圍之貨品，其不申請減免或退稅者，得免辦手續入區。但園區事業購進機器，日後有退回、掉換或運返課稅區者，於運返課稅區時，由該園區事業填具「科學園區生產性貨品出區放行單」出區。

三、由保稅區輸入貨品

保稅工廠、保稅倉庫、科技產業園區區內事業、物流中心或農業科技園區之園區事業以保稅貨品售予或輸往園區事業，視同出口及進口，買賣雙方應聯名繕具報單，檢附報關必備文件，向海關辦理通關手續。

本項視同出口及進口案件，具自行點驗進出區及按月彙報資格之買賣雙方，得於交易後次月 15 日前，向海關辦理按月彙報。

自由港區事業貨物售予或輸往園區事業或園區事業保稅貨品售予或輸往自由港區事業，依自由貿易港區貨物通關管理辦法相關規定辦理。

視同出口及進口貨品發生退貨情事時，應由買賣雙方聯名繕具退貨申請書，並繕具報單向海關辦理通關手續。

5-5-2 貨品出區

一、成品出口

㈠於區內海關辦理通關

1. 報關

園區事業以成品出口，應繕具報單依一般貨品出口之規定向海關辦理通關手續。

2. 貨品之查驗及運送

在園區通關之出口貨品，應由海關在指定倉庫或地點查驗，經放行後監視裝入保稅卡車、貨櫃加封交運，並簽發貨櫃（物）運送單，隨貨封送出口地海關，經出口地海關核明後，以貨櫃（物）運送單第二聯送回海關銷案。

園區事業出口離岸價格逾 2 萬美元或戰略性高科技之貨品以其指派之人員隨身攜運出境者，經向園區海關辦理通關放行加封，併同園區事業貨品攜帶出口運

送單，送交出口地海關辦理到貨註記後監視出境。但在運送途中遺失者，應由園區事業補繳稅捐。

3. 退貨

發生退貨時，應繕具報單依一般貨品復運進口規定辦理通關，貨物進廠後列入成品帳。

(二)於出口地海關辦理通關

園區事業得出口之保稅貨物，除可於園區內（區內）海關辦理通關外，其於出口地海關辦理通關者，依「科學園區、農業科技園區、科技產業園區貨物於出口地海關通關作業規定」辦理。

1. 報關

出口報單訊息，園區事業或其委託之報關業者可透過科園區管理局通關自動化系統辦理簽證後，經由通關網路送達海關，亦可直接經由通關網路送達海關。

2. 園區事業保稅貨物於出口地海關辦理通關者，其貨物出區時應填具「出區放行單」或「出區證明單」，貨品出區原因欄註明「出口地海關通關」，一聯隨運輸工具附送至出口地，以備海關稽核。如出口貨物係分裝多車運送，或分次多批運送者，其「出區放行單」或「出區證明單」上應註記所有裝運之車號或櫃號及每車、每櫃或各批之件數。

3. 園區事業保稅貨物輸往自由港區事業，應事先以電腦連線向自由貿易港區管理機關申請並自行列印運送單，憑以入區；未事先申請運送單者，於港區門哨申請、列印運送單，或由自由港區事業代為申請、列印運送單，憑以入區。

二、成品由其他廠商或貿易商報運出口

園區事業之成品由其他廠商或貿易商報運出口者，比照成品出口於區內海關通關之規定辦理貨品之通關作業，並於出口報單註明：「本批貨品係由○○公司供應，除該園區事業得申請除帳外，出口廠商不得申請退稅」字樣。報單於出口後交由園區事業除帳，出口廠商不得申請退稅。

三、成品售予稅捐記帳之外銷加工廠再加工外銷

(一)報關

買賣雙方應聯名繕具報單檢附發票、裝箱單及其他有關文件，向海關辦理通關手續。

外銷加工廠之稅捐記帳，應依外銷品沖退原料稅捐辦法之規定辦理，並以海關簽放報單日期為視同出口及進口之日期。

(二)退貨

發生退貨情事時，由買賣雙方聯名繕具退貨申請書及報單，檢附發票、裝箱單及原報單影本註明「○○報單退貨」字樣，於出區後 3 個月內向海關辦理通關手續。原出售之園區事業已領有視同出口證明者，海關應通知稅捐稽徵機關。海關辦理通關手續後，核發退稅用報單副本供原購買廠商辦理沖稅。

四、保稅貨品售予保稅區

園區事業以保稅貨品售予或輸往保稅工廠、農業科技園區之園區事業或科技產業園區區內事業，或進儲保稅倉庫、物流中心者，視同出口及進口，買賣雙方應聯名繕具報單，檢附報關必備文件，向海關辦理通關手續。

本項視同出口及進口案件，具自行點驗進出區及按月彙報資格之買賣雙方，得於交易後次月 15 日前，向海關辦理按月彙報。

五、保稅貨品售予園區事業

(一)售予同區內之園區事業

買賣雙方應聯名繕具報單連同裝箱單及其他有關文件，於交易後次月 15 日前，向海關辦理通關手續，並得採按月彙報方式辦理。

(二)售予其他園區之園區事業

1. 報關

買賣雙方應聯名繕具報單並檢附裝箱單及其他有關文件，向賣方海關辦理通關手續。具自行點驗進出區及按月彙報資格之園區事業，得於交易後次月 15 日前，向海關辦理按月彙報。

2. 以非交易行為方式，將保稅貨品交付園區事業

(1) 交付同園區或其他園區之園區事業

視同出口及進口，應繕具報單並檢附裝箱單及其他相關文件，向海關辦理通關手續。

(2) 交付其設於其他園區之分廠

依前款規定辦理；具自行點驗進出區及按月彙報資格之園區事業，其機器、設備移轉案件，可免進倉查驗，由保稅業務人員自行點驗進出廠並依規定辦理按月彙報。

六、售與或贈送之樣品、贈品

　　園區事業以其產品作為樣品或贈品，售予或贈送國內外廠商及參觀之客戶，其非屬貿易主管機關公告限制輸出入貨品項目，依下列規定辦理：

　　㈠售予或贈與課稅區廠商

　　　　應繕具報單，向海關辦理通關手續。

　　㈡寄送國外廠商

　　　　應繕具報單依一般貨品出口之規定，向海關辦理通關手續。

　　㈢交與到廠參觀之國外客戶、由廠方人員或快遞業者攜帶出口、民間團體出國餽贈外賓之禮品且價值未逾貿易主管機關依貨品輸出入管理辦法所訂限額者應填具「園區事業保稅貨品攜帶出口申請書」，由海關或具有按月彙報資格園區事業保稅業務人員核明加封交國外客戶、廠方人員、快遞業者或民間團體具領出區，於出區後一個月內內憑出口地海關出口證明銷案。但由園區事業保稅業務人員核放之「園區事業保稅貨品攜帶出口申請書」案件應於出區後 3 日內，向海關備案。

　　　　園區事業以其原料、零組件、儀器設備交與到廠之國外客戶、廠方人員或快遞業者出口至國外測試、維修，非屬貿易主管機關公告限制輸出入貨品項目，且價值未逾貿易主管機關依貨品輸出、入管理辦法所訂限額者，準用本項規定辦理。

　　　　本項價值之限額得由管理局或分局會同海關依實際狀況彈性調整。

　　㈣政府機關派員出國、或接待來訪外賓向園區事業購買禮品贈送外國人士應憑院屬一級機關證明及收據銷案。

　　上列第㈢、㈣項貨品未能銷案，亦未運回廠內者，應於銷案期限屆滿後 10 日內，繕具報單按出廠型態補稅。

七、貨品內銷

　　㈠報單之申報

　　　　內銷課稅區之保稅貨品，應繕具報單，報經海關補徵進口稅捐後，始准放行出區，但屬貿易主管機關公告限制輸出入貨品項目者，須經管理局核准。屬售予課稅區廠商再加工外銷者，應另行向海關申請退稅用報單副本，供加工外銷出口後辦理退稅。

　　　　本項內銷課稅區之貨品，發現損壞或規格、品質與原訂合約不符，須由園區廠商賠償或調換者，該項賠償或調換之出區貨品，免繳關稅，但以在原貨品放行後 1 個月內提出申請，並檢附有關證件，經海關查明屬實者為限。如機器、設備內銷課

稅區後，運回園區修理、裝配者，應依關稅法相關規定辦理。

㈡課稅方式

內銷課稅區之產品依下列方式之一課徵關稅：

1. 國內有產製者，按出廠時形態完稅價格減除 30% 後之餘額課徵進口關稅。

2. 其產品為保稅範圍外尚未能產製者，依所使用原料或零件課進口關稅。

㈢按月彙報

內銷課稅區之貨品，得依規定辦理自行點驗進出區及按月彙報業務：

1. 產品內銷補稅案件若以課稅區廠商為納稅義務人，並由園區事業提供相當金額之擔保，保證繳納課稅區廠商應繳納之稅費者，得由園區事業與課稅區廠商聯名繕具報單，向海關申請按月彙報。

2. 設置按月彙報內銷登記簿，於出廠前按出廠批數逐批登記內銷日期、品名、規格、數量、價格及預估稅額後，於保證金數額內准由園區事業先行提貨出廠。

3. 園區事業應於次月 15 日以前，將上月內銷貨品彙總繕具報單辦理補稅。

八、以郵寄輸出少量貨品

園區事業輸出國外之貨品，數量在 10 件以下，每件毛重未逾 20 公斤，以郵寄輸出時，應向海關辦理通關手續經海關驗放後交郵寄出口。但在運送中遺失者，應由園區事業補繳稅捐。

5-6 農業科技園區貨物之通關

5-6-1 概念

為發展農業科技，引進農業科技人才，營造農業科技產業群聚，促進農業產業之轉型，以確保農業永續經營，行政院農業委員會特制定「農業科技園區設置管理條例」，於 2004 年 4 月 7 日公布施行。以獎勵設於園區內經主管機關認定具有產業發展可行性，且能應用於提升農業產品之研發、改良、生產及加工效益之生物或其他相關科技之園區事業。目前國內於屏東已設有乙處農業科技園區。

海關依據關務法規及農業科技園區設置管理條例及其施行細則、農業科技園區保稅業務管理辦法等相關規定，對園區事業保稅貨品之管理及通關作業加以規範。

5-6-2　貨物之通關

一、原、物料進區

　㈠由國外進口

　　　　比照科學園區依「科學園區、農業科技園區及科技產業園區保稅貨物於進口地海關通關作業規定」之進口報單通關作業方式，於園區內海關辦理通關或於進口地海關辦理通關。惟應注意：

　　1. 進口報單通關方式經篩選為 C2、C3，屬應審核輸入許可證者，應憑農業科技園區管理局（分支機構）核發之書面輸入許可證辦理，但屬農業科技園區保稅業務管理辦法第三條第一項第一款至第三款範圍以外之觀賞水族動物，應檢附主管機關核發之書面進口同意文件辦理。

　　2. 進口報單經完成放行作業，海關電腦發出進口貨物放行通知訊息至卸存之貨櫃集散站或貨棧（進口報單申報之貨物存放處所）。

　㈡由課稅區購入

　　　　課稅區廠商售予園區事業自用之機器、設備、原料、物料及半製品，視同外銷，買賣雙方應聯名繕具報單，檢附報關必備文件等，向海關辦理通關手續，經海關放行後，核發視同出口報單副本交賣方廠商憑以辦理沖退及減免稅捐。

　　　　前項具自行點驗進出區及按月彙報資格之園區事業，得於交易後次月 15 日前，向海關辦理按月彙報。

　㈢由保稅區購入

　　　　保稅工廠、保稅倉庫、物流中心、科技產業園區、科學園區、自由貿易港區之事業或其他園區事業以保稅貨品售予或輸往園區事業，視同出口及進口，買賣雙方應聯名繕具報單檢附報關必備文件，向海關辦理通關手續。

二、貨品出區

　㈠成品出口

　　　　比照科學園區依「科學園區、農業科技園區及科技產業園區保稅貨物於出口地海關通關作業規定」之出口報單通關作業方式，於園區內海關辦理通關或於出口地海關辦理通關。

(二)保稅貨品售與保稅區

　　視同出口及進口，應由買賣雙方聯名繕具報單辦理通關。

(三)其他案件

　　園區事業產品由其他廠商或貿易商報運出口、售予稅捐記帳之外銷加工廠再加工外銷、進儲保稅區、售與或贈送之樣品或贈品、貨品內銷等項，皆比照科學園區相關規定辦理。

5-7 免稅商店貨物之通關

　　免稅商店是以銷售貨物予入出境或過境旅客為目的之營利事業。銷售貨物包括外國商品及保稅倉庫、物流中心、保稅工廠、科技產業園區、科學園區、農技園區、自由港區及課稅區之產品，但不得進儲及銷售非屬經濟部公告准許輸入之大陸地區物品，免稅商店貨物應公開標價，不得二價。其進儲供銷售之保稅貨物，在規定期間內銷售予旅客，原貨攜運出口者，依關稅法、貨物稅條例、營業稅法、菸酒稅法相關規定免徵關稅、貨物稅、營業稅、菸酒稅、菸品健康福利捐。

　　免稅商店銷售貨物予入境旅客，視同自國外採購攜帶入境，俟入境通關時，依入境旅客攜帶行李物品報驗稅放辦法辦理，如超過免稅限額，除課徵關稅外，應依法代徵貨物稅、菸酒稅、菸品健康福利捐及營業稅。

　　免稅商店之保稅貨物，不論自國外進口或在國內購買者，均應進儲自用保稅倉庫，欲銷售時始移至免稅商店。進儲及出倉時，應向監管海關辦理報關手續。

5-7-1　免稅商店之種類

一、機場、港口免稅商店

　　設在國際機場、港口管制區內；經海關核准者，並得在市區內設置預售中心。機場、港口免稅商店，以對持有護照、旅行證件或外僑居留證之出境、過境及入境旅客銷貨為限。

二、市區預售中心及市區免稅商店

　　設在國際機場或港口鄰近之都市區內，或經海關核准之區域內。免稅商店之市區預售中心及市區免稅商店，以對持有護照、旅行證件或外僑居留證之出境旅客銷貨為限。

5-7-2　銷貨

　　免稅商店銷貨時，應以電腦列印 2 聯售貨單，詳細登記購貨人護照或旅行證件號碼、外僑居留證統一證號、飛行航次或輪船航次、出售貨物之名稱、廠牌、型號、規格、商品編號、數量、單價、所收貨幣種類、金額及銷售日期後，將空格劃去，並經購貨人簽名。但設在國際機場、港口管制區內之免稅商店，銷貨時，其售貨單得免填列購貨人護照、旅行證件號碼、外僑居留證統一證號、飛行航次或輪船航次，及免經購貨人簽名。出售貨物之貨物名稱、廠牌、型號、規格、商品編號、數量、單價以電腦條碼標示者，可免填報。

　　售貨單第 1 聯交購貨人收執，第 2 聯由免稅商店保存備查，並應將相關逐筆資料加以封裝，於網路及電腦主機設備能量有餘裕時，即分批傳輸至關港貿單一窗口電腦系統，並於購貨人提貨完成時憑關港貿單一窗口回復傳輸成功訊息始得除帳。售貨單由免稅商店依規定，自行設計格式，於報經監管海關及主管稽徵機關核可後，印製使用。售貨單並應向監管海關申請核准以電子媒體儲存備查，供監管海關及主管稅捐稽徵機關使用。必要時得調閱查核免稅商店保存備查之第 2 聯售貨單。

5-7-3　提貨

一、機場、港口免稅商店出售之貨物由購貨人隨身攜帶出入境。

二、機場、港口免稅商店之市區預售中心及市區免稅商店出售之貨物由購貨人於出境時，向機場或港口提貨處提貨，監管海關並得隨時派員查核。其須由購貨人報運出口者，應按普通貨物出口報關手續填送出口報單並檢附航空或輪船公司旅客證明文件。

5-7-4　離島免稅購物商店銷售貨物

　　離島免稅購物商店，指在離島地區（澎湖、金門、馬祖、蘭嶼、綠島及琉球等地區），經由當地縣（市）主管機關同意並向海關申請登記，經營銷售貨物予持有護照、外僑居留證、旅行證件或身分證明文件之旅客非供商業使用貨物之場所。

離島免稅購物商店得銷售外國商品及保稅倉庫、物流中心、保稅工廠、科技產業園區、科學園區、農技園區、自由貿易港區及課稅區之產品。

離島免稅購物商店輸入供銷售之貨物，應依貿易法、貨品輸入管理辦法、臺灣地區與大陸地區貿易許可辦法及其他相關規定辦理。離島免稅購物商店應於機場或港口管制區內設置提貨處，其銷售之貨物，應由旅客於該提貨處辦理提貨，監管海關並得隨時派員查核。

離島免稅購物商店應依保稅倉庫設立及管理辦法規定設置自用保稅倉庫，存儲專供銷售之貨物。離島免稅購物商店銷售之貨物，應依規定先辦理進儲自用保稅倉庫，其通關手續依關稅法及相關法規辦理。離島免稅購物商店、提貨處及其自用保稅倉庫間保稅貨物之移運，應將移倉申請書（含裝箱單明細）電子資料傳輸至海關離島免稅購物商店系統，經系統回應記錄有案憑以移運。

離島免稅購物商店應於機場或港口管制區內設置提貨處，其銷售之貨物，應由旅客於該提貨處辦理提貨，監管海關並得隨時派員查核。但位於機場或港口管制區內之離島免稅購物商店，免設置提貨處。

離島免稅購物商店銷售貨物予旅客，並由其隨身攜出至臺灣本島或其他離島地區，以及隨身攜出至大陸地區或其他國家者之免稅品目、數量、金額，其範圍如下：

一、至臺灣本島或其他離島地區者

　　㈠酒類

　　　　每人每次 1 公升（不限瓶數）以下，全年合計數以 12 次為上限。

　　㈡菸品

　　　　每人每次捲菸 200 支以下，或每人每次雪茄 25 支以下，或每人每次菸絲 1 磅以下，全年合計數以 12 次為上限。

　　㈢前二款以外之貨物，銷售金額在新臺幣 10 萬元以下者。

二、至大陸地區或其他國家者

　　㈠酒類

　　　　每人每次 3 公升（不限瓶數）以下。

　　㈡菸品

　　　　每人每次捲菸 200 支以下，或每人每次雪茄 25 支以下，或每人每次菸絲 1 磅以下。

㈢前二款以外之貨物，銷售金額在新臺幣 100 萬元以下者

酒類及菸品銷售對象限年滿 20 歲之成年旅客。旅客當次自同一離島各免稅購物商店購買之免稅貨物，其數量及金額應合併計算，並以不超過上列數量及金額為限。

5-8 自由貿易港區貨物之通關

　　為提升海空港口通關效率及營運效益，符合貿易自由化及國際化理想，政府特制定「自由貿易港區設置管理條例」，並於 2003 年 7 月 23 日公布實施。由於臺灣地處歐美與亞太地區連接橋樑地位，具有海空轉運便利優勢，自由貿易港區設立後，將可協助企業進行全球運籌管理的經營模式，創造物流轉運及高附加價值加工的利基，提升臺灣的國際競爭力，加速臺灣經濟發展。

　　「自由貿易港區設置管理條例」所稱之「自由貿易港區」指經行政院核定於國際航空站、國際港口管制區域內；或毗鄰地區劃設管制範圍；或與國際航空站、國際港口管制區域間，能運用科技設施進行周延之貨況追蹤系統，並經行政院核定設置管制區域進行國內外商務活動之工業區、科技產業園區、科學園區或其他區域。

　　經核准在自由港區內從事貿易、倉儲、物流、貨櫃（物）之集散、轉口、轉運、承攬運送、報關服務、組裝、重整、包裝、修理、裝配、加工、製造、展覽或技術服務等事業，稱「自由港區事業」。金融、裝卸、餐飲、旅館、商業會議、交通轉運及其他前款以外經核准在自由港區營運等事業，稱「自由港區事業以外之事業」。申請經營自由港區事業者，應提具營運計畫書、貨物控管、貨物通關及帳務處理作業說明書，連同相關文件，向自由港區管理機關申請入區營運許可。自由港區事業貨物之存儲、重整、加工、製造、通報、通關、自主管理、查核、盤點、申報補繳稅費、貨物流通及其他應遵行事項之辦法，均由財政部會商有關機關核定。

　　自由港區事業應設置電腦及相關連線設備，以電腦連線或電子資料傳輸方式處理貨物通關、帳務處理及貨物控管等有關作業。

　　國外貨物進儲自由港區、自由港區貨物輸往國外或轉運至其他自由港區，自由港區事業均應向海關通報，並經海關電腦回應紀錄有案，始得進出自由港區。

　　自由港區事業自國外輸入貨物或貨物輸往國外時，除符合「進出口貨物查驗準則」第 9 條第 1 項規定之貨物（得核准船、機邊驗放或船、機邊免驗提貨之貨物），或同條

第2項之廠商貨物（得向海關申請爲船邊驗放廠商之貨物），且該廠商具備與自由港區管理機關貨（櫃）物動態資料連線之電腦設備、海關核可之倉儲及查驗貨物所需設施者外，均應先進儲港區貨棧後，再向海關辦理通關作業。

茲將「自由貿易港區貨物通關管理辦法」有關貨物通關作業之重點列述如下：

5-8-1 貨物之進儲

一、國外輸入

國外貨物進儲時，自由港區事業應向海關傳輸報單通報，經海關以電腦回應紀錄有案，憑以進儲。

港區事業進儲國外貨物，除可於港區事業所在地海關辦理通報外，其於貨物進口地海關辦理通報者，依「國外貨物進儲自由港區事業於進口地海關通報作業規定」辦理。運輸業之進口艙單申報，依預報貨物通關報關手冊有關艙單規定辦理。

自由港區事業自國外運入自由港區內供營運之貨物，免徵關稅、貨物稅、營業稅、菸酒稅、菸品健康福利捐、推廣貿易服務費及商港服務費；自國外運入自由港區內之自用機器、設備，免徵關稅、貨物稅、營業稅、推廣貿易服務費及商港服務費。另自國外進儲自由港區事業之自用機器、設備及供營運貨物，免徵平衡稅、反傾銷稅或額外關稅。但於運入後5年內輸往課稅區者，應依進口貨物規定補徵相關稅費。屬免徵稅捐案件，無須辦理免徵、擔保、記帳及押稅手續。

申請經營自由港區事業取得籌設許可者，於籌設期間亦適用上列規定。

二、課稅區售與

課稅區售與自由港區事業之貨物，由貨物輸出人將貨物運入港區貨棧後，向海關傳輸報單，依相關輸出規定，完成通關取得放行訊息後，憑以運入自由港區事業。但貨物輸出人不辦理申退關稅，且貨物符合相關輸出規定者，逕憑發票或載貨單運入自由港區事業；課稅區貨物進儲港區貨棧直接出口者，由貨物輸出人向海關傳輸報單，依相關輸出規定，完成通關取得放行訊息後，憑以裝船（機）出口。

三、保稅區售與

保稅區售與自由港區事業之貨物，由貨物輸出人依保稅貨物相關規定向海關傳輸報單，依相關輸出規定，完成通關取得放行訊息後，憑以運入自由港區事業；保稅區貨物得進儲港區貨棧直接出口，由貨物輸出人依保稅貨物相關規定向海關傳輸報單，依相關輸出規定，完成通關取得放行訊息後，憑以裝船（機）出口。

5-8-2　貨物之出區

一、輸往國外

　　由貨物輸出人於貨物進儲港區貨棧後，向海關傳輸報單通報出口，經海關電腦回應紀錄有案，憑以裝船（機）出口。惟符合自由貿易港區貨物通關管理辦法第 5 條第 2 項規定情形之一，且於自由港區內裝船（機）者，得申請船（機）邊免驗放行，免進儲港區貨棧。

二、輸往課稅區或保稅區

　　於貨物進儲港區貨棧後，由納稅義務人向海關傳輸報單，依相關輸入規定，完成通關取得放行訊息後，憑以出區，並依國外貨物進口及進儲保稅區規定辦理徵免相關稅費。

三、輸往其他自由港區

　　由自由港區事業於貨物進儲港區貨棧後，向海關傳輸報單通報轉運，經海關電腦回應紀錄有案，憑以出進區。

四、轉運出口

　　自由港區事業存儲港區貨棧之轉口貨物出口時，自由港區事業得按原貨物形態或於完成加裝、分裝、改裝或重整後，向海關傳輸報單通報轉運出口，經海關電腦回應紀錄有案，憑以裝船（機）出口。

五、郵遞出口

　　自由貿易港區貨物申報 F5 報單放行後以郵件型式裝船（機）作業，應依「自由貿易港區貨物郵遞出口作業要點」辦理。

　　郵遞出口貨物於取得海關放行訊息，並由港區貨棧自主管理專責人員送郵政服務人員點收後，始得辦理郵務作業。此類貨物應以自由貿易港區專用車隊載運並由相關業者傳輸動態訊息至貨櫃（物）動態資料庫。其艙單及報單，應由海關電腦系統自動審結銷艙。

5-8-3　按月彙報

　　自由港區事業自保稅區、課稅區輸入貨物或貨物輸往保稅區、課稅區之通關，得向海關申請以按月彙報方式辦理。但貨物輸往保稅區，或自保稅區輸入，須該保稅區廠商具有按月彙報資格者始得辦理。自由港區事業貨物輸往課稅區按月彙報，則需自由港區事業係實際從事加工製造業務或從事物流之自由港區事業，貨物輸往其進儲時之貨主或輸往加工製造廠商，始得辦理。

自由港區事業依規定運往其他自由港區貨物或依規定區內交易貨物之通報案件，除「自由貿易港區設置管理條例」第 15 條規定之物（貨）品外，得向海關申請以按月彙報方式辦理。

5-8-4　區內交易

自由港區事業貨物售與同區內自由港區事業，毋須進儲港區貨棧，由賣方自由港區事業以報單向其所在地海關通報，經邏輯檢查（免比對進倉資料、銷艙）、紀錄有案，海關傳輸進口貨物電腦放行通知予買賣雙方自由港區事業。發生退貨情事時，以報單通報退回。

本章習題

一、選擇題

(　　) 1. 一般廠商是屬於　(A) 保稅區業者　(B) 課稅區業者　(C) 以上二者。

(　　) 2. 科技產業園區屬於　(A) 保稅區　(B) 課稅區　(C) 以上二者皆非。

(　　) 3. 由國外進口之貨物，於進儲物流中心時應申報　(A) 轉運申請書　(B) 進口報單　(C) 以上兩者。

(　　) 4. 物流中心貨物售予課稅區時應申報　(A) 轉運申請書　(B) 進口報單　(C) 國內貨物進出單。

(　　) 5. 自由港區貨物輸往國外時應申報　(A) 進口報單　(B) 出口報單　(C) 轉運申請書。

二、問答題

1. 請說明海關對保稅工廠之管理要點。

2. 請說明保稅倉庫貨物重整之要點。

3. 自由港區事業自國外運入自由港區內供營運之貨物，免徵之稅費有哪些？

三、簡答題

1. 請簡述科學園區事業貨品內銷之規定。

2. 請說明一般免稅商店與離島免稅購物商店銷售貨物之對象。

NOTE

6

⊙ 其他貨物之通關

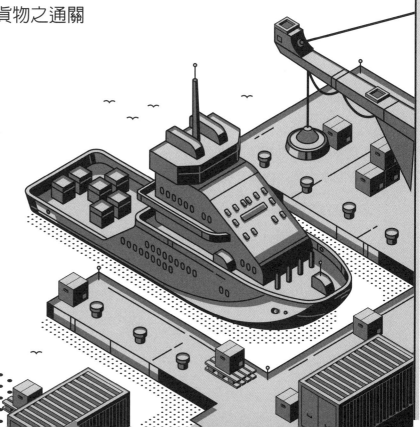

除一般進口、出口、轉運、保稅等貨物之通關作業外，國際郵包、快遞貨物、貨物樣品、瀕臨絕種之野生動植物、戰略性高科技貨品、使用暫准通關證貨品等等貨物之通關方式與上述貨物之通關作業稍有不同，爰予歸入其他貨物，於本章列述。

6-1 國際郵包之通關

為辦理往來國際的郵寄貨物之通關，海關在郵局派駐關員辦理通關作業。由於往來國際間之包裹及信件甚多，為避免不必要之延誤，以郵包運送物品進出關稅領域，係透過郵政機關與海關密切合作，採取特殊之行政措施，以確保稅收及相關之法令之施行。爰依關稅法第 27 條第 3 項及第 49 條第 3 項規定訂定「郵包物品進出口通關辦法」為通關作業依據。

6-1-1　進、出口郵包物品應符合條件

一、非屬關稅法第 15 條規定不得進口之物品。

二、非屬其他法律規定不得出口或禁止輸出之物品。

三、每件（袋）毛重 30 公斤以下。

6-1-2　郵政機構應配合事項

一、通關場所

　　郵包物品存儲及辦理通關作業所需之通關場所，應由郵政機構提供並經海關核准。其查驗場地、動線及其他必要設施並應配合海關查驗及辦理通關之需要。存儲郵包物品之倉間應由郵政機構及海關共同聯鎖。

二、文件之檢附

　　㈠發票應隨附於郵包外箱或箱內，供海關查核。未檢附者，經海關認有審核必要時，由郵政機構以書面通知收件人檢送。

　　㈡未檢附海關指定或依其他法令規定必須繳驗之文件，由郵政機構以書面通知收件人檢送。

三、會同海關查驗

　　㈠郵包物品查驗時，郵政機構應派員會同海關查驗，並辦理有關之搬移、拆包或開箱暨恢復原狀等事項，必要時，得通知收（寄）件人會同為之。

　　㈡郵包物品包件過重、體積過大或有其他特殊情形需移至海關核准之特定查驗區查驗時，郵政機構應負責貨物之載運、安全與管理。

　　㈢拆驗完畢之郵包物品應以「關郵會封」封籤黏貼牢固並由雙方蓋章。

　　㈣郵政機構應配合海關之相關規定，並與海關密切合作，防止進、出口侵害智慧財產權之郵包物品。

6-1-3　進口郵包物品之通關

一、應向海關辦理報關案件

　　進口郵包物品有下列情形之一者，收件人應自郵政機構寄發補辦驗關手續通知單日之翌日起 15 日內，依關稅法第 16 條規定向海關辦理報關：

　　㈠離岸價格逾等值美幣 5,000 元。

　　㈡需申請沖退稅、保稅用之報單副本之物品。

　　㈢復運進口案件需調閱原出口報單之物品。

　　㈣依關稅法、相關法規及稅則增註規定減免稅之物品。

　　㈤屬外貨進口報單（進口報單類別「G1」）適用範圍以外。

　　㈥屬財政部公告實施特別防衛措施之物品。

　　㈦屬實施關稅配額之物品。

　　㈧依其他法令規定應辦理報關之郵包物品。

　　未依規定期間報關者，除無法投遞、招領逾期之進口郵包物品及寄件人聲明拋棄、收件人未領取之郵包物品，應經海關查驗及核准後，由郵政機構辦理後續處理事宜外，依關稅法第 73 條規定辦理。

二、稅捐之課徵

　　㈠進口郵包物品應依相關規定徵收關稅、貨物稅、營業稅、菸酒稅、菸品健康福利捐、特種貨物及勞務稅及推廣貿易服務費。

　　㈡完稅價格在新臺幣 2,000 元以內者，免徵關稅、貨物稅及營業稅。

　　　1.　免徵稅款之郵包物品，不包括菸酒及實施關稅配額之農產品。

2. 為因應緊急狀況需要，財政部得公告於一定期間內進口之特定物品，不受完稅價格新臺幣 2,000 元以內免稅之限制。

3. 寄交同一收件人之郵包物品，次數頻繁者（指同一收件人於半年度內進口郵包物品適用免稅規定放行逾 6 次者。所稱半年度，指每年 1 月至 6 月及 7 月至 12 月），不適用免稅之規定。

㈢自國外進口之郵包物品，自同一寄件人，同一到達日（指郵政機構加蓋郵戳於郵包發遞單上之日）寄交同一收件人，在兩件以上者，合併計算完稅價格。

㈣完稅價格逾免稅限額者，應按全額課徵進口稅費（捐）；其屬零星物品者（不包括單項或屬同種類且歸屬同一稅則號別之物品完稅價格合計逾新臺幣 2,000 元者），除菸酒及實施關稅配額之農產品外，應按海關進口稅則總則五規定之稅率課徵關稅；非屬零星物品者，應分別按海關進口稅則所規定之稅率課徵之。

三、未達應辦理報關條件，惟完稅價格已逾免稅郵包物品稅費之徵收

進口郵包物品完稅價格逾新臺幣 2,000 元，且非屬應辦理報關者，由海關填發小額郵包進口稅款繳納證送交郵政機構，以憑投遞並代收稅款。

四、郵包物品屬應施檢驗、檢疫品目範圍或有其他輸出入規定者，除法令另有規定者外，應依各該輸出入規定辦理。

五、免申請輸入許可文件之進口郵包物品

㈠進口供自用之無線電信終端設備或低功率射頻電機數量未逾 2 部，免申請電信管制射頻器材進口許可證。

㈡進口 6 公斤以下之寵物食品，免申請飼料輸入登記證。

㈢其他依主管機關規定免輸入許可文件者。

㈣進口供自用之菸酒，數量未逾下列規定，免取具菸酒進口業許可執照：

1. 酒：5 公升。

2. 菸：捲菸 5 條（1,000 支）或雪茄 125 支或菸絲 5 磅。

6-1-4　出口郵包物品之通關

一、應向海關辦理報關案件

出口郵包物品有下列情形之一者，寄件人應填送出口報單向海關辦理報關手續：

㈠離岸價格逾等值美幣 5,000 元。

㈡依相關法規有輸出規定。但有特殊情形經海關公告者，不在此限。

㈢需申請沖退稅、保稅用之報單副本之物品。

㈣復運出口案件需調閱原進口報單之物品。

㈤屬國貨出口報單（出口報單類別「G5」）和外貨復出口報單（出口報單類別「G3」）適用範圍以外。

㈥其他依法令應向海關辦理報關之郵包物品。

　　未依規定辦理報關者，由郵政機構通知寄件人辦理出口報關事宜。

二、非屬應辦理報關案件

㈠寄件人應於寄件文件據實申報物品名稱、數量、價值，由郵政機構連同郵包彙送出口地海關查（抽）驗放行。

㈡寄往國外修理或加工且離岸價格未逾等值美幣 5,000 元之郵包物品，寄件人應填具「郵寄待修、加工物品出口簡易申報單」，向駐郵政機構海關申請查驗。本項郵包物品復運進口時，應向進口地海關提交出口時申報之簡易申報單正本。

6-2 貨物樣品之通關

　　依「關稅法施行細則」規定，貨樣係指印有或刻有樣品或非賣品字樣，或於報關時所附文件上載明係樣品或非賣品，供交易或製造上參考之物品。

　　進口貨樣得預行辦理報關手續，並得先將進口報單送海關核明，在報單上加蓋「貨樣提前辦理」戳記，優於一般進口貨物，迅速處理。

6-2-1　廣告品及貨樣

一、免證限額

　　進口之廣告品及貨樣，其完稅價格在進口貨品免辦簽證限額以內者，免辦進口簽證手續。其總值以收件人提出證明文件所載離岸價格或經海關核定之離岸價格為計算根據；離岸價格無從查定時，以海關核估之完稅價格之七成作為離岸價格。如為管制進口類貨品而其完稅價格在限額以內者，亦同。

二、免稅限額

依關稅法第 49 條規定，無商業價值或其價值在限額以下（完稅價格在新臺幣 1 萬 2,000 元以下）者，免徵進口關稅。

6-2-2　旅客攜帶入境之樣品

樣品由工商業之相關人員以旅客方式攜帶入境者，其適用之規定如下：

一、數量

攜帶入境之樣品數量不受「入境旅客攜帶行李物品限量表」之限制。惟相同樣品每款不得逾 10 件。

二、身份證明

旅客攜帶樣品入境如有文件證明其身份，且所帶樣品數量、價值符合規定者，即可適用「貨物樣品進口通關辦法」規定之免稅額。

6-3 快遞貨物之通關

6-3-1　空運快遞貨物

空運進、出口貨物，其數量、重量、價值未逾海關規定之快遞貨物（Express Goods），得在快遞貨物專區及航空貨物轉運中心全日 24 小時辦理通關。但設置於實施夜間禁航之航空站者，海關得配合禁航時段調整辦公時間並公告。

快遞貨物進出口應以電腦連線方式透過通關網路向海關申報。同一貨主之出口快遞貨物得整盤（櫃）進倉。但應查驗或抽中查驗之貨物，仍應拆盤（櫃）供海關查驗。轉口快遞貨物應以電腦連線方式透過通關網路向海關申報進口艙單，並免補送書面艙單。轉運出口時應填送書面出口艙單，海關並得依貨物通關自動化實施情形，公告改採電子資料傳輸方式辦理。

快遞貨物之通關應依「快遞貨物通關辦法」及其他有關法令之規定辦理。其要點如下。

6-3-1-1　空運快遞貨物應符條件

一、一般快遞貨物

　　㈠非屬關稅法規定不得進口之物品、管制品、違禁品、侵害智慧財產權物品、活動植物、保育類野生動植物及其產製品。

　　㈡每件（袋）毛重 70 公斤以下之貨物。

二、快遞專差攜帶之快遞貨物

　　㈠非屬關稅法規定不得進口之物品、管制品、違禁品、侵害智慧財產權物品、活動植物、保育類野生動植物及其產製品。

　　㈡每件（袋）毛重 32 公斤以下之貨物。

　　㈢每次攜帶之數量不得逾 60 件（袋），合計金額不得逾美金 2 萬元。

　　保稅區（保稅工廠、科技產業園區、科學園區、農技園區）之產品，符合上列條件者，得委託快遞專差攜帶出口。

6-3-1-2　貨物之分類

　　空運進出口快遞貨物得依其性質、價格區分類別，分別處理。其類別如下：

一、進口快遞貨物

　　㈠X1（進口快遞文件）。

　　㈡X2（進口低價免稅快遞貨物）：完稅價格新臺幣 2,000 元以下。

　　㈢X3（進口低價應稅快遞貨物）：完稅價格新臺幣 2,001 元至 5 萬元。

　　㈣X4（進口高價快遞貨物）：完稅價格超過新臺幣 5 萬元。

二、出口快遞貨物

　　㈠X6（出口快遞文件）。

　　㈡X7（出口低價快遞貨物）：離岸價格新臺幣 5 萬元以下。

　　㈢X8（出口高價快遞貨物）：離岸價格超過新臺幣 5 萬元。

6-3-1-3　通關作業

　　快遞貨物進出口，應以電腦連線方式透過通關網路向海關申報。

　　快遞貨物得在貨物進口前，預先申報，海關得於飛機抵達前透過通關網路將應驗貨物訊息通知與該貨物有關之航空貨物轉運中心及快遞貨物專區之貨棧業者。

一、申報人

　　㈠可委託快遞業者、報關業者或以貨物持有人或以輸出人名義透過通關網路報關。

　　㈡快遞業者受託運人之委託運送出口快遞文件或出口低價快遞貨物，得憑貨物持有人身分以自己為貨物輸出人名義辦理報關。

　　㈢快遞業者以進口貨物持有人名義辦理報關者，除文件類外應申報收貨人名稱及其地址，進口低價應稅及高價快遞貨物並應申報收貨人統一編號，收貨人為個人者，應申報身分證統一編號、外僑居留證統一證號或護照號碼。以進口簡易申報單申報收貨人實名認證行動通訊門號號碼者，得免依前項規定申報收貨人身分證統一編號、外僑居留證統一證號或護照號碼。快遞業者依上述規定辦理報關者，海關得將其所申報之收貨人列為稅款繳納證之納稅義務人，核發稅單。

二、報單之申報

　　㈠進出口快遞貨物，有下列情形之一者，應以一般進出口報單辦理通關：

　　　1. 屬進口高價快遞貨物或出口高價快遞貨物。

　　　2. 涉及輸出入規定。但有特殊情形經海關公告，得以簡易申報單辦理通關。

　　　3. 需申請沖退稅、保稅用之報單副本。

　　　4. 復運進、出口案件需調閱原出、進口報單。

　　　5. 依關稅法、相關法規及稅則增註規定減免稅貨物。但以非個人名義進口屬關稅法第 49 條第一項第九款免稅貨樣，整份報單完稅價格在新臺幣 2,000 元以下者，得以簡易申報單辦理通關。

　　　6. 適用進口報單類別「G1」（外貨進口報單）、出口報單類別「G5」（國貨出口報單）或「F5」（自由港區貨物出口報單）以外之貨物。

　　　7. 屬財政部公告實施特別防衛措施貨物。

　　　8. 依貨物稅條例或特種貨物及勞務稅條例規定應課稅貨物。

　　　9. 屬關稅配額貨物。

　　上列以外之快遞貨物，得以簡易申報單辦理通關。

　　㈡簡易申報案件，應依下列規定辦理：

　　　1. 應以電腦連線方式向海關申報。

　　　2. 由納稅義務人辦理報關者，以空運提單分號或託運單分號為單位，每一分號申報一份簡易申報單；無分號者，以主號為單位。

3. 由快遞業者以貨物持有人名義辦理報關者，得以空運提單主號或託運單主號為單位，將該主號下之分號合併申報於同一報單。合併申報時應以同類別貨物為限；不同類別貨物，不得混雜於同一報單內申報。相同類別貨物得以數分號貨物併成一袋通關，惟每一袋貨物限以一報單號碼申報。

4. 委任報關業者辦理報關手續者，得經報關業者具結，於貨物放行後取得納稅義務人之委任文件，或經納稅義務人以實名認證行動通訊門號裝置回復確認或以自然人憑證登入確認方式，辦理線上報關委任（為提供民眾更加便捷與安全之通關服務，海關於 2020 年放寬進口快遞簡易申報之紙本報關委任得以實名認證 APP 方式線上辦理。民眾可透過 APP「EZ WAY 易利委」完成以手機門號綁定個人身分資料之實名認證程序。完成 App 實名認證後，可簡化取得紙本委任書的程序，亦無需再提供身分證號碼與基本資料給物流業者，可保障個人資料不被不肖業者盜用）。

6-3-1-4　海關之查核

一、業者應配合辦理事項

「空運快遞貨物通關辦法」第 10 條規定：

㈠ 快遞業者應將發票及可資辨識之條碼或標籤黏貼於進出口快遞貨物之上，供海關查核。但非商業交易確無發票者，應黏貼經發貨人簽署之價值聲明文件。快遞業者於貨物通關現場備有發票儲存系統設備，於海關查核時，快遞業者可自該電腦系統查詢或列印資料者，得免黏貼發票於快遞貨物上。快遞業者依規定應行黏貼之條碼或標籤，有漏貼、脫落或毀損等情事，應向海關申請補貼，經海關核准後派員監視辦理。

㈡ 以一般進出口報單申報貨物，經核定為按文件審核或貨物查驗之通關方式處理者，於補送書面報單時，應檢附發票及其他有關文件，以供查核。

㈢ 海關於必要時得要求快遞業者提供國外承攬及國內遞送之原始真實明細文件或電腦檔案，快遞業者不得拒絕。

二、海關應辦理事項

依「空運快遞貨物簡易申報通關作業規定」，驗估關員於驗貨時應先掃描貨物條碼，並依電腦螢幕顯示之申報內容及黏貼貨上之發票據以查驗，經查驗貨物結果，視情形依下列方式處理：

㈠ 查驗相符經海關分估放行者：註記後即予放行。

(二) 查驗不相符或經海關改估者：

1. 可確定未涉及違章、漏稅，或雖涉及但在免議處範圍，則予線上更正後放行。

2. 如涉及違章、漏稅，或有待進一步查證時，則予留置貨物，並從貨上抽取發票一份附於列印之簡易申報單（以空運提單分號或空運託運單分號為單位）上，由驗估關員於完成查驗紀錄後，依通關相關規定處理。如屬併袋 貨物，除經查驗結果部分分號須予留置處理者外，其餘併袋貨物得改以分 號分別放行。

3. 每一分號之進出口快遞貨物，經海關改估後，其進口完稅價格或出口離價格超過新臺幣 5 萬元者，如未涉及緝案，改依一般進出口報單處理。

6-3-2　海運快遞貨物

「海運快遞貨物通關辦法」所稱海運快遞貨物，指在海運快遞貨物專區辦理通關之貨物。所稱海運快遞業者，指檢具規定文件向海關申請登記經營承攬及遞送海運貨物快遞業務之營利事業。

海運快遞業者應以電腦連線方式或電子資料傳輸向海關申報。

海運快遞業者應於運輸業傳輸進口艙單後始得傳輸進口報單，至遲應於拆櫃完畢之翌日起算 1 日內完成報單申報。

6-3-2-1　不得在海運快遞貨物專區辦理通關之貨物

一、屬關稅法規定不得進口之物品、管制品、侵害智慧財產權物品、進口生鮮農漁畜產品、活動植物、保育類野生動植物及其產製品。

二、每件（袋）毛重逾 70 公斤之貨物。

三、以非密閉式貨櫃裝運進口之貨物。進出口海運快遞貨物均應通過 X 光儀器檢查。但貨物性質不適合照射 X 光，並經海關核准者不在此限。

6-3-2-2 貨物之分類

一、進口快遞貨物

(一)進口快遞文件。

(二)進口低價免稅快遞貨物：完稅價格新臺幣 2,000 元以下。

(三)進口低價應稅快遞貨物：完稅價格新臺幣 2,001 元至 5 萬元。

(四)進口高價快遞貨物：完稅價格超過新臺幣 5 萬元。

二、出口快遞貨物

　　㈠出口快遞文件。

　　㈡出口低價快遞貨物：離岸價格新臺幣 5 萬元以下。

　　㈢出口高價快遞貨物：離岸價格超過新臺幣 5 萬元。

6-3-2-3 貨物通關

一、申報人

　　㈠快遞業者受託運人委託作戶對戶運送海運進口快遞貨物時，得以貨物持有人名義辦理報關，並依規定繳納稅費。

　　㈡快遞業者以進口貨物持有人名義辦理報關者，除文件類外應申報收貨人名稱及其地址，進口低價應稅及高價快遞貨物並應申報收貨人統一編號，收貨人為個人者，應申報身分證統一編號、外僑居留證統一證號或護照號碼。以進口簡易申報單申報收貨人實名認證行動通訊門號號碼者，得免依本款規定申報收貨人身分證統一編號、外僑居留證統一證號或護照號碼。

　　㈢快遞業者受託運人之委託運送出口快遞文件或出口低價海運快遞貨物，得憑貨物持有人身分以自己為貨物輸出人名義辦理報關。

二、報單之申報

　　海運快遞業者應於運輸業傳輸進口艙單後始得傳輸進口報單，至遲應於拆櫃完畢之翌日起算 1 日內完成報單申報。

　　㈠進出口海運快遞貨物，有下列情形之一者，應以一般進出口報單辦理通關：

　　　1. 屬進口高價海運快遞貨物或出口高價海運快遞貨物。

　　　2. 涉及輸出入規定。但有特殊情形經海關公告，得以簡易申報單辦理通關。

　　　3. 需申請沖退稅或保稅用報單副本。

　　　4. 復運進出口案件需調閱原出、進口報單。

　　　5. 依關稅法、相關法規及稅則增註規定減免稅貨物。但以非個人名義進口屬關稅法第 49 條第一項第九款免稅貨樣，整份報單完稅價格在新臺幣 2,000 元以下者，得以簡易申報單辦理通關。

　　　6. 適用進口報單類別「G1」（外貨進口報單）、出口報單類別「G5」（國貨出口報單）或「F5」（自由港區貨物出口報單）以外之貨物。

7. 依貨物稅條例或特種貨物及勞務稅條例規定應課稅貨物。

8. 屬財政部公告實施特別防衛措施貨物。

9. 屬關稅配額貨物。

上列以外之快遞貨物，得以簡易申報單辦理通關。

(二)以簡易申報單申報案件，應依下列規定辦理：

1. 以電腦連線或電子資料傳輸方式向海關申報。

2. 報關業者應於船舶抵達卸貨港口前完成報單申報。

3. 每份分提單應申報一份簡易申報單。

4. 同一主提單項下數分提單之同類別簡易申報單，得以同一報單號碼合併申報。

5. X1 貨物依前款合併申報者，得併成一袋通關，惟每一袋貨物限以一報單號碼申報。

6. 簡易申報單編號適用一般海運進口報單編碼原則。

7. 海運快遞業者辦理進出口文件類或低價貨物之簡易申報時，得將不同納稅義務人或貨物輸出人之同一主號且同類別貨物，以同一簡易申報單號碼合併申報。合併申報者，應申報進口快遞貨物收貨人名稱，除文件類外，並應申報收貨人地址及其統一編號，收貨人為個人者，應申報身分證統一編號、外僑居留證統一證號或護照號碼（但申報收貨人實名認證行動通訊門號號碼者，得免申報收貨人身分證統一編號、外僑居留證統一證號或護照號碼），由海關將其所申報之收貨人列為簡易申報單及稅款繳納證之納稅義務人，核發稅單。依合併申報之貨物，除文件 類外不得併袋通關。

6-3-2-4 海關之查核

一、業者應配合辦理事項

「海運快遞貨物通關辦法」第 10 條規定

(一) 海運快遞業者應將發票及可資辨識之條碼標籤黏貼於海運快遞貨物上，供海關查核。但非商業交易確無發票者，應黏貼經發貨人簽署之價值聲明文件。發票或條碼標籤有未貼、脫落或毀損情事者，應先行補貼始得辦理通關；補貼發票或條碼標籤，應由運輸業者及海運快遞業者聯名敘明理由，申經海關同意後，於海關派員監視下辦理。

㈡ 以一般進出口報單申報之海運快遞貨物，經核定為按文件審核或貨物查驗之通關方式處理者，於補送書面報單時，應檢附發票及其他有關文件，以供查核。

二、海關應辦理事項

依「海運快遞貨物簡易申報通關作業規定」：

㈠以簡易申報方式辦理通關之貨物，經核定為 C3 者，由關員於掃描貨物條碼後，依電腦螢幕顯示之申報內容及黏貼貨物上之發票進行查驗。

㈡海關依前項查驗結果，依下列方式處理：

1. 查驗相符，並經分類估價無誤後放行。

2. 查驗不相符或經海關改估者：

   (1) 未涉及違章、漏稅者，於海關電腦系統更正後放行。

   (2) 涉及違章、漏稅，或須查證留置貨物時，應從貨上抽取發票一份附於列印之簡易申報單上，由驗估關員於完成查驗紀錄後，依通關相關規定處理。

   (3) 採簡易申報方式辦理通關之進出口快遞貨物，經海關改估後，進口完稅價格或出口離岸價格超過新臺幣 5 萬元者，改依一般進出口報單處理。

6-4 瀕臨絕種野生動植物之通關

　　國際貿易局為配合「瀕臨絕種野生動植物國際貿易公約」（The Convention on International Trade in Endangered Species of Wild Fauna and Flora；CITES 或「華盛頓公約」Washington Convention）保護保育類野生動物及珍貴稀有植物，有效管理其進出口作業，以維護自然生態之平衡，特訂定「瀕臨絕種動植物及其產製品輸出入管理辦法」作為此類動植物通關之規範，俾利主管機關執行及進出口人遵循。

　　公約之會員國除應遵守公約規定外，對該公約附錄一、二、三所列物種標本，不得進行貿易。所稱「標本」，係指附錄中之任何動物或植物，含其活體、屠體、易於辨識之部位或其衍生物。所稱「貿易」，係指輸出、輸入或自海洋引入。

6-4-1　進口通關

進口時應向基隆、臺北、臺中或高雄海關辦理通關手續，並在正常上班時間內查驗及通關，以便海關集中專業人才，相互支援並加強辦理鑑識與通關業務。通關前進口人應負責動物之存活。其通關程序如下：

一、一般進口案件

申請人應檢附農業委員會、國際貿易局、檢驗局、檢疫單位或出口國主管機關核發之同意文件，並填送進口報單向海關申報進口，海關經查驗與申報者無訛後，始准完稅通關放行。

進口人輸入野生動物活體或保育類野生動物產製品及華盛頓公約附錄一、二所列物種時，應於進口報單貨品名稱欄內先填列動、植物學名，再填列俗名（英文貨品名稱）及報明屬華盛頓公約附錄之物種、出口國核發之華盛頓公約許可證或其他證明書及相關內容，並於「申請審驗方式」欄填報代碼「8」，由電腦據以核列為 C2 或 C3。申請機邊驗放者，其填報代碼為「2」，一律以 C3 方式通關。

二、旅客攜帶進口案件

旅客攜帶野生動物或產製品入境，應依上述一般進口案件之規定辦理通關，未檢附有關文件，但無私運行為者，得准其辦理退運。

6-4-2　出口通關

正式出口保育類野生動物、珍貴稀有植物或產製品者，比照進口辦理通關作業。通關程序：

一、一般出口案件

申請人持農業委員會、國際貿易局核發之同意文件，並填送出口報單向海關申報出口，海關經查驗與申報相符後放行，並於 CITES 出口許可證上簽署，發還出口人。

出口人輸出瀕臨絕種動植物及其產製品，應將出口貨品之學名、俗名及國際貿易局核發之許可證或其他證明書證號、項次及有關內容，於出口報單或其他相關文件逐項申報，並於「申請審驗方式」欄填報代碼「8」，由電腦據以核列為 C2 或 C3。

二、旅客攜帶出口案件

旅客攜帶或郵寄出口野生動物、珍貴稀有植物或產製品，應依上述一般出口案件之規定辦理。有關活體之出口，在準備與裝運過程中，傷害應減至最低，並且不傷及其健康或有虐待行為。

6-5 戰略性高科技貨品之通關

　　為維護國家安全及履行多邊、雙邊協定之規範，經濟部訂定輸出管制區域，成立專責小組，鑑定存疑之輸出入高科技貨品，稽查輸出入高科技貨品之流向及用途，於 1994 年 3 月 31 日頒布「高科技貨品輸出入管理辦法」全面實施（該辦法於 2000 年 6 月修改為「戰略性高科技貨品輸出入管理辦法」以規定輸出之戰略性高科技貨品不得供作生產、發展核子、生化、飛彈等軍事武器之用）。由貿易局或經濟部委託之機關核發「國際進口證明書」，經濟部或其委託之機關核發其他相關「保證文件」（進口人如為政府機關，由各該主管機關簽署核發）。

　　「戰略性高科技貨品輸出入管理辦法」、「戰略性高科技貨品種類、特定戰略性高科技貨品種類及輸出管制地區」、「戰略性高科技貨品種類、特定戰略性高科技貨品種類及輸出管制地區」之「軍商兩用貨品及技術出口管制清單」及「一般軍用貨品清單」等為戰略性高科技貨品通關之規範，其重點如下：

6-5-1　貨品種類

一、戰略性高科技貨品種類

　　㈠戰略性高科技貨品輸出管制清單：

　　　1. 軍商兩用貨品及技術出口管制清單。

　　　2. 一般軍用貨品清單。

　　　3. 輸往北韓敏感貨品清單。

　　　4. 輸往伊朗敏感貨品清單。

　　㈡輸出貨品非屬前述清單內項目，惟其最終用途或最終使用者有可能用於生產、發展核子、生化、飛彈等軍事武器用途，係指交易有下列情形之一者：

　　　1. 國外交易對象為國際出口管制實體名單之對象或主管機關告知之特定對象。

　　　2. 國外交易對象或採購代理商不願說明產品最終用途或最終使用人，或交易對象幾乎沒有經商背景。

　　　3. 產品功能與國外交易對象業務需求不符或產品規格與進口國的技術水準不符。

4. 產品出售之價格、貿易條件或付款方式，不符合一般國際貿易方式。

5. 國外交易對象不熟悉產品功能特性，但仍堅持購買該產品或國外交易對象拒絕例行性安裝、訓練或後續維修服務。

6. 無特別理由，國外交易對象對運送日期不確定、運送地點是目的地以外的地方、貨物的最終收貨人為貨運承攬業者或臨時變更收貨人或地點。

7. 無特別理由，貨物之包裝方式、運送路線或標記異常。

8. 交易情形有其他異常情況者。

㈢依出口國政府規定須取得我國核發國際進口證明書或其他相關保證文件之輸入貨品。

㈣ 產品類別

　　戰略性高科技貨品大致分為 10 大類別，包含：核能物質與設施、特殊材料與相關設備、材料加工程序、電子、電腦、電信及資訊安全、感應器與雷射、導航與航空電子、海事、航太與推進系統。

　　如未經許可出口上述規範之貨品，將因違反貿易法而面臨有期徒刑、拘役、科或併科罰金或罰鍰、停止輸出、輸入或輸出入貨品或撤銷進出口廠商登記等裁罰。

二、特定戰略性高科技貨品輸出管制地區

　　包括伊朗、伊拉克、北韓、大陸地區、蘇丹、敘利亞。（大陸地區之輸出管制，限化學機械研磨機、光阻剝除機、光阻顯影機、快速高溫熱處理機、沉積設備、洗淨設備、乾燥機、電子顯微鏡、蝕刻機、離子植入機、光阻塗佈機、微影設備等 12 類半導體晶圓製造設備；其他戰略性高科技貨品輸往大陸地區適用非管制地區之規定）。

6-5-2　控管文件

　　戰略性高科技貨品進口，除依一般通關作業規定外，另透過 IC、DV 對產品輸出進行管制。

　　「IC」（International Import Certificate；國際進口證明書）係由進口國政府簽發之書面證明文件，保證 IC 所載之產品進口後，一定遵守出口國政府之要求，不再轉運出口移作他用或其它類似之有關規定。

　　「DV」（Delivery Verification Certificate；抵達證明書）係指進口國政府核發之證明書，證明該項產品已送達該國政府之有效管轄範圍內交貨。

6-5-3　貨品通關

一、進口

　　㈠應依規定文件辦理輸入

　　　　進口人應依「IC」或保證文件所載內容辦理輸入。未經原發證機關核准，於通關進口前不得變更進口人或轉運至第三國家或地區。

　　㈡審驗方式之填報

　　　　此類貨品之進口報單，報關人應主動在「申請審驗方式」欄填報代碼「8」，由電腦據以核列為 C2 或 C3。

　　㈢進口轉讓或出售

　　　　應確實履行採購該貨品交易行為之約定；進口人或轉售人應將原進口交易行為之契約及文件保存年限以書面告知買受人或受讓人。

二、輸出

　　㈠輸出許可

　　　　出口人輸出戰略性高科技貨品，應檢附有關文件，先向貿易局或受委任或受委託之機關（構）申請輸出許可證。

　　㈡審驗方式之填報

　　　　此類貨品之進口報單，應由報關人在「申請審驗方式」欄填報代碼「8」，由電腦據以核列為 C2 或 C3。

　　㈢再出口

　　1. 自國外進口之戰略性高科技貨品再出口時，如原出口國政府規定須先經其同意者，除應申請輸出許可證外，應再檢附原出口國政府核准再出口證明文件辦理出口手續。

　　2. 如屬原貨復運出口者，應另提供進口時我國核發「IC」之號碼或其他足資證明進口之文件。

　　3. 部管控出口人向貿易局申請有效期限 3 年之輸出許可證時，得免附原出口國政府同意再出口文件及原進口證明文件，但出口人應逐筆保存該文件，供貿易局事後稽查。

　　㈣銷案

　　　　戰略性高科技貨品，經核准輸往管制區域者，出口人應於貨品運抵目的地一個

月內，檢附運抵文件向原發證機關（構）辦理銷案。

㈤戰略性高科技貨品出口，除依一般通關作業規定外，應注意下列兩點：

1. 輸出許可證可不分批或分批辦理出口通關作業。

2. 此類貨品之出口報單，應由報關人在「申請審驗方式」欄填報代碼「8」，由
   電腦據以核列爲 C2 或 C3。

6-6 展覽物品之通關

　　展覽物品之進口除另有規定外，應依「進口展覽物品通關作業要點」及相關輸入規
定辦理。該作業要點所稱「展覽物品」，係指爲舉辦展覽會供公開展示用且經提供有關
證明文件由進口地海關審核相符之物品。

　　進口之展覽物品申請免稅者應檢具下列文件，於進口前或進口時向進口地海關申請：

㈠展覽物品進口申請書。

㈡進口人參加非自辦之公開展覽會、展示會或發表會、研討會、觀摩會或其他類似
　活動，應提供經該展覽會主辦單位准予參加之證明文件，其內容應載明：展覽會
　名稱、日期、地點、受邀廠商名稱及攤位等。

㈢進口人自辦公開展覽會、展示會或發表會、研討會、觀摩會或其他類似活動，應
　提供載明進口人名稱、展覽會名稱及日期等之使用場地證明及展品照片登錄簿等
　證明文件。

　　進口地海關應於收到展覽物品進口申請書及進口展覽物品通關作業要點所規定審核
文件之翌日起 1 週內，將審核結果以書面通知進口人。

　　各類覽場物品之通關作業規定如下：

6-6-1　保稅展覽場物品

利用保稅展覽場主辦之國際商展，其展覽物品之進出口通關手續，依保稅倉庫設立及管理辦法有關規定辦理。

6-6-2　非保稅展覽場物品

進口之展覽物品利用非保稅展覽場辦理之展覽會、展示會、發表會、研討會、觀摩會或其他類似活動，其展覽物品進口時暫按申報之稅則號別及完稅價格繳納相當應徵進口稅費保證金或由授信機構擔保驗放，有關進、出口通關手續及稅費之擔保依關稅法及有關規定辦理。

由政府機關或財政部核定之單位邀請來臺之人員所攜帶，或由政府機關主辦或協辦進口或經財政部專案核准進口者，得由政府有關機關或公營事業單位提供書面保證代替應繳稅費保證金。

6-6-3　應免稅之規定

一、進口之展覽物品除另有規定外，應依相關輸入規定辦理，如逾關稅法規定期限未復運出口、就地出售、贈送或監視銷燬者，應補徵進口稅費。本項應補徵之稅費，應按海關核定之稅則號別及完稅價格計徵進口稅費，以原進口人為納稅義務人，由保證金抵繳，或由授信機構或提供書面保證單位代為繳納。

二、進口之展覽物品售與或贈與符合關稅法或海關進口稅則增註免稅規定並持有免稅證明文件者，免徵關稅。

三、展覽期間，海關必要時得派員前往展覽會場實地查核該進口物品是否確供展覽使用。

四、配合展示所須使用之供擺置或為襯托展覽品特色需要進口展示座（架）及照明器具等配件，如隨同展覽物品且原貨復運出口者，得依關稅法第 52 條規定申請免稅。

6-7 復運進出口貨物之通關

　　復運進口及復運出口之貨品於通關時，均應依相關輸出、入之規定，並憑原出口、進口報單資料辦理通關手續。依「復運進出口案件之報單核銷作業規定」辦理相關作業：

一、復運進口案件

　　㈠復運進口案件原則上先核銷原出口報單再放行復運進口報單，並依下列方式辦理：

　　　1. 在同一通關單位者：

　　　　由復運進口分估單位向原出口單位調原出口報單核銷，並於辦理放行後將出口報單送回原出口單位。

　　　2. 在不同通關單位者：

　　　　⑴ 復運進口分估單位傳眞復運進口報單（上面已註明原出口報單號碼）予原出口單位。

　　　　⑵ 原出口單位調出原出口報單依職權審核復運進口報單所載貨品與原出口報單相符後，於原出口報單核銷註記後將原出口報單傳眞復運進口分估單位。

　　　　⑶ 復運進口分估單位辦理放行後將原出口報單核銷傳眞本釘附於進口報單上。

　　㈡下列案件免核銷原出口報單：

　　　1. 保稅工廠、科技產業園區、科學園區及農業科技園區事業輸往國外之保稅貨物復運進口者，納稅義務人應申報原出口報單號碼、項次，並提供原出口報單副本或影本。

　　　2. 關稅法第 53 條、第 57 條規定之復運進口貨物，其完稅價格在新臺幣 2,000 元以下者。

　　㈢復運進口核銷原出口報單作業，得採行電腦核銷。

二、復運出口案件

　　㈠復運出口案件，得依貨物輸出人出口申報事項，先予放行；如認有查核原進口報單申報事項必要者，得以電腦調出原進口報單資料比對，再予放行；惟貨物輸出人應申報原進口報單號碼供核銷之用。案件放行後，並依下列方式辦理：

　　　1. 在同一通關單位者：

復運出口單位於放行後向原進口單位調原進口報單核銷，並於辦理核銷後將進口報單送回原進口單位辦理後續有關事項（如退稅、退押或解除授信機構保證等）。

2. 在不同通關單位者：

⑴ 復運出口單位傳真復運出口報單（上面已註明原進口報單號碼）予原進口單位。

⑵ 原進口單位調出原進口報單，依職權審核復運出口報單所載貨品與原進口報單相符後，於原進口報單核銷註記，並辦理後續有關事項（如退稅、退押或解除授信機構保證等）。

㈡下列復運出口案件原則上免核銷原進口報單，惟應申報原進口報單號碼，供必要時查核之用；如涉及配額或高科技產品核發證明書等，應由出口單位於放行後通知原進口單位於原進口報單辦理核銷作業。

1. 復運出口案件（含國貨、外貨），不涉及申辦沖、退稅、退押或解除授信機構、政府有關機關及公營事業單位擔保等事項或非進口機器設備分期繳稅及免稅，經貨物輸出人具結者。

2. 科技產業園區外銷事業及科學園區園區事業自國外輸入之進口貨物復運出口者。

3. 依關稅法第 52 條規定進口之貨物復運出口，其完稅價格在新臺幣 2,000 元以下者。

㈢復運出口核銷原進口報單作業，得採行電腦核銷。

6-8 使用暫准通關證貨物之通關

依關稅法第 54 條規定，納稅義務人得以暫准通關證（下稱通關證）替代進口或出口報單辦理貨物通關，該貨物於暫准通關證有效期限內（自發證機構簽發之日起，不得超過一年）原貨復運出口或復運進口者，免徵關稅，逾期未復運出口者，其應納稅款由該證載明之保證機構代為繳納；逾期復運進口者，依法課徵關稅。其有違反輸入規定者，並應通知各有關主管機關處理。

6-8-1　適用對象

適用於我國與外國簽訂之條約或協定所規定，得使用暫准通關證暫准免稅通關之貨物。得使用暫准通關證之貨物，以下列項目為限：

一、專業器材、設備。

二、供展覽會、國際商展、會議或類似活動陳列或使用之貨物。

三、為招攬交易而供展示或示範之進口商業樣品。

四、其他依前項條約或協定所規定之貨物。

不包括菸酒、易腐壞物及因使用而消耗之貨物、不擬復運出口之貨物、在我國列入管制進口或出口及進口為加工或修理之貨物。

6-8-2　申報

使用通關證進出口貨物之報關手續，應由該證所載之持用人或其代理人辦理。

使用通關證辦理通關之貨物，除由入出境旅客攜帶者，應填寫「中華民國海關申報單」向海關申報外，均免填報進、出口報單。海關應憑通關證查核、驗貨，並在相關聯上簽證及作必要之處理。

6-8-3　復運出口

使用通關證進口之貨物，應於通關證有效期限內原貨復運出口，但非因私人訴訟而貨物遭扣押時，其扣押期間得扣除之。其於通關證有效期限內復運出口者，海關應於該證上註記後銷案。但基於特殊原因未予註記，得依保證機構提供之證明文件認定後銷案。

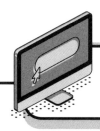

本章習題

一、選擇題

( ) 1. 使用暫准通關證進、出口貨物，應憑原　(A) 進口報單　(B) 出口報單　(C) 暫准通關證　辦理貨物之通關。

( ) 2. 一般進口貨樣之完稅價格在　(A) 美金 10,000 元以下　(B) 新臺幣 10,000 元以下　(C) 新臺幣 12,000 元以下　免稅。

( ) 3. 戰略性高科技貨品應憑　(A) CITES　(B) IC 及 DV　(C) 進口及出口報單　辦理通關手續。

( ) 4. 復運進口貨品於通關時，未採行電腦核銷者，應憑原　(A) 進口報單　(B) 出口報單　(C) 以上二者　資料辦理通關手續。

( ) 5. 復運出口貨品於通關時，未採行電腦核銷者，應憑原　(A) 進口報單　(B) 出口報單　(C) 以上二者　資料辦理通關手續。

二、問答題

1. 請敘述進口郵包應報關與免報關之金額規定。
2. 瀕臨絕種野生動植物應憑何種文件通關？
3. 暫准通關證之意義及適用對象？

三、簡答題

1. 如何定義貨物樣品？
2. 空運快遞貨物如何通關？

NOTE

7

> 運輸工具之通關

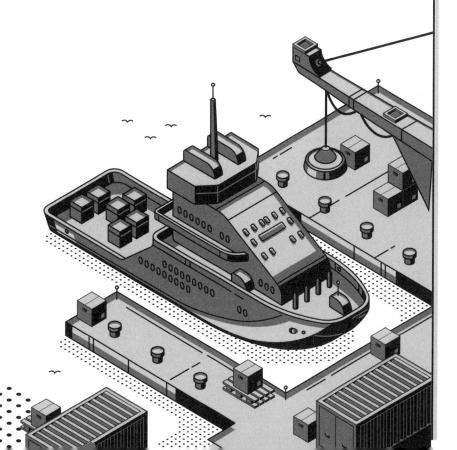

運輸工具，係指船舶、車輛、飛機等海陸空所用之運輸工具。

運輸工具出入國境，其載運之貨物、行李、物品及旅客與服務人員名單，應依「運輸工具進出口通關管理辦法」之規定，向海關申報。船舶進港後不上下客貨（船用補給品除外），並在 24 小時內開航出口者，免辦進口及出口結關申報手續。

運輸工具之通關流程，一般定義為運輸工具抵達我國通商口岸，至結關出口。

本章依運輸工具進口、出口之通關作業流程分別加以說明。

7-1 進口運輸工具之通關

載運貨物進口之海運及空運運輸工具應辦理之通關手續，包括進口申報、卸貨等作業，海關則選擇性辦理理船（機）、船（機）檢查作業。茲分述如后。

進口運輸工具通關流程圖如下：

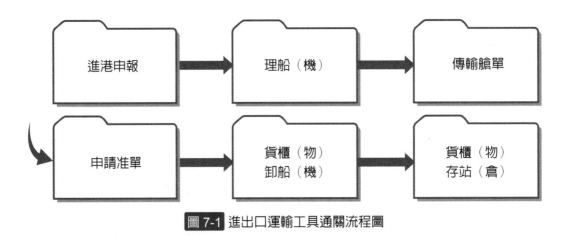

圖 7-1 進出口運輸工具通關流程圖

7-1-1　海運進口運輸工具之通關

7-1-1-1　進口船舶應辦理作業

海運運輸工具進口時，進口船舶應辦理船隻進港之申報：

一、船舶進口之預報

　　㈠預報船舶資料

　　　　1. 連線運輸業者

　　　　　　進口船舶之船長或由其委託之船舶所屬業者，應於船舶進港前 15 日內 XML
　　　　　　訊息透過通關網路將預報船舶資料（N5151）傳送至關港貿單一窗口，再經
　　　　　　由關港貿單一窗口轉送至海關；或經由交通部航港局航港單一窗口服務平臺
　　　　　　（MTNet）申辦。

　　　　2. 未連線運輸業者

　　　　　　進口船舶之船長或由其委託之船舶所屬業者，得於船舶進港前 15 日內檢具預
　　　　　　報船舶資料（N5151）書面文件遞送之海關，由海關進行鍵檔。

　　㈡預報進（轉）口貨物艙單

　　　1. 海運主號艙單與分號艙單由船長或船舶所屬運輸業者以連線或書面方式向海關
　　　　　申報，惟經運輸業者於主號艙單後註記分號艙單由承攬業申報者，海關亦受理
　　　　　該承攬業者申報分艙單。連線方式申報係採 XML 訊息透過通關網路將進口貨
　　　　　物艙單（N5101）傳送至關港貿單一窗口，再經由關港貿單一窗口轉送至海關，
　　　　　並得以檢送書面艙單向海關申報。

　　　2. 申報時間：

　　　　　⑴臺灣本島卸貨之進口船舶，應於船舶抵達卸貨港口前 5 小時申報。
　　　　　⑵非臺灣本島卸貨之進口船舶，應於船舶抵達卸貨港口前申報。
　　　　　⑶船舶抵達，係以船舶繫泊港口時為準。

　　㈢預報貨櫃艙位配置圖

　　　　進口船舶於臺灣本島港口卸貨者，船長或船舶所屬運輸業者應於船舶抵達卸貨港
　　　　口前 5 小時完成貨櫃艙位配置圖（N5103）之申報。但已向交通部航港局傳輸者，
　　　　免再申報。

二、舶抵達後之申報

進口船舶抵達後，船長或船舶所屬運輸業者應於 24 小時內檢具下列文件向海關申報：

㈠隨船進口及過境包件清單。但海關登船查驗並收取者，免附。

㈡貨物艙位配置圖。如屬非於臺灣本島港口卸貨之貨櫃船者，得以貨櫃艙位配置圖替代。但海關登船查驗並收取者，免附。

㈢輪船應用食物及什物清單，如有麻醉藥品、武器彈藥及外幣者並各附其清單。但海關登船查驗並收取者，免附。

㈣郵件清單。但海關登船查驗並收取者，免附。

㈤船舶入港報告單。但已向交通部航港局以電腦連線方式傳輸者，得免檢附。

㈥國籍證書。船舶自第二次進口之日起，得以經海關核對與正本相符之國籍證書影本替代。但該證書登載事項有變動者，仍應檢附正本。

㈦噸位證書。但國籍證書已載明船舶淨噸位者，得免檢附。

三、貨櫃（物）卸船、進儲及提領

進口船舶之船長或船舶所屬運輸業者以電腦連線方式傳輸進口貨物艙單訊息至海關後，即可向海關申請卸貨准單、特別准單，以憑卸櫃（物）及辦理進倉（站）作業，進口報單經海關放行後由報關人提領貨物出倉（站）。

表7-1 進（轉）口貨物主艙單（N5101）各欄位填報說明

項次	欄位名稱	填報說明
1	船舶名稱 (1)	海運專用請填報船舶全名。
2	船舶航次 / 航機班次 (2)	1. 海運填報船舶航次編號。 2. 空運填報航機班次。 3. 如無航次應填 NIL。
3	船（機）代碼 (3)	1. 海運填報船舶 IMO 代碼。（小三通請申報船舶呼號） 2. 空運填報航機註冊號碼。（外籍航機亦同）
4	船（機）國籍代碼 (4)	填報該船（機）國籍（應與國籍證書相符）之代碼，代碼請參照「關港貿作業代碼」二十六、國家或實體代碼。
5	船 / 機長姓名 (5)	填報船 / 機長姓名全名。
6	停泊港口 (6)	填報停泊港口，代碼請參照「關港貿作業代碼」五十一、聯合國地方代碼。
7	停泊碼頭（含浮筒）(7)	海運專用，填報該船於本港口所停泊之碼頭（含浮筒）代碼，代碼請參照「關港貿作業代碼」四十三、貨物卸存地點代碼。
8	運輸業 / 代理行名稱、代碼及類別代碼 (8)	1. 海運填報船舶運送業或船務代理業之名稱及代碼（7 碼）。代碼請參照「關港貿作業代碼」二十九、船舶運送業及三十、船務代理業。 2. 空運填報航空公司之名稱及代碼（3 碼）。代碼請參照「關港貿作業代碼」二十八、航空公司。 3. 如「船舶運送業」兼具「船務代理業」身分而有兩個代碼時，一律使用「船舶運送業」之代碼。 4. 海運三段式申報時，本欄位另須填報運輸業之類別代碼。代碼為「CA」（表主體運輸業者）及「CG」（表聯營運輸業者）。
9	海關通關號碼 (9)	海運專用，填報海關核給該船舶之海關通關號碼，舊格式為海關船隻掛號。
10	受理艙單關別代碼 (10)	填報受理艙單申報之關別代碼。代碼請參照「關港貿作業代碼」一、關別。
11	預定到達日期(11)	年（西元）-4 碼、月 -2 碼、日 -2 碼。
12	第一抵達港口代碼 (12)	填報抵達中華民國第一個港口之代碼，若本港即為第一抵達港口可免填，代碼請參照「關港貿作業代碼」五十一、聯合國地方代碼。
13	（預定）抵達第一港口之日期與時間	年（西元）-4 碼、月 -2 碼、日 -2 碼、時（24 小時制）-2 碼、分 -2 碼、秒 -2 碼。

項次	欄位名稱	填報說明
14	到港前一國外港 (14)	填報「到港前一國外港口」代碼，代碼請參照「關港貿作業代碼」五十一、聯合國地方代碼。
15	前一國外港離港日期與時間	年（西元）-4 碼、月 -2 碼、日 -2 碼、時（24 小時制）-2 碼、分 -2 碼、秒 -2 碼。
16	主提單號碼 / 託運單主號 (16)	1. 進、轉口填報主提單號碼，（必填）。空運如分批載運，應於提單號碼後加印 P 表示。 2. 出口填報託運單主號。 3. 為避免內容混淆，每一主提單號碼 / 託運單主號間應至少空 1 行，已利識別。 4. PARCEL LIST 亦應列入。
17	艙單號碼 (17)	1. 海運專用，必填。 2. 進、轉口填報艙單號碼。 3. 出口始填報 S/O 號碼。 4. 為避免內容混淆，每一艙號間應至少空 1 行，已利識別。 5. PARCEL LIST 亦應列入艙號。
18	艙單類別 (18)	本欄位請填報 1：進口、2：出口、3：轉口。
19	分提單註記 (19)	該主提單號碼 / 託運單主號下有分提單或托運單分號者，請填報 "Y"。
20	承攬運送業者代碼或運輸業 / 代理行代碼 (20)	1. 當分提單註記為 "Y" 時應填報本欄位。海運必填。 2. 分艙單由承攬業者申報時，則填承攬業者代碼；分艙單由運輸業者申報時，則填運輸業或其代理行之代碼。 3. 如「船舶運送業」兼具「船務代理業」身分而有兩個代碼時，一律使用「船舶運送業」之代碼。 4. 代碼參照「關港貿作業代碼」二十九、船舶運送業，三十、船務代理業。
21	貨物件數及單位（包裝說明）、合成註記 (21)	1. 應依提貨單所載填報總件數，單位代碼參照「關港貿作業代碼」六、計量單位列。如 500 CAN（CAN），1,234CTN（CARTON）；如係不同包裝單位構成如 500 CTN 與 35BAG，件數應使用 PKG，如 535PKG（PACKAGE）並應於下方（包裝說明）用括弧加註清楚。 2. 有合成註記者應於貨物件數及單位後填報 Y。如 535PKG（PACKAGE）/Y。 3. 貨物由 2 包以上合成 1 件者，海運應於（包裝說明）括弧加註，訊息傳輸亦同；空運得免填報。 4. 空貨櫃應填報櫃數。

項次	欄位名稱	填報說明
22	本批件數、分批註記 (22)	1. 空運專用。 2. 本批件數爲依本班機所載運之實到件數填報，若提貨單所列之總件數分不同班機抵達時本批件數必填，單位應與總件數之單位相同。 3. 提貨單所列之總件數分不同班機抵達時，則分批註記填報 P，無則填報 NIL。 4. 填報方式依序爲本批件數 / 分批註記 / 合成註記。如本批係分批抵達 20CAN 無合成註記則申報爲 20CAN/P/NIL。
23	標記及貨物唯一追蹤號碼 (23)	1. 標記指貨上之標誌（嘜頭 MARKS）及箱號（CASE NO.），應依提單所載填列。 2. 不論連線與否，艙單申報時，其有標記圖形者，均改以文字敘述，敘述之順序及方式爲： (1) 先填報（或傳輸）圖形內文字或與圖形標誌結合之文字。 (2) 次行填報（或傳輸）圖形標誌並以 " " 框之或以「IN（圖形）」表示。如 "TRIANGLE" 或「IN TRIANGLE」。 (3) 圖形外之文字接於圖形標誌下行填報或傳輸。 3. 常見之圖形標誌有： (1) 圓形（CIRCLE）：傳輸或填報 CIRCLE 或 CIR.。 (2) 正方形（SQUARE）：傳輸或填報 SQUARE 或 SQ.。 (3) 矩形（RECTANGULAR）：傳輸或填報 RECTANGULAR 或 REC.。 (4) 三角形（TRIANGLE）：傳輸或填報 TRIANGLE 或 TRI.。 (5) 菱形（DIAMOND）：傳輸或填報 DIAMOND 或 DIA.。 (6) 橢圓形（OVAL）：傳輸或填報 OVAL。 (7) 星形（STAR）：傳輸或填報 STAR。 (8) 如屬其他圖形（OTHER）則傳輸或填報 OTHER。 4. 標記種類繁多者，得僅列主標記（無紙化亦如此）。 5. 如無嘜頭須填列 N/M。 6. 標記填完後，次 1 行先冠以字母代碼「U」-- 係指貨物唯一追蹤號碼，再將號碼填入。
24	貨名、稅則前六碼、危險貨物代碼、押運註記 (24)	1. 貨物名稱請填報提單之貨物名稱，另有規定應填報詳細貨物名稱者，從其規定。超過 1 行時填列於次 1 行、2 行……至打完全部貨物名稱爲止。 2. 快遞及主艙單明細另由分艙單申報者，貨名可申報 GENERAL CARGO 或 CONSOL。 3. 填報稅則前六碼時，則於貨名申報完成後，次 1 行先冠以代碼「H.S.」再填報稅則前六碼。

項次	欄位名稱	填報說明
24	貨名、稅則前六碼、危險貨物代碼、押運註記(24)	4. 填報危險貨物代碼時，則於貨名、稅則前六碼申報完成後，次1行先冠以「DG」，再填報危險貨物代碼，代碼請參照「關港貿作業代碼」十四危險物品。 5. 若本批轉口貨物屬須押運之貨品，且貨名未列入現行「貨名表」內者，則於貨名、稅則前六碼、危險貨物代碼申報完成後，次1行先冠以「ES」（係指押運註記），再填報"Y"註記。
25	貨櫃號碼、實櫃種類、貨櫃裝運方式、封條號碼(25)	1. 海運專用，如屬海運貨櫃裝運者本欄位必填。 2. 實櫃種類，代碼參照「關港貿作業代碼」三十七、貨櫃種類。 3. 裝運方式，代碼參照「關港貿作業代碼」三十六、貨櫃裝運方式。 4. 填報方式依序為貨櫃號碼／貨櫃種類／裝運方式／封條號碼等。例如：APLU1234567/45G1/1/123456。
26	貨物卸存地點、暫存地點、裝貨港、目的地、停泊碼頭（含浮筒）、過境國家代碼(26)	1. 本欄內容包括6項，填報時應先冠以下列字母，顯示其類別後，再填報其地點或港口之「代碼」： (1)「R」——係指「貨物卸存地點代碼」（Location of goods, coded）（指國內地點），該地點為海運進口貨物之通關地點，如R：001A1031（中國貨櫃五堵貨櫃站）、640B1030（高雄友聯貨櫃站）。代碼參照「關港貿作業代碼」四十三、貨物卸存地點（含保稅倉庫或物流中心監管編號）。 (2)「T」——係指「暫存地點代碼」（Temporarylocation of goods, coded），海運專用，填報進口貨物卸船後暫時進儲之地點，嗣後再移運至卸存地點。如貨物由基隆港卸船，先暫存001A1031（中國貨櫃五堵貨櫃站），再轉儲至640B1030（高雄友聯貨櫃站），此時「暫存地點代碼」填報T:001A1031；「貨物卸存地點代碼」填報R:640B1030。代碼參照「關港貿作業代碼」四十三、貨物卸存地點（含保稅倉庫或物流中心監管編號）。 (3)「L」——係指「裝貨港代碼」（Place of Loading, coded），該地點為本批貨物之國外裝貨港代碼，如JPOSA（日本大阪），代碼參照「關港貿作業代碼」五十一、聯合國地方代碼，各國地方如有未列入地方代碼者，以國家代碼（二位文字）加上Z99三位文字表示之，例如「JPZ99」。 (4)「D」——係指「目的地代碼」（Destination code），該地點填報轉、出口貨物之國外最終目的地代碼，如D：PHMNL（菲律賓馬尼拉）。代碼參照「關港貿作業代碼」五十一、聯合國地方代碼。

項次	欄位名稱	填報說明
26	貨物卸存地點、暫存地點、裝貨港、目的地、停泊碼頭（含浮筒）、過境國家代碼 (26)	(5)「C」——係指「過境國家代碼」（Country of routing），本批貨物運送過程中所經過之國家代碼，如 C：NL、SG、HK（即荷蘭、新加坡、香港再到臺灣）。代碼參照「關港貿作業代碼」二十六、國家或實體。 (6)「B」——係指「停泊碼頭（含浮筒）代碼」（Berth wharf or buoy）當本批貨物卸船碼頭與表頭申報之卸船碼頭不同時申報，初期限高雄港區申報。參照「關港貿作業代碼」四十三、貨物卸存地點（含保稅倉庫或物流中心監管編號）。 2. 轉口貨物艙單應填報「D」項。 3. 上述資料應依「R」、「T」、「L」、「D」、「C」及「B」代碼依序填報，每筆代碼填報完成後，應於次 1 行填報下 1 筆資料。 4. 過境國家代碼，指貨物途經之國家，代碼參照聯合國國家代碼。
27	總毛種、體積、體積單位 (27)	1. 填報本批貨物提單所列之總毛重，以 KGM 為單位（小數點以下取 6 位數）。 2. 次 1 行填報本批貨物提單所列之體積或材積及其單位，非屬整裝櫃（CY）之貨物本項必填報。體積及體積單位請參照「關港貿作業代碼」六、計量單位。
28	發貨人、收貨人及受通知人名稱及地址 (24)	1. 進口艙單填報收貨人之名稱及地址，填報時先冠以代碼「C：」（Consigneeor Consignor）。 2. 次行填報受通知人之名稱及地址，填報時先冠以代碼「N：」（Notify party）。 3. 主艙單下由承攬業申報分艙單者，「收貨人」應填報承攬業者名稱及地址。 4. 如收貨人為銀行或承攬業者，受通知人應申報真正貨主名稱及其地址。 5. 由承攬業者申報 MCC 多國集併貨櫃（物）轉運申請書（N5303）者，得於「收貨人代碼」欄位填報該承攬業者統一編號。
29	離境海關辦公室代碼 (29)	填入離境海關辦公室地方代碼，代碼參照「關港貿作業代碼」五十一、聯合國地方代碼。
30	貨物處理指示說明 (30)	1. 空運轉口貨物須申報 T2 時，應填報 ATA。 2. 空運轉口貨物須申請加貼航標者，應填報 CTR。 3. 若同時申報 2 組以上代碼時，以「，」隔開。
31	袋號 / 袋數 (31)	空運專用。

項次	欄位名稱	填報說明
32	備註 (32)	1. 艙單資料須分送各科技產業園區、科學園區、農業科技園區或其他新增特區貨棧業時，應在本欄位之前 8 碼填列該區貨棧代碼【含縣市別 3 碼，卸存地點 5 碼。貨物卸存地點代碼請參照「關港貿作業代碼」四十三、貨物卸存地點（含保稅倉庫海關監管編號）http://web.customs.gov.tw/public/Attachment/57221641371.doc】，前八碼如非屬上述特定代表號，則依 2. 處理。 2. 其他凡有加註說明，不適宜填列在其他欄位者，在本欄加註。
33	海 / 空運別	海運填報 1；空運填報 4。
34	進口 / 出口	進口艙單填報進口；出口艙單填報出口。
35	船（機）長簽章	關員查驗所取得之書面艙單，應由船（機）長簽章。
36	運輸業或代理行簽章	業者遞送之艙單，應加蓋船公司（或代理行）簽章。
37	空貨櫃卸存地、空貨櫃號碼、種類	1. 空貨櫃號碼於艙單末頁或另頁按卸存地點列印。連線艙單空櫃號碼應傳輸；如因作業上無法傳輸，仍應將空櫃總數報明（並列印於 21 項「貨物件數」欄），櫃號於卸船前書面補齊。 2. 本欄不包括屬於進口貨物之空貨櫃（貨主自有櫃）。
38	總數列印（36）	1. 海運專用，將總件數及總毛重列印於艙單末頁。 2. 連線者應列印 4 項，包括： (1)提貨單主分號總數。 (2)實櫃總數。 (3)空櫃總數。 (4)貨櫃總數。 3. 未連線者除報明上述 4 項外，應另行報明：E. 總重量（毛量）KGM。
39	頁次 (37)	應於各頁填列共　頁第　頁。

表 7-2 進（轉）口貨物分艙單（N5101H）各欄位填報說明

項次	欄位名稱	填報說明
1	運輸業或代理行 / 承攬業者名稱及代碼 (1)	1. 分艙單由承攬業者申報時，則填報承攬業者名稱及統一編號；分艙單由運輸業或代理行申報時，則填報運輸業或代理行之名稱及代碼。 2. 如船舶運送業兼具船務代理業身分而有兩個代碼時，一律使用船舶運送業之代碼。 3. 代碼參照「關港貿作業代碼」二十九、船舶運送業，三十、船務代理業及承攬業。
2	船（機）代碼 (2)	海運專用，與主艙單之比對項目，請填報與主艙單相同之船（機）代碼。
3	船舶航次（海）/ 航機班次（空）(3)	與主艙單之比對項目，填報與主艙單相同之船舶航次 / 航機班次編號，如無航次應填 NIL。
4	海關通關號碼 (6)	海運專用，與主艙單之比對項目，填報與主艙單相同之海關通關號碼。
5	受理艙單關別代碼 (5)	填報受理艙單申報之關別代碼。參照關港貿作業代碼一、關別。
6	主提單號碼 / 託運單主號 (6)	與主艙單之比對項目，填入與主艙單對應之主提單號碼 / 託運單主號。
7	卸存地點代碼 (7)	與主艙單之比對項目，限申報該主提單號碼 / 託運單主號，其主艙單所申報之卸存地點代碼，代碼參照「關港貿作業代碼」四十三、貨物卸存地點（含保稅倉庫或物流中心監管編號）。
8	分艙單傳輸完成註記 (8)	該筆主提單號碼 / 託運單主號之分艙單均已完成申報時，填報代碼 Y。
9	預定到達日期 (9)	年（西元）-4 碼、月 -2 碼、日 -2 碼。
10	分提單號碼 / 託運單分號 (10)	1. 進、轉口填報分提單號碼。 2. 出口填報託運單分號。 3. 為避免內容混淆，每一分提單號碼 / 託運單分號間應至少空 1 行，已利識別。
11	艙單類別 (11)	艙單類別填入 1：進口、2：出口、3：轉口。
12	貨物件數及單位（包裝說明）、合成註記 (12)	1. 應依提貨單所載填報總件數，單位代碼參照「關港貿作業代碼」六、計量單位填列。如 500 CAN（CAN），1,234CTN（CARTON）；如係不同包裝單位構成如 500 CTN 與 35BAG，件數應使用 PKG，如 535PKG（PACKAGE）並應於下方（包裝說明）用括弧加註清楚。 2. 有合成註記者應於貨物件數及單位後填報 Y。如 535PKG（PACKAGE）/Y。 3. 貨物由 2 包以上合成 1 件者，海運應於（包裝說明）括弧加註，訊息傳輸亦同；空運得免填報。

項次	欄位名稱	填報說明
13	本批件數、分批註記 (13)	1. 空運專用。 2. 本批件數為依本班機所載運之實到件數填報，若提貨單所列之總件數分不同班機抵達時本批件數必填，單位應與總件數之單位相同。 3. 提貨單所列之總件數分不同班機抵達時，則分批註記填報 P，無則填報 NIL。 4. 填報方式依序為本批件數 / 分批註記。如本批係分批抵達 20CAN 則申報為 20CAN/P。
14	標記及貨物唯一追蹤號碼 (14)	1. 標記指貨上之標誌（嘜頭 MARKS）及箱號（CASE NO. ），應依提單所載填列。 2. 不論連線與否，艙單申報時，其有標記圖形者，均改以文字敘述，敘述之順序及方式為： 　(1) 先填報（或傳輸）圖形內文字或與圖形標誌結合之文字。 　(2) 次行填報（或傳輸）圖形標誌並以 "" 框之或以「IN（圖形）」表示。如 "TRIANGLE" 或「IN TRIANGLE」。 　(3) 圖形外之文字接於圖形標誌下行填報或傳輸。 3. 常見之圖形標誌有： 　(1) 圓形（CIRCLE）：傳輸或填報 CIRCLE 或 CIR.。 　(2) 正方形（SQUARE）：傳輸或填報 SQUARE 或 SQ.。 　(3) 矩形（RECTANGULAR）：傳輸或填報 RECTANGULAR 或 REC.。 　(4) 三角形（TRIANGLE）：傳輸或填報 TRIANGLE 或 TRI.。 　(5) 菱形（DIAMOND）：傳輸或填報 DIAMOND 或 DIA.。 　(6) 橢圓形（OVAL）：傳輸或填報 OVAL。 　(7) 星形（STAR）：傳輸或填報 STAR。 　(8) 如屬其他圖形（OTHER）則傳輸或填報 OTHER。 4. 標記種類繁多者，得僅列主標記（無紙化亦如此）。 5. 如無嘜頭須填列 N/M。 6. 標記填完後，次 1 行先冠以字母代碼「U」-- 係指貨物唯一追蹤號碼，再將號碼填入。
15	貨名、稅則前六碼、危險貨物代碼、押運註記 (15)	1. 貨物名稱請填報提單之貨物名稱，另有規定應填報詳細貨物名稱者，從其規定。超過 1 行時填列於次 1 行、2 行……至打完全部貨物名稱為止。 2. 填報稅則前六碼時，則於貨名申報完成後，次 1 行先冠以代碼「H.S.」再填報稅則前六碼。 3. 填報危險貨物代碼時，則於貨名、稅則前六碼申報完成後，次 1 行先冠以「DG」，再填報危險貨物代碼，代碼請參照「關港貿作業代碼」十四危險物品。 4. 若本批屬轉口貨物且須押運之貨櫃，其貨名尚未列入現行「貨名表」內者，則於貨名、稅則前六碼、危險貨物代碼申報完成後，次 1 行先冠以「ES」（係指押運註記），再填報 "Y" 註記。

項次	欄位名稱	填報說明
16	貨櫃號碼、實櫃種類、貨櫃裝運方式、封條號碼 (16)	1. 海運專用，申報進口實櫃號碼，如屬海運貨櫃裝運者本欄位必填。 2. 進口實櫃種類，代碼參照「關港貿作業代碼」三十七、貨櫃種類。 3. 進口實櫃裝運方式，代碼參照「關港貿作業代碼」三十六、貨櫃裝運方式。 4. 填報方式依序為貨櫃號碼／貨櫃種類／裝運方式／封條號碼等。例如：APLU1234567/45G1/1/ 123456。
17	貨物卸存地點代碼、裝貨港代碼、目的地代碼 (17)	1. 本欄內容包括 3 項，填報時應先冠以下列字母，顯示其類別後，再填報其地點或港口之代碼： ⑴「R」——係指「貨物卸存地點代碼」（Location of goods, coded）（指國內地點），該地點為海運進口貨物之通關地點，如 R：001A1031（中國貨櫃五堵貨櫃站）、640B1030（高雄友聯貨櫃站）。代碼參照「關港貿作業代碼」四十三、貨物卸存地點（含保稅倉庫或物流中心監管編號）。 ⑵「L」——係指「裝貨港代碼」（Place of Loading, coded），該地點為本批貨物之國外裝貨港代碼，如 JPOSA（日本大阪），代碼參照「關港貿作業代碼」五十一、聯合國地方代碼，如 L：JPOSA（日本大阪）、L：NEZ99（尼日）。各國地方如有未列入地代碼者，以國家代碼（二位文字）加上 Z99 三位文字表示之，例如「JPZ99」。代碼參照「關港貿作業代碼」五十一、聯合國地方代碼及二十六國家或實體。 ⑶「D」——係指「目的地代碼」（Destination code），該地點填報轉、出口貨物之國外最終目的地代碼，如 D：PHMNL（菲律賓馬尼拉）。代碼參照「關港貿作業代碼」五十一、聯合國地方代碼。 2. 轉口貨物艙單應填報「目的地代碼」項： 上述資料應依「R」、「L」及「D」代碼依序填報，每筆代碼填報完成後，應於次 1 行填報下 1 筆資料。
18	毛重、體積、體積單位 (18)	1. 填報本批貨物提單所列之總毛重，以 KGM 為單位（「小數點」以下取 6 位數）。 2. 次 1 行填報本批貨物提單所列之體積或材積及其單位，非屬整裝櫃（CY）之貨物本項必填報。體積及體積單位請參照「關港貿作業代碼」六、計量單位。
19	收貨人／發貨人及受通知人名稱及地址⒆	1. 進口艙單填報收貨人之名稱及地址，填報時先冠以代碼「C：」（Consigneeor Consignor）。 2. 次行填報受通知人之名稱及地址，填報時先冠以代碼「N：」（Notify party）。 3. 如收貨人為銀行或承攬業者，「受通知人」應申報真正貨主名稱及其地址。

項次	欄位名稱	填報說明
20	袋號 / 袋數	1. 空運專用。 2. 袋號為運輸貨物裝載容器上之識別碼；袋數為此袋號之總袋數，非指袋內件數。 3. 同一分提單只能有一個袋號，若裝載在不同容器時，必須為相同袋號。
21	備註 (21)	1. 其他凡有加註說明，不適宜填報在其他欄位者，在本欄加註。 2. 進口艙號未廢除前，借用備註申報艙號，必填： 承攬業於申報進（轉）口艙單時，比照運輸業編列「艙單號碼」，需於進（轉）口貨物分艙單（N5101H）「備用欄位資料」中「備用欄位識別代碼」申報 MFN、「備用欄位」申報「艙單號碼」。
22	海運 / 空運	應與主艙單相同，海運填報 1；空運填報 4。
23	進口 / 出口	應與主艙單相同，進口貨物填報進口；出口貨物填報出口。
24	運輸業或代理行 / 承攬業者簽章	業者遞送之艙單，應加蓋船公司（或代理人）/ 承攬業者簽章。
25	頁次	應於各頁填列共　頁第　頁。

（本填報說明資料來源：財政部關務署預報貨物通關報關手冊）

7-1-1-2　海關作業

海運運輸工具進口時，海關選擇性辦理以下兩項作業：

一、理船

船隻到港後，由關員登輪受理申報文件，並完成申報洋菸酒及船員日用物品之加封手續稱為理船。

除海關認為有登輪理船必要之船舶及接獲該船或其船員走私情報者外，以不登輪理船為原則。

二、船隻檢查

海關檢查關員得對進港之船隻作選擇性抄查，凡查有未申報之任何物品，除係滯港之民生必需品外，一律予以查扣，並依私運貨物進口論處。

海關檢查人員登船施行查驗、搜索，不得在日沒後、日出前為之。但於日沒前已開始施行，有繼續之必要，或違反海關緝私條例之行為正在進行者，不在此限。

海關檢查人員如查獲違章或走私案件，其物品由海關處理；有關人犯如經海關核明違反懲治走私條例者由海關移送司法機關偵辦，涉及治安案件時移送治安機關辦理。

7-1-2 空運進口運輸工具之通關

運輸工具出入國境其載運之貨物及旅客暨其行李，應依本辦法之規定，向海關申報。通關手續包括入境申報、卸貨等作業，海關則選擇性辦理理機作業。茲分述如后。

7-1-2-1 業者之申報

一、進口文件之申報

載運客貨飛機進口應填具之貨物艙單、旅客與服務人員名單及其他進口必備文件，由機長或飛機所屬運輸業者向海關申報。

飛機載運之貨物由經海關核准登記之空運承攬業承攬運送者，其貨物艙單得由該業者向海關申報，其轉運、轉口相關事宜，亦得由該業者向海關辦理。

(一)貨物艙單之申報

1. 時限：

(1) 飛航航程大於 4 小時，應於飛機抵達本國機場前 2 小時申報。

(2) 飛航航程等於或小於 4 小時，應於飛機抵達本國機場前申報。

(3) 財政部關務署另行公告飛航航程等於或小於 4 小時之國外機場、適用態樣、執行階段或寬限期等作業事項，應依財政部關務署之公告辦理。

2. 進（轉）口貨物艙單經艙單選案系統篩選後，海關以 XML 訊息透過關港貿單一窗口將貨櫃（物）清單及作業指示通知（N5170）傳送至通關網路，再經由通關網路傳送至運輸業及倉儲業；運輸業者應依指示通知辦理。

(二)飛機抵達本國機場後，機長或飛機所屬運輸業者應：

1. 檢具下列文件向海關申報：

(1) 入境及過境旅客名單。連線申報者，應於飛機起飛前，將資料傳輸海關。

(2) 入境隨機服務人員名單一份。

(3) 自機上卸載尚未販售之商品（含菸酒）清單明細含料號或品名及數量。但無整補需求而以封條加封商品者，得申報封條號碼代替之。

2. 檢具下列文件以備隨時交海關查驗：

(1) 過境貨物艙單。

(2) 郵件清單。

二、卸貨後之運送及進儲

(一)運輸業者對於列入所屬運輸工具進口貨物艙單之貨櫃（物），應自機上卸下機坪

後 24 小時內，負責將貨物安全送交海關指定地點；卸存機場管制區以外地區之貨棧者，應由運輸業檢具其與貨棧業者共同簽章具結之空運貨物特別准單申請書，申請核發空運貨物特別准單。海關如有指定路線或時限者，運輸業者應予遵照。

㈡運輸業者憑進口貨物艙單卸裝貨物。海關關員得視需要抽核，監視卸裝，其轉載其他飛機貨物或轉口貨物者亦同。

㈢貨物如有破損情事，運輸業或承攬業應繕具「進口貨物破損報告（N5163）」表格。

7-1-2-2　海關作業

空運運輸工具進口時，海關選擇性辦理理機作業。入境航機抵達時，經核定應辦理理機手續者，理機關員應登機察看客艙有無匿藏未列艙單之應稅物品或違禁、管制物品及核簽「保稅物品裝運清表」，並抽核過夜航機由機長自行加封之菸酒儲存櫃。

7-2 出口運輸工具之通關

載運貨物出口之海運及空運運輸工具應辦理之通關手續，包括出口預報、貨物進倉、裝櫃、貨物裝船（機）、結關等作業，茲分述於后。出口運輸工具通關流程圖如下：

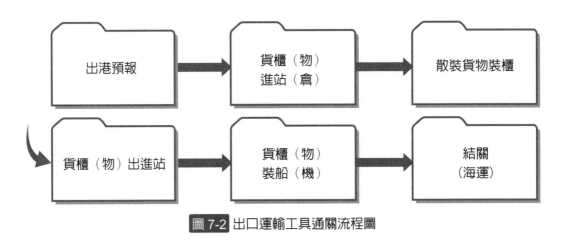

圖 7-2 出口運輸工具通關流程圖

7-2-1　海運出口運輸工具之通關

7-2-1-1　傳輸出口貨物艙單

　　出口貨物艙單應依海關規定格式載明下列各項,書面艙單資料並應由船長或船舶所屬運輸業者簽章:

一、船名、國籍、噸位、船長姓名、結關日期、開往次一停靠口岸。

二、託運單之貨物名稱、標記、箱號、包裝式樣(如桶、盤、箱、袋等)、件數、重量、規格;二包以上貨物合裝成一件且託運單亦有註明者,並應詳細註明該件內所裝包數。

三、裝運及到達地點。

四、發貨人名稱及地址。

7-2-1-2　傳輸出口裝船清表訊息

　　出口船舶之船長或船舶所屬運輸業者,應於船舶結關前向海關完成出口裝船清表訊息之傳輸。此項出口裝船清表訊息,得以出口貨物艙單替代。

　　出口裝船清表係使用於運輸工具承載出口貨物之申報。為便利船公司聯營時,出口船舶所屬船公司或其代理人(下稱船舶經營人)以外之聯營船公司亦能直接傳輸本訊息之明細資料部分予海關,將本訊息類別分為表頭(901)、明細(902)及一段式(905)等三部分。

　　一段式傳輸,係指船舶經營人單獨或以船長之名義將該船所載貨物,由本身獨自將出口裝船清表以一段式(905)傳輸(不論有否聯營型態存在)。

　　二段式傳輸,係指一份裝船清表允許分成二階段傳輸,先由船舶所屬運輸業者(含代理人)傳輸表頭(901)後,續由主體或聯營運輸業者傳輸明細(902)。

7-2-1-3　貨櫃(物)之進站(倉)、裝櫃、出進站及裝船

一、出口貨物報運出口前,須先進儲貨棧、貨櫃集散站,並連線傳送進倉証明書向海關申報。

二、出口貨物經報關放行後,散裝貨物即可辦理裝櫃作業。

三、存放內陸集散站之出口貨櫃,應於加封後,申辦運出內陸集散站及進入港區之手續。

四、裝運貨物

　　㈠出口、轉口貨物、誤裝、溢卸、轉運未稅之進口貨物或船用品，應憑海關蓋印放行之託運單或電腦放行通知或准單，始得辦理裝運。但出口貨物未於放行之翌日起 30 日內裝船者，不得辦理裝運。

　　㈡出口之船舶於結關開航前，對於所裝載之出口貨物，應由船長或大副按託運單與出口貨物艙單、出口裝船清表所載逐項核對無訛，並在出口貨物艙單、出口裝船清表上簽證。如有短裝或退關等情事，應依「運輸工具進出口通關管理辦法」第 47 條規定，由船長或由其委託之船舶所屬業者填具出口貨物退關報告單，經現存地之貨棧或貨櫃集散站經營人查對簽證，交由值勤關員抽核後，憑以辦理後續退關手續。

7-2-1-4　結關

　　行駛國際航線之船舶駛離港口前，船長或船舶所屬運輸業者須向海關申請，並辦理繳驗有關文件及繳納規費後，始准開航離港之手續，稱為結關。

　　船公司於出口貨櫃（物）裝船後，應向海關辦理結關手續，如有未及裝船者，應辦理退關轉船等後續作業，並於結關後 48 小時內向海關申報出口艙單。

一、結關應檢具文件

　　㈠結關申請書（簡 5256）表單。

　　㈡出口裝船清表（無出口貨物者免送）。依規定連線傳輸出口裝船清表訊息者，結關時得免向海關檢具，惟海關若有需要，得通知運輸業者補送書面出口艙單或提單影本，運輸業者應於收到通知之翌日起 10 日內補送。另承攬業者申報海運出口貨物艙單得由出口裝船清表替代，其適用態樣、執行階段或寬限期等相關作業事項由財政部關務署公告之。

　　㈢過境及出境旅客名單。但與進口時所送過境旅客名單相同者免送。

　　㈣船員名單。但與進口時所送名單相同者免送。

　　㈤檢疫准單。

二、結關證書之核發

　　結關手續完成，由海關核發結關證書，船舶應於 48 時內開航出口。逾上述時限未開航者，應向海關重行申請結關。但於時限內向海關申報延期開航者，不在此限。

　　船舶未開航前因故須裝卸貨物者，應檢附結關證明書向海關申請註銷結關。但須卸貨者另應辦理更正進口艙單及卸貨准單手續後，始得為之。

表 7-3 海運出口貨物艙單（N5202）各欄位填報說明

項次	欄位名稱	填報說明
1	船舶名稱 (1)	填入船舶全名。
2	船舶航次 (2)	填入航次編號，如無航次應填 NIL。
3	船舶代碼 (3)	以船舶國際海事組織 IMO 代碼填列。
4	船長姓名 (4)	填入該船船長姓名全名。
5	停泊港口及碼頭 (5)	前段填入停泊港口 / 後段填停泊碼頭（含浮筒），參照關港貿作業代碼 --051_ 聯合國地方代碼及 043_ 貨物卸存地點（含保稅倉庫或物流中心監管編號）。
6	預定到達日期 (6)	出口免填。
7	受理艙單關別代碼 (7)	填列受理艙單申報之關別代碼。參照關港貿作業代碼 --001_ 關別。
8	運送人或其代理人名稱及代碼 (8)	1. 填入運送人或代理人之中文名稱（或英文名稱）。 2. 填入運送人或代理人之代碼（14 碼）。 3. 如「船舶運送業」兼具「船務代理業」身分而有兩個代碼時，一律使用「船舶運送業」之代碼。 4. 參照關港貿作業代碼 --028_ 航空公司、029_ 船舶運送業、030_ 船務代理業。
9	海關通關號碼 (9)	舊格式為船隻掛號，依海關核給通關號碼填報（民國年 2 碼＋船隻掛號 4 碼，共 6 碼）。
10	船舶國籍 (10)	填入該船舶國籍（應與國籍證書相符）之代碼，參照關港貿作業代碼 --026_ 國家或實體代碼。
11	到港前一國外港 (11)	出口免填。
12	前一港離港日期 (12)	出口免填。
13	航行次一港 (13)	請填列「航行次一港」名稱及代碼，請參照關港貿作業代碼 --051_ 聯合國地方代碼。
14	離港日期與時間 (14)	年（西元）-4 碼 月 -2 碼 日 -2 碼 時（24 小時制）-2 碼 分 -2 碼 秒 -2 碼
15	受理艙單時間 (15)	由關員於受理艙單時填列並簽章。連線艙單電腦列印時由系統自動帶出通關網路系統收受艙單時間。

項次	欄位名稱	填報說明
16	主提單號碼 (16) 託運單主號	填報託運單主號。XML 訊息長度為 an..16。海運快遞出口一般（X8）及簡易快遞（X6、X7），託運單主號為必填。
17	分提單號碼 (17) 託運單分號	填報託運單分號。XML 訊息長度為 an..16。海運快遞出口一般（X8）及簡易快遞（X6、X7），託運單分號為必填。
18	貨物件數及單位（包裝說明）(18)	1. 應依託運單所載填列總件數，單位應依關港貿作業代碼填列。如 500 CAN（CAN），1,234 CTN（CARTON）；如係不同包裝單位構成如 500 CTN 與 35 BAG，件數應使用 PKG，如 535 PKG（PACKAGE）並應於下方（包裝說明）用括弧加註清楚。 2. 貨物由 2 包以上合成 1 件者，亦應於（包裝說明）括弧加註，訊息傳輸亦同。 3. 空貨櫃應填報櫃數。 4. 參照關港貿作業代碼 --006_ 計量單位。
19	標記及號碼 (19)	1. 標記及號碼指貨上之標誌（嘜頭 MARKS）及箱號（CASE NO.）。 2. 不論連線與否，艙單申報時，其有標記圖形者，均改以文字敘述，敘述之順序及方式為： 　(1)先填報（或傳輸）圖形內文字或與圖形標誌結合之文字。 　(2)次行填報（或傳輸）圖形標誌並以 " " 框之或以「IN（圖形）」表示。如 "TRIANGLE" 或「IN TRIANGLE」。 　(3)圖形外之文字接於圖形標誌下行填報或傳輸。 3. 常見之圖形標誌有： 　(1)圓形（CIRCLE）：傳輸或填報 CIRCLE 或 CIR.。 　(2)正方形（SQUARE）：傳輸或填報 SQUARE 或 SQ.。 　(3)矩形（RECTANGULAR）：傳輸或填報 RECTANGULAR 或 REC.。 　(4)三角形（TRIANGLE）：傳輸或填報 TRIANGLE 或 TRI.。 　(5)菱形（DIAMOND）：傳輸或填報 DIAMOND 或 DIA.。 　(6)橢圓形（OVAL）：傳輸或填報 OVAL。 　(7)星形（STAR）：傳輸或填報 STAR。 　(8)如屬其他圖形（OTHER）則傳輸或填報 OTHER。 4. 標記種類繁多者，得僅列主標記（無紙化亦如此）。 5. 如無嘜頭須填列 N/M。 6. 標記及號碼 XML 訊息長度為 an..512 Byte（中文 256 字）。

項次	欄位名稱	填報說明
20	貨名、稅則前六碼(20)	1. 填入貨物名稱,超過 1 行時填列於次 1 行、2 行……至打完全部貨物名稱為止。 2. 請儘量利用本欄加註 H.S.CODE(6 碼)。 3. 貨物名稱 XML 訊息長度為 an..256 Byte。
21	實櫃號碼、裝運方式、實櫃種類 (21)	1. 申報出口實櫃號碼。 2. 申報出口實櫃裝運方式,代碼參照關港貿作業代碼 --036_ 貨櫃裝運方式。 3. 申報出口實櫃種類,代碼參照關港貿作業代碼 --037_ 貨櫃種類。 4. 如屬貨櫃裝運,逐項填列貨櫃標誌號碼、貨櫃種類、裝運方式。如 APLU1234567/42G1/1 等。
22	貨物卸存地點、轉運 / 轉口地點、國外裝卸貨港、過境國家代碼、停泊港口及碼頭 (22)	1. 本欄內容包括 6 項,填報時應先冠以下列字母,顯示其類別後,再填報其地點或港口之「代碼」: ⑴「R」 ── 係指「貨物卸存地點」(Storage Place After Unloading)(指國內地點),如 R:001A1031(中國貨櫃五堵貨櫃站)。 ⑵「E」──係指「轉運/轉口地點」(Destination of Transit)(國內或國外地點),如 E:640B1030(高雄友聯貨櫃站);E:USLAX(美國洛杉磯)。 ⑶「L」──係指「國外裝貨港」(Loading Port),如 JPOSA(日本大阪)。 ⑷「D」── 係指「國外卸貨港」(Discharging Port),如 PHMNL(菲律賓馬尼拉)。 ⑸過境國家代碼(G39)〔「T」── 係指「國外轉船港」(Transhipment Port),如 NLRTM(荷蘭鹿特丹)〕。 ⑹停泊港口及碼頭。 2. 出口艙單應填報「D」項。 3. 如貨物在運達目的地途中要經過轉船者,應加填「T」項(如無轉船情形,則免填)。 4. 「R」及「L」項係專供進口艙單填報用,出口艙單內免填報。轉口貨物申報國外卸貨港,代碼參照關港貿作業代碼 --051_ 聯合國地方代碼;過境國家代碼參照關港貿作業代碼 --026_ 國家或實體;貨物卸存地點代碼參照關港貿作業代碼─043 貨物卸存地點(含保稅倉庫或物流中心監管編號)。
23	毛重 / 體積 (23)	前段或上段填列毛重,以 KGM 為單位(小數點以下取 6 位數)。

項次	欄位名稱	填報說明
24	發貨人、收貨人及受通知人及地址 (24)	1. 填列發貨人中英文名稱及地址。 2. 免填受通知人。
25	艙單類別 (25)	出口填代碼：2，海運快遞：4。
26	備註 (26)	1. 其他凡有加註說明，不適宜填列在其他欄位者，在本欄加註。例如運費支付情形（如 PREPAID USD125.00）、裝卸計費條件（如 FIO；FI；FO……）均可在本欄加註。 2. 參照關港貿作業代碼 --014_ 危險物品；038_ 運費支付情形。
27	船長簽章	應由船長簽章。
28	運送人或其代理人簽章	應加蓋船公司（或代理人）簽章。
29	空貨櫃號碼	1. 空貨櫃號碼於艙單末頁或另頁按實際裝船空櫃列印。連線艙單空櫃號碼應傳輸；如因作業上無法傳輸，仍應將空櫃總數報明（並列印於 18 項「貨物件數」欄），櫃號於裝船前書面補齊。 2. 本欄不包括屬於出口貨物之空貨櫃。
30	總數列印	將總件數及總毛重列印於艙單末頁： 1. 連線者應列印 4 項，包括： A. 託運單主、分號總數。 B. 實櫃總數。 C. 空櫃總數。 D. 貨櫃總數。 2. 未連線者除報明上述 4 項外，應另行報明：E. 總重量（毛重）KGM。
31	頁　次	應於各頁填列共　頁第　頁。

（本填報說明資料來源：財政部關務署預報貨物通關報關手冊）

7-2-1-5　空運出口運輸工具之通關

一、出境申報

　　載運客貨飛機出口通關，應填具之貨物艙單、旅客與服務人員名單及其他必備文件，由機長或飛機所屬運輸業者向海關申報。飛機載運之貨物由經海關核准登記之空運承攬業承攬運送者，其貨物艙單得由該業者向海關申報，其轉運、轉口相關事宜，亦得由該業者向海關辦理。

表 7-4 空運出口貨物艙單（N5202）各欄位填報說明

項目	欄 位 名 稱	填 報 說 明
1	預定到達日期 (1)	1. 本項免填。 2. 申報「進口貨物艙單」始應填列。
2	航機班次(2)	填入航機班次。
3	飛機國籍 (3)	填入飛機國籍，代碼參照關港貿作業代碼 --26_ 國家或實體。
4	機長姓名 (4)	填入機長姓名。
5	運送人或其代理人名稱及其代碼	1. 填入運送人或代理人之中文名稱（或英文名稱）。 2. 填入運送人或代理人之代碼（14 碼）。 3. 參照關港貿作業代碼 --028_ 航空公司。
6	裝貨港 (5)	填入原始裝貨機場，代碼參照關港貿作業代碼 --051_ 聯合國地方代碼。
7	停泊港口代碼 (6)	本項免填。
8	到港前一國外港 (7)	本項免填。
9	提單 / 託運單主分號別 (8)	「M」－係指託運單主號。 「H」－係指託運單分號。
10	提單 / 託運單號碼 (9)	1. 填報託運單主 / 分號，如分批載運，應於託運單號碼後加註 P。 2. XML 訊息長度為 an..16。
11	總件數 / 件數單位 (包裝說明) (10)	1. 應依託運單所載填列總件數，如以 CTN 為單位得免填列。如分批載運，應註明此次載運件數及總件數（例如：2/5）。 2. 貨物由 2 包以上合成 1 件者，應於件數後用括弧加註清楚。 3. 參照關港貿作業代碼 --006_ 計量單位。
12	總毛重 (11)	應依託運單所載填列總毛重及重量單位，如以 KGM 為單位得免填列。如分批載運，應註明此次載運毛重及總毛重（例：12.5/20.0）。
13	收貨人名稱及地址 (12)	填列收貨人名稱及地址。
14	發貨人名稱及地址 (13)	填列發貨人名稱及地址。
15	貨名、稅則前六碼 (14)	1. 填入主提單之貨物名稱，超過 1 行時填列於次 1 行、2 行……至打完全部貨物名稱為止。 2. 請儘量利用本欄加註 H.S.CODE（6 碼）。 3. 貨物名稱 XML 訊息長度為 an..256 Byte。

項目	欄 位 名 稱	填 報 說 明
16	備註 (15)	1. 其他凡有加註說明，不適宜填列在其他欄位者，在本欄加註，例如：冷藏品、運費支付情形，亦可供航空公司內部使用。 2. 運費付費方式代碼參照關港貿作業代碼 --038_ 運費支付情形。
17	艙單種類	出口代碼：2。
18	總數列印	以一主號為單位，列印該主號下所有分號之總毛重及總件數。
19	機長簽章	應由機長簽章。
20	運送人或其代理人簽章	應由飛機所屬業者簽章。
21	頁 次	應於各頁填列共　頁第　頁。
22	受理艙單關別代碼	填列受理艙單申報之關別代碼。
23	出口船（機）代碼	空運以航機註冊號碼填列（外籍航機亦同）。
24	卸存貨棧代碼	1. 填報卸存貨棧代碼，如此張艙單皆卸存同一貨棧，可於填完所有主託運單號碼後，空一行或印一行虛線再填列卸存貨棧代碼。 2. 上行填報託運單號碼，下行填報卸存貨棧代碼，如此張艙單皆卸存同一貨棧，可於填完所有託運單主 / 分號碼後，空一行或印一行虛線再填列貨棧代碼。 3. 參照關港貿作業代碼 --43_ 貨物卸存地點。
25	航行次一港	申報出口貨物艙單，請填列航行次一港名稱及代碼，相關代碼請參照關港貿作業代碼 --051_ 聯合國地方代碼。
26	離港日期與期間	填入該飛機起飛日期，按西元年（2 碼）、月（2 碼）、日（2 碼）、時（2 碼）、分（2 碼）、秒（2 碼）依序填列。

（資料來源：財政部關務署預報貨物通關報關手冊）

二、裝運貨物

（一）所載貨物之申報

飛機所載貨物應按規定向海關申報出口，飛機所屬運輸業者並憑出口貨物艙單裝貨，海關關員得視需要抽核，監視裝貨，其轉載其他飛機貨物或轉口貨物者亦同。

（二）貨物之裝運

1. 飛機載運出口、轉口貨物，應憑海關蓋印放行之託運單或電腦放行通知或准單辦理裝運。

2. 報關放行之出口貨物，應於海關放行之翌日起 30 日內裝機出口，逾期未辦理裝機者，應註銷報單重新報關。

3. 報關放行之出口貨物因故須改裝同一家航空公司或轉裝另一家航空公司之飛機載運出口時，如其主託運單號碼變更者，應由相關之航空公司於貨物輸出人提出之申請書簽章確認，經由貨物輸出人檢具該申請書及原託運單，於規定期限內向海關申請核准，並在關員監視下改裝班機出口，事後由海關予以更正出口報單及有關文件。其聲明內容：「本批（併裝）貨物原由 oo 航空公司 oo 年 oo 月 oo 日第 oo 航次班機轉由 oo 航空公司 oo 年 oo 月 oo 日第 oo 航次班機承運」。

（三）快遞專差攜帶之快遞貨物應卸存於快遞貨物專區，並在該專區辦理通關。

本章習題

一、選擇題

( ) 1. 海運運輸工具進入國境時，海關選擇性辦理之作業為　(A) 理船　(B) 結關　(C) 以上二者。

( ) 2. 海運運輸工具駛離國境時，業者應辦理之手續為　(A) 理船　(B) 結關　(C) 以上二者。

二、問答題

1. 進口船隻進入國境，應向海關預報哪些項目？
2. 飛機所載出口貨物應如何申報？

三、簡答題

1. 何謂理船？
2. 何謂結關？

8

▶旅客行李之通關作業

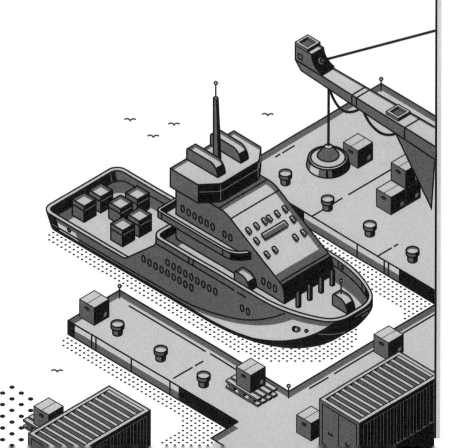

海關與社會大眾接觸最頻繁的業務是檢查入境旅客行李。由於近年來，我國觀光事業蓬勃發展，航空公司不斷增闢航線，致入境旅客及班機大幅增加，每年出入境旅客約 5,700 萬人次。在檢查人力有限的情形下，為加速通關，海關使用 x 光檢查儀過濾托運行李，並自 1998 年 4 月 29 日起全面實施紅綠線通關作業，使攜帶簡單行李的旅客得以最快速度完成通關程序。

本章即在介紹入出境旅客行李之通關規定，以供欲進出國門之讀者參考。

8-1 入境旅客行李之通關

8-1-1 紅綠線通關

為加強便民服務，增進通關效率及提昇國家形象，自 1998 年 4 月 29 起海關全面實施紅綠線通關制度（Red-green Line Clearance System），入境旅客可依自己所攜行李狀況選擇綠線檯（免報稅檯）及紅線檯（應報稅檯）通關；海關再輔以抽檢方式，並利用情報交換、資訊過濾、監視系統，及偵檢設備、巡查人員等方式協助檢查，對不誠實之旅客採取重罰，以防投機。

入境旅客攜帶之行李物品合於免稅規定，且無其他應申報事項者，得經由綠線檯免驗通關。攜有禁止、管制或其他限制進口之行李物品，或下列應向海關申報事項者，應填寫「中華民國海關申報單」經由紅線檯查驗通關。應填具中華民國海關申報單向海關申報之入境旅客，如有隨行家屬，其行李物品得由其中一人合併申報，其有不隨身行李者，亦應於入境時在中華民國海關申報單報明件數及主要品目。

一、攜帶行李物品總價值逾免稅限額新臺幣 2 萬元或菸、酒逾免稅限量（捲菸 200 支或雪茄 25 支或菸絲 1 磅、酒 1 公升。未成年人不准攜帶）。

二、攜帶外幣現鈔總值逾等值美金 1 萬元。

三、攜帶無記名之旅行支票、其他支票、本票、匯票或得由持有人在本國或外國行使權利之其他有價證券總面額逾等值美金 1 萬元。

四、攜帶新臺幣逾 10 萬元。

五、攜帶黃金價值逾美金 2 萬元。

六、攜帶人民幣逾 2 萬元者，超過部份，入境旅客應自行封存於海關，出境時准予攜出。

七、攜帶水產品及動植物類產品。

八、有不隨身行李。

九、攜帶總價值逾等值新臺幣 50 萬元，且有被利用進行洗錢之虞之物品（指攜帶超越自用目的之鑽石、寶石及白金）。

十、有其他不符合免稅規定或須申報事項或依規定不得免驗通關。

　　入境旅客對其所攜帶行李物品可否經由綠線檯通關有疑義時，應經由紅線檯通關。海關得視實際需要對入境旅客行李物品實施紅綠線或其他經海關核准方式辦理通關作業。

　　經由綠線檯通關之旅客，海關認為必要時得予檢查，除於海關指定查驗前主動申報或對於應否申報有疑義向檢查關員洽詢並主動補申報者外，海關不再受理任何方式之申報。如經查獲攜有應稅、管制、限制輸入物品或違反其他法律規定匿不申報或規避檢查者，依海關緝私條例或其他法律相關規定辦理。

8-1-2　免稅物品之範圍

　　入境旅客攜帶之行李物品如係自用、家用者，在下列範圍內免稅：

一、捲菸 200 支或雪茄 25 支或菸絲 1 磅、酒 1 公升。但限滿 20 歲之成年人始得適用。

二、上項以外已使用過之行李物品，其單件或一組之完稅價格在新臺幣 1 萬元以下者。

三、上列一、二項以外自用及家用行李，其完稅價格總值在新臺幣 2 萬元以下者，但未成年人減半計算。

四、貨物樣品，其完稅價格在新臺幣 1 萬 2,000 元以下者。

8-1-3　應稅物品之限值與限量

　　入境旅客攜帶進口隨身及不隨身行李物品，合計如已超出免稅物品之範圍及數量者，均應課徵稅捐；其每一項目，並以不超過旅客自用及家用所需合理數量為限。限值與限量之規定如下：

一、免辦輸入許可證行李物品之限值

　　入境旅客攜帶進口隨身及不隨身行李物品，應稅部份之完稅價格總和未逾美金 2 萬元者（未成年人減半），可免辦輸入許可證。入境旅客隨身攜帶之單件自用行李，如屬於准許進口類者，雖超過上列限值，仍可免辦輸入許可證。

二、攜帶行李物品數量之限制

    (一)農畜水產品類

        1. 食米、熟花生、熟蒜頭、乾金針、乾香菇、茶葉各不得超過 1 公斤，其餘除禁止攜帶者，限量 6 公斤且不得超過新台幣 2 萬元之免稅額度。

        2. 禁止攜帶活動物及其產品、活植物及其生鮮產品、新鮮水果。但符合動物傳染病防治條例規定之犬、貓、兔及動物產品，經乾燥、加工調製之水產品及符合植物防疫檢疫法規定者，不在此限。

    (二)酒 5 公升（不限瓶數，但攜帶未開放進口之大陸地區酒類限量 1 公升）。

    (三)菸：捲菸 1,000 支，或菸絲 5 磅，或雪茄 125 支。

    (四)大陸物品：

        1. 農畜水產品類 6 公斤。

            種類及限量同二(一)之規定。

        2. 干貝、鮑魚乾、燕窩、魚翅各 1.2 公斤。

        3. 罐頭各 6 罐。

        4. 其他食品 6 公斤。

    詳細之品名及數量請參考大陸地區物品限量表及農畜水產品及菸酒限量表檔。

三、經常出入境及過境旅客攜帶之行李物品

    明顯帶貨營利行為或經常出入境旅客（指於 30 日內入出境 2 次以上或半年內入出境 6 次以上），且有違規紀錄之旅客，其所攜行李物品之數量及價值，得依規定標準從嚴審核，折半計算。

    以過境方式入境之旅客，除因旅行必需隨身攜帶之自用衣物及其他日常生活用品得免稅攜帶外，其餘所攜之行李物品依規定辦理稅放。

8-1-4 攜帶黃金、外幣、新臺幣等入境之規定

一、黃金

    入境旅客攜帶黃金價值逾美幣 2 萬元者，應向經濟部國貿局申請輸入許可證，並向海關辦理報關驗放手續。未申報或申報不實者，處以相當於未申報或申報不實之黃金價額之罰鍰。

二、外幣（含港幣、澳門幣）

　　攜帶外幣入境不予限制，但超過等值美幣 1 萬元者，應於入境時向海關申報。未申報者，其超過等值美幣 1 萬元部分沒入；申報不實者，其超過申報部分沒入。

三、新臺幣

　　攜帶新臺幣入境以 10 萬元爲限，如所帶之新臺幣超過該項限額時，應在入境前先向中央銀行發行局申請核准，持憑查驗放行；超額部分未經核准，不准攜入。未申報者，其超過新臺幣 10 萬元部分沒入；申報不實者，其超過申報部分沒入。

四、人民幣

　　攜帶人民幣入境逾 2 萬元者，應主動向海關申報；超過部分，自行封存於海關，出境時准予攜出。未申報者，其超過人民幣 2 萬元部分沒入；申報不實者，其超過申報部分沒入。

五、有價證券（指無記名之旅行支票、其他支票、本票、匯票或得由持有人在本國或外國行使權利之其他有價證券）

　　攜帶有價證券入境總面額逾等值美幣 1 萬元者，應向海關申報。未依規定申報或申報不實者，處以相當於未申報或申報不實之有價證券價額之罰鍰。

六、有洗錢之虞物品

　　攜帶總價值逾等值新臺幣 50 萬元，且超越自用目的之鑽石、寶石及白金者，應向海關申報。未申報或申報不實者，處以相當於未申報或申報不實之物品價額之罰鍰。若總價值逾美幣 2 萬元者，應向經濟部國貿局申請輸入許可證，並向海關辦理報關驗放手續。

8-1-5　攜帶藥品之規定

一、自用藥品及錠狀、膠囊狀食品之種類與數量限制

　　㈠西藥

　　　1. 非處方藥每種至多 12 瓶（盒、罐、條、支），合計以不超過 36 瓶（盒、罐、條、支）爲限。

　　　2. 處方藥未攜帶醫師處方箋（或證明文件）以 2 個月用量爲限。處方藥攜帶醫師處方箋（或證明文件）者不得超過處方箋（或證明文件）開立之合理用量，且以 6 個月用量爲限。

　　　3. 針劑產品須攜帶醫師處方箋（或證明文件）。

(二)中藥材及中藥製劑

1. 中藥材每種至多 1 公斤,合計不得超過 12 種。

2. 中藥製劑(藥品)每種至多 12 瓶(盒),合計以不超過 36 瓶(盒)為限。

3. 於前述限量外攜帶入境之中藥材及中藥製劑(藥品),應檢附醫療證明文件(如醫師診斷證明),且不逾 3 個月用量為限。

(三)錠狀、膠囊狀食品

每種至多 12 瓶(盒、罐、包、袋),合計以不超過 36 瓶(盒、罐、包、袋)為限。

(四)隱形眼鏡

單一度數 60 片,惟每人以單一品牌及 2 種不同度數為限。

(五)環境用藥

1. 數量限制:少量攜帶進口之環境用藥限定液體總量 1 公斤以下(含 1 公斤);固體總量 1 公斤以下(含 1 公斤)。經常出入境者,每月僅能攜帶 1 次,以過境方式入境之旅客,不得攜帶。

2. 數量超過規定之環境用藥,可選擇將超量部分退運。如不退運,得由海關逕行移送當地主管機關處理。

3. 少量攜帶進口之環境用藥限供自用,不得對外販售。

4. 旅客或交通工具服務人員少量攜帶環境用藥不在表列者,須向行政院環境保護署申請核准文件始得進口。

二、藥品逾量案件之處理

旅客攜帶藥品超過上述限量,經向海關申報者,責令退運;未申報者,依法沒入,如該未申報之藥品列屬禁藥,並應依法移送法辦。

8-1-6 禁止攜帶入境之物品

下列物品禁止攜帶入境:

一、毒品危害防制條例所列毒品(如海洛因、嗎啡、鴉片、古柯鹼、大麻、安非他命等)。

二、槍砲彈藥刀械管制條例所列槍砲(如獵槍、空氣槍、魚槍等)、彈藥(如砲彈、子彈、炸彈、爆裂物等)及刀械。

三、野生動物之活體及保育類野生動植物及其產製品,未經行政院農業委員會之許可,

不得進口；屬 CITES 列管者，並須檢附 CITES 許可證，向海關申報查驗。

四、侵害專利權、商標權及著作權之物品。

五、偽造或變造之貨幣、有價證券及印製偽幣印模。

六、所有非醫師處方或非醫療性之管制物品及藥物。

七、禁止攜帶活動物及其產品、活植物及其生鮮產品、新鮮水果。但符合動物傳染病防
　　治條例規定之犬、貓、兔及動物產品，經乾燥、加工調製之水產品及符合植物防疫
　　檢疫法規定者，不在此限。

八、其他法律規定不得進口或禁止輸入之物品。

8-1-7　現行旅客行李檢查方式

　　目前海關對手提及托運行李之檢查方式如下：

一、手提行李

　　空運入境旅客部分，由旅客自行選擇綠線檯或紅線檯通關。海關將來自泰、菲、港、
澳等地特定班機之旅客列為人工抽查重點。海運入境旅客部分，採人工審核作業，以普
查方式通關。

　　旅客攜帶動植物及其產製品者，應先赴檢疫所服務檯辦理檢疫手續。如有應稅物品，
需分估繳稅後放行。

二、托運行李

　　先由海關會同航警局安檢人員以 X 光檢查儀實施會檢，如發現行李內有槍形物、不
明物、夾層或商銷物品等可疑顯影，即予監視並將可疑行李押至指定紅線檯會同旅客及
航警局人員開箱徹底查驗。

　　對於特殊案件（如毒品），則採跟監方式，俟旅客於檢查檯受檢時暗示檢查關員予
以嚴密檢查及搜身，以避免驚動正常旅客。

8-1-8　不隨身行李物品

一、入境旅客之不隨身行李，應於入境時在中華民國海關申報單報明件數及主要品目。

二、不隨身行李物品，得於旅客入境前或入境之日起 6 個月內進口，並應於旅客入境後，
　　自裝載行李物品之運輸工具進口日之翌日起 15 日內報關。逾限未報關者，依關稅法
　　第 73 條規定自報關期限屆滿之翌日起，按日加徵滯報費新臺幣 200 元，滯報費徵滿

20 日仍不報關者，由海關將其貨物變賣，所得價款，扣除應納關稅及必要之費用外，如有餘款，由海關暫代保管；納稅義務人得於 5 年內申請發還，逾期繳歸國庫。

三、不隨身行李物品進口時，應由旅客本人或以委託書委託代理人或報關業者填具進口報單向海關申報，除應詳細填報行李物品名稱、數量及價值外，並應註明下列事項：

　　㈠入境日期。

　　㈡護照號碼、入境證件號碼或外僑居留證統一證號。

　　㈢在華地址。

四、入境旅客之不隨身行李，未在期限內進口、旅客入境時未在中華民國海關申報單上列報或未待旅客入境即先行報關者，按一般進口貨物處理，不適用「入境旅客攜帶行李物品報驗稅放辦法」相關免稅、免證之規定。但有正當理由經海關核可者，不在此限。

8-1-9　超量超值物品之處理

　　旅客隨身行李物品以在入境之碼頭或航空站當場驗放為原則，其難於當場辦理驗放手續者，應填具「中華民國海關申報單」向海關申報，經加封後暫時寄存於海關倉庫或國際航空站管制區內供旅客寄存行李之保稅倉庫，由旅客本人或其授權代理人，於入境之翌日起 1 個月內，持憑海關或保稅倉庫業者原發收據及護照、入境證件或外僑居留證，辦理完稅提領或出倉退運手續，必要時得申請延長 1 個月。其完稅提領或出倉退運手續由代理人辦理者，應持同其身分證明文件及該旅客委託書。

　　上述旅客寄存之行李物品如屬洗錢防制法第 12 條第一項規定應向海關申報者（指總面額達一定金額以上之有價證券或總價值達一定金額以上之黃金、外幣、香港或澳門發行之貨幣及新臺幣現鈔或其他總價值達一定金額以上，且有被利用進行洗錢之虞之物品），入出境時應另依洗錢防制物品出入境申報及通報辦法第 4 條第一項規定填報「旅客或隨交通工具服務之人員攜帶現鈔、有價證券、黃金、物品等入出境登記表」，其出倉退運手續限旅客本人辦理。

一、繳稅行李

　　㈠應稅物品之分估、徵稅

　　　1. 入境旅客攜帶應稅行李物品或須補送證明文件之物品，應隨同旅客移送行李處理檯辦理分估徵稅。

2. 行李之品目、數量合於自用範圍，且非屬電器品類或大宗、大件性質之零星物品，按海關進口稅則總則五所定 5% 稅率徵稅。

3. 洋菸、酒及前款以外之物品，應各按海關進口稅則規定之稅則稅率徵稅。

㈡繳稅提領

　　旅客依分估關員簽發之「入境旅客稅款繳納證」至臺灣銀行繳稅後，憑「入境旅客行李稅款繳納收據」，領取已稅之行李物品。

二、退運國外行李

　　過境旅客不擬攜帶入境之行李，或入境旅客之應稅物品不願繳關稅者，應存入聯鎖倉庫並發給「旅客退運國外行李物品提領收據」，日後持憑退運。

三、放棄物品

　　超量超值之應稅物品未能取得輸入許可證者，除退運外，得由旅客聲明放棄，並准予備價購回完稅放行。

　　對於不繳稅及不辦理退運而自願放棄之應稅行李物品，旅客應填寫「自願放棄書」，物品用袋裝好，繫上標籤，註明入境日期、班機及姓名後，運回辦公室依規定處理。

四、逾量菸酒

　　酒類逾 5 公升，捲菸逾 5 條或雪茄逾 125 支或菸絲逾 5 磅，應取具菸酒進口業許可執照，以廠商名義報關進口，繳稅後放行。

　　超過免稅數量，未依規定向海關申報者，超過免稅數量之菸酒由海關沒入，並由海關分別按每條捲菸處新臺幣（以下同）500 元、每磅菸絲處 3,000 元、每 25 支雪茄處 4,000 元或每公升酒處 2,000 元罰款。

8-1-10　破壞性檢查

　　海關檢查行李時，遇有下列情形之一，得施予破壞性之檢查：

一、海關受理之密告走私槍械毒品案件，或雖無密告，但依客觀資料研判有藏匿槍械毒品之可能者。

二、其他依現況研析，認為有施予破壞性檢查之必要，報經現場最高主管核可者。

　　海關於施行破壞性檢查時，應於扣押憑單上註明破壞之事實或另付與證明書。經施予破壞性檢查而查無所獲，合於國家賠償法規定要件之案件，依同法規定賠償；倘不合於國家賠償法之賠償要件，得仍予適當補償。海關受理之密報案件若執行行李檢查而查

無所獲，於執行過程中使旅客之權益遭受損害（失），逾其社會責任所應忍受之範圍，雖屬非破壞性檢查之案件，仍得視個案情況予以適當補償。

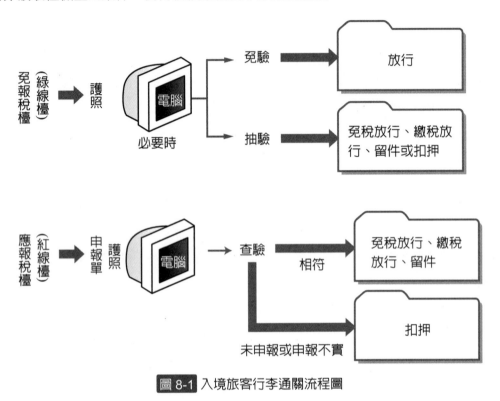

圖 8-1 入境旅客行李通關流程圖

8-2 出境旅客行李之通關

出境旅客向航空公司辦理報到手續後，托運行李或手提行李，皆須經過 X 光檢查儀檢查，檢查結果如無可疑物品則予放行。如有可疑物品，再以人工複核，複核結果屬正常行李則予放行，如有不得出境或禁止輸出之物品，則責其退運，屬管制品或毒品等，則扣押移送主管機關處理。

旅客出境時，免填寫「海關申報單」向海關申報，惟應注意下列規定：

8-2-1 出境申報

出境旅客如有下列情形之一者，應向海關報明：

一、攜帶超額新臺幣、外幣現鈔、人民幣者。

二、攜帶貨樣或其他隨身自用物品（如：個人電腦、專業用攝影、照相器材等），其價值逾免稅限額且日後預備再由國外帶回者。

三、攜帶有電腦軟體者，請主動報關，以便驗放。

8-2-2　攜帶黃金、新臺幣及外幣出境之規定

一、黃金

攜帶黃金價值逾美幣 2 萬元者，應向經濟部國貿局申請輸出許可證，並向海關辦理報關驗放手續。未申報或申報不實者，處以相當於未申報或申報不實之黃金價額之罰鍰。

二、外幣（含港幣、澳門幣）

超過等值美幣 1 萬元現金者，應向海關申報。未申報者，其超過等值美幣 1 萬元部分沒入；申報不實者，其超過申報部分沒入。

三、新臺幣

以 10 萬元為限。如所帶之新臺幣超過限額時，應在出境前事先向中央銀行發行局申請核准，持憑查驗放行；超額部分未經核准，不准攜出。未申報者，其超過新臺幣 10 萬元部分沒入；申報不實者，其超過申報部分沒入。

四、人民幣

以 2 萬元為限。如所帶之人民幣超過限額時，雖向海關申報，仍僅能於限額內攜出。未申報者，其超過人民幣 2 萬元部分沒入；申報不實者，其超過申報部分沒入。

五、有價證券（指無記名之旅行支票、其他支票、本票、匯票或得由持有人在本國或外國行使權利之其他有價證券）

總面額逾等值美幣 1 萬元者，應向海關申報。未依規定申報或申報不實者，科以相當於未申報或申報不實之有價證券價額之罰鍰。

六、有洗錢之虞物品

攜帶總價值逾等值新臺幣 50 萬元，且超越自用目的之鑽石、寶石及白金者，應向海關申報。未申報或申報不實者，處以相當於未申報或申報不實之物品價額之罰鍰。若總價值逾美幣 2 萬元者，應向經濟部國貿局申請輸出許可證，並辦理報關驗放手續。

8-2-3　攜帶出口物品限額

　　出境旅客及過境旅客攜帶自用行李以外之物品，如非屬經濟部國際貿易局公告之「限制輸出貨品表」之物品，其價值以美金 2 萬元為限，超過限額或屬該「限制輸出貨品表」內之物品者，須繳驗輸出許可證始准出口。

8-2-4　禁止攜帶物品

　　下列物品禁止攜帶出境：

一、毒品危害防制條例所列毒品（如海洛因、嗎啡、鴉片、古柯鹼、大麻、安非他命等）。

二、槍砲彈藥刀械管制條例所列槍砲（如獵槍、空氣槍、魚槍等）、彈藥（如砲彈、子彈、炸彈、爆裂物等）及刀械。

三、野生動物之活體及保育類野生動植物及其產製品，未經行政院農業委員會之許可，不得出口。

四、未經合法授權之翻製書籍、錄音帶、錄影帶、影音光碟及電腦軟體。

五、文化資產保存法所規定之古物等。

六、偽造或變造之貨幣、有價證券及印製偽幣印模。

七、其他法律規定不得出口或禁止輸出之物品。

8-2-5　隨身攜帶液態、膠狀及噴霧類物品之規定

　　2007 年 3 月 1 日起，旅客出國搭機時，隨身攜帶之液態、膠狀及噴霧類物品，需符合以下規定。否則，僅可放置於託運行李內。此項措施適用於所有自我國搭乘國際線班機（含國際包機）之出境、轉機及過境旅客：

一、旅客身上或隨身行李內所攜帶之液體、膠狀及噴霧類物品之容器，其體積不可超過100 毫升。

二、所有液體、膠狀及噴霧類物品容器均應裝於不超過 1 公升且可重複密封之透明塑膠袋內，所有容器裝於塑膠袋內時，塑膠袋應可完全密封。塑膠袋每名旅客僅能攜帶1 個，於通過安檢線時須自隨身行中取出，並放置於置物籃內通過檢查人員目視及X 光檢查儀檢查。

三、旅客攜帶搭機時所必要但未符合前述限量規定之嬰兒奶粉（牛奶）、嬰兒食品、藥物、糖尿病或其他醫療所需之液體、膠狀及噴霧類物品，應先向航空公司洽詢，並於通過安檢線時，向安全檢查人員申報，於獲得同意後，可不受前揭規定之限制。

四、出境或過境（轉機）旅客在機場管制區或前段航程於航機內購買之液體、膠狀及噴霧類物品，可隨身攜帶上機，但需包裝於經籤封防止調包及顯示有效購買證明之塑膠袋內。

8-2-6　復運出口性質行李之處理

一、存關行李

　　以手提方式提運出境者，請旅客在辦理報到手續時向航空公司出示存關收據，由航空公司彙總後，向執檢關員請准監視由關棧提領押往出境管制區，俾及時供旅客提領。以托運方式提運出境者，由航空公司持據申辦提領，並由關員押運至出境檢查口監視托運出境。

二、入境時辦理押金或公函保證之行李

　　旅客攜同押金收據及物品申請退押，經辦關員核實後，物品列管監視裝機，押金收據持往臺銀領款。

　　旅客攜同公函保證物品申請核銷時，經辦關員應調原存函件核銷並監視裝機出境，簽註原函銷案。

三、登記入境之行李

　　入境之外籍及華僑等非國內居住旅客（下稱登記人）攜帶之隨身自用應稅物品，得以登記驗放方式代替稅款保證金之繳納或授信機構之擔保。經登記驗放之應稅物品，應在入境後 6 個月內或經核准展期期限前原貨復運出口，並向海關辦理銷案，逾限時由海關逕行填發稅款繳納證補徵之，並停止其該項登記之權利。

　　本項物品，應由登記人或受委託人，於出境時向海關辦理銷案手續並攜帶出境。逾限未復運出境者，登記人應繳納進口稅款，如該物品價值已逾進口貨物免辦輸入許可證限額者，並應繳驗輸入許可證或繳納貨價之金額。

8-2-7　出入境旅客應特別注意事項

一、入境旅客對某一項物品應否申報無法確定時，可向紅線檯檢查關員查詢，以免因觸犯法令規定而受罰。

二、旅客行李之品目、數量及價值，除應絕對合理，且合乎自用、家用範圍外，亦不得出售圖利，或受酬替人帶貨。

三、攜帶錄音帶、錄影帶、唱片、影音光碟及電腦軟體、8 釐米影片、書刊文件等著作重製物入境者，每一著作以 1 份為限。

四、入境旅客攜帶超量菸酒未申報或申報不實者，除依海關緝私條例規定沒入外，並依據菸酒管理法第 46 條規定，由海關分別按每條捲菸處罰新臺幣 500 元、每磅菸絲處罰新臺幣 3,000 元、每 25 支雪茄處罰新臺幣 4,000 元，或每公升酒處新臺幣 2,000 元罰鍰。

五、為防範非洲豬瘟，保護臺灣豬隻健康，旅客違規攜帶肉製品（含真空包裝）入境，依據動物傳染病防治條例第 45 之 1 條規定，將處新臺幣 1 萬元以上 100 萬元以下罰鍰。

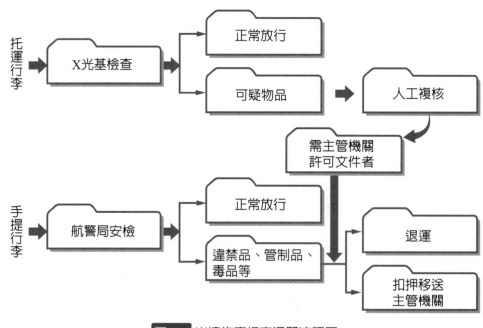

圖 8-2 出境旅客行李通關流程圖

本章習題

一、選擇題

( )1. 入境旅客自用且與其身分相稱之行李物品,其完稅價格總值在新臺幣
(A) 10,000　(B) 20,000　(C) 30,000　元以下者免稅。

( )2. 旅客行李通關之紅線檯是　(A) 應報稅檯　(B) 免報稅檯　(C) 不能通關檯。

( )3. 旅客行李通關之綠線檯是　(A) 應報稅檯　(B) 免報稅檯　(C) 自由通關檯。

( )4. 入境旅客攜帶之菸、酒,准予免稅之數量是　(A) 捲菸 200 支或雪茄 25 支或煙
絲 1 磅;酒 1 公升　(B) 捲菸 1,000 支或雪茄 125 支或菸絲 5 磅;酒 5 公升。

( )5. 入出境旅客攜帶外幣免向海關申報之限額為　(A) 等值美幣 1 萬元、人民幣 2
萬元　(B) 等值美幣 2 萬元、人民幣 2 萬元　(C) 無限制。

二、問答題

1. 何謂紅綠線通關?

2. 出入境旅客有哪些應特別注意事項?

三、簡答題

1. 旅客入境攜帶之藥品超過海關限制數量時應如何處理?

2. 旅客出境時攜帶之新臺幣、外幣數量有無限制?

NOTE

附錄

通關主要法規

一、關稅法

二、貨物通關自動化實施辦法

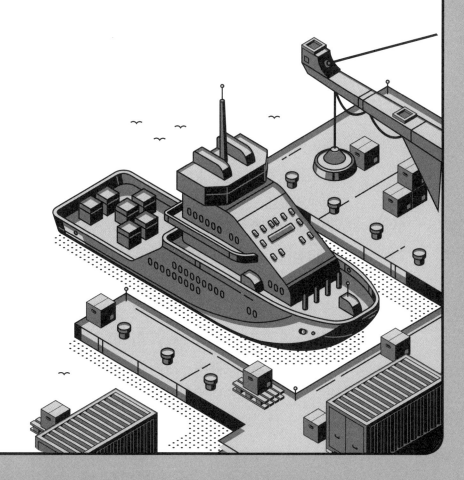

一、關稅法

名稱：關稅法

修正日期　民國 107 年 5 月 9 日

第一章　總則

第 1 條　關稅之課徵、貨物之通關，依本法之規定。

第 2 條　本法所稱關稅，指對國外進口貨物所課徵之進口稅。

第 3 條　關稅之徵收及進出口貨物稅則之分類，除本法另有規定者外，依海關進口稅則之規定。海關進口稅則，另經立法程序制定公布之。

財政部爲研議海關進口稅則之修正及特別關稅之課徵等事項，得邀集有關機關及學者專家審議之。

第 4 條　關稅之徵收，由海關爲之。

第 5 條　海關進口稅則得針對特定進口貨物，就不同數量訂定其應適用之關稅稅率，實施關稅配額。

前項關稅配額之分配方式、參與分配資格、應收取之權利金、保證金、費用及其處理方式之實施辦法，由財政部會同有關機關擬訂，報請行政院核定之。

第 6 條　關稅納稅義務人爲收貨人、提貨單或貨物持有人。

第 7 條　運輸工具載運之未稅貨物、保稅運貨工具載運之貨物及貨棧、貨櫃集散站、保稅倉庫、物流中心、免稅商店儲存之貨物，如有非法提運、遺失、遭竊或其他原因致貨物短少者，由業者負責補繳短少之進口稅費。

前項運輸工具載運之未稅貨物，單獨由海關核准登記之承攬業承攬運送時，如有非法提運、遺失、遭竊或其他原因致貨物短少者，由該承攬業者負責補繳短少之進口稅費。

第 8 條　納稅義務人爲法人、合夥或非法人團體者，解散清算時，清算人於分配賸餘財產前，應依法分別按關稅、滯納金、滯報費、利息、罰鍰及應追繳之貨價應受清償之順序繳清。

清算人違反前項規定者，應就未清償之款項負繳納義務。

第 9 條　依本法規定應徵之關稅、滯納金、滯報費、利息、罰鍰或應追繳之貨價，自確定之翌日起，五年內未經徵起者，不再徵收。但於五年期間屆滿前，已移送執

行，或已依強制執行法規定聲明參與分配，或已依破產法規定申報債權尚未結案者，不在此限。

前項期間之計算，於應徵之款項確定後，經准予分期或延期繳納者，自各該期間屆滿之翌日起算。

關稅、滯納金、滯報費、利息、罰鍰或應追繳之貨價，於徵收期間屆滿前已移送執行者，自徵收期間屆滿之翌日起，五年內未經執行者，不再執行；其於五年期間屆滿前已開始執行，仍得繼續執行，但自五年期間屆滿之日起已逾五年尚未執行終結者，不得再執行。

本法中華民國一百零五年十月二十一日修正之條文施行前已移送執行尚未終結之案件，其執行期間依前項規定辦理。

前四項規定，於依本法規定應徵之費用準用之。

第 10 條　依本法應辦理之事項、應提出之報單及其他相關文件，採與海關電腦連線或電子資料傳輸方式辦理，並經海關電腦記錄有案者，視為已依本法規定辦理或提出。

海關得依貨物通關自動化實施情形，要求經營報關、運輸、承攬、倉儲、貨櫃集散站及其他與通關有關業務之業者，以電腦連線或電子資料傳輸方式處理業務。

前二項辦理連線或傳輸之登記、申請程序、管理、通關程序及其他應遵行事項之辦法，由財政部定之。

海關所為各項核定、處分、通知或決定之送達，得以電腦連線或電子資料傳輸方式行之，並於電腦記錄。

經營與海關電腦連線或電子資料傳輸通關資料業務之通關網路業者，應經財政部許可；其許可與廢止之條件、最低資本額、營運項目、收費基準、營業時間之審核、管理及其他應遵行事項之辦法，由財政部定之。

第 10-1 條　依關務、航港、貿易簽審、檢驗及檢疫相關規定提出之資料，採與相關機關或其受託機構電腦連線或電子資料傳輸方式辦理者，得經由海關建置之關港貿單一窗口為之。

關務人員對於經由前項關港貿單一窗口傳輸之資料，應嚴守秘密。但本法或其他法律另有規定者，不在此限。

第一項關港貿單一窗口之營運、管理、收費基準與資料之拆封、蒐集、處理、利用及其他相關實施事項之辦法，由財政部會商有關機關定之。

第 11 條　依本法提供之擔保或保證金，得以下列方式爲之：

一、現金。

二、政府發行之公債。

三、銀行定期存單。

四、信用合作社定期存單。

五、信託投資公司一年以上普通信託憑證。

六、授信機構之保證。

七、其他經財政部核准，易於變價及保管，且無產權糾紛之財產。

前項第二款至第五款及第七款之擔保，應依法設定抵押權或質權於海關。

第 12 條　關務人員對於納稅義務人、貨物輸出人向海關所提供之各項報關資料，應嚴守秘密，違者應予處分；其涉有觸犯刑法規定者，並應移送偵查。但對下列各款人員及機關提供者，不在此限：

一、納稅義務人、貨物輸出人本人或其繼承人。

二、納稅義務人、貨物輸出人授權之代理人或辯護人。

三、海關或稅捐稽徵機關。

四、監察機關。

五、受理有關關務訴願、訴訟機關。

六、依法從事調查關務案件之機關。

七、其他依法得向海關要求提供報關資料之機關或人員。

八、經財政部核定之機關或人員。

海關對其他政府機關爲統計目的而供應資料，並不洩漏納稅義務人、貨物輸出人之姓名或名稱者，不受前項限制。

第一項第三款至第八款之機關人員，對海關所提供第一項之資料，如有洩漏情事，準用同項對關務人員洩漏秘密之規定。

第 13 條　海關於進出口貨物放行之翌日起六個月內通知實施事後稽核者，得於進出口貨物放行之翌日起二年內，對納稅義務人、貨物輸出人或其關係人實施之。依事後稽核結果，如有應退、應補稅款者，應自貨物放行之翌日起三年內爲之。

爲調查證據之必要，海關執行前項事後稽核，得要求納稅義務人、貨物輸出人

或其關係人提供與進出口貨物有關之紀錄、文件、會計帳冊及電腦相關檔案或資料庫等，或通知其至海關辦公處所備詢，或由海關人員至其場所調查；被調查人不得規避、妨礙或拒絕。

第一項所稱關係人，指與進出口貨物有關之報關業、運輸業、承攬業、倉儲業、快遞業及其他企業、團體或個人。

海關執行第一項事後稽核工作，得請求相關機關及機構提供與進出口貨物有關之資料及其他文件。

海關實施事後稽核之範圍、程序、所需文件及其他應遵行事項之辦法，由財政部定之。

第 14 條　轉運、轉口貨物之通關及管理，準用本法進出口通關及管理之規定。

第 15 條　下列物品，不得進口：

一、偽造或變造之貨幣、有價證券及印製偽幣印模。

二、侵害專利權、商標權及著作權之物品。

三、法律規定不得進口或禁止輸入之物品。

第 二 章　通關程序

第 一 節　報關及查驗

第 16 條　進口貨物之申報，由納稅義務人自裝載貨物之運輸工具進口日之翌日起十五日內，向海關辦理。

出口貨物之申報，由貨物輸出人於載運貨物之運輸工具結關或開駛前之規定期限內，向海關辦理；其報關驗放辦法，由財政部定之。

前二項貨物進出口前，得預先申報；其預行報關處理準則，由財政部定之。

第 17 條　進口報關時，應填送貨物進口報單，並檢附發票、裝箱單及其他進口必須具備之有關文件。

出口報關時，應填送貨物出口報單，並檢附裝貨單或託運單、裝箱單及依規定必須繳驗之輸出許可證及其他有關文件。

前二項之裝箱單及其他依規定必須繳驗之輸出入許可證及其他有關文件，得於海關放行前補附之。

前項文件如於海關通知之翌日起算二個月內未補送者，該進出口貨物除涉及違法情事，應依相關規定辦理外，應責令限期辦理退運出口或退關領回；納稅義

務人或貨物輸出人以書面聲明放棄或未依限辦理退運出口或退關領回者，依據或準用第九十六條規定辦理。

第一項及第二項之報單，納稅義務人或貨物輸出人得檢附證明文件向海關申請更正。

前項得申請更正之項目、期限、審核之依據、應檢附之證明文件及其他應遵行事項之辦法，由財政部定之。

第 18 條　為加速進口貨物通關，海關得按納稅義務人應申報之事項，先行徵稅驗放，事後再加審查；該進口貨物除其納稅義務人或關係人業經海關通知依第十三條規定實施事後稽核者外，如有應退、應補稅款者，應於貨物放行之翌日起六個月內，通知納稅義務人，逾期視為業經核定。

進口貨物未經海關依前項規定先行徵稅驗放，且海關無法即時核定其應納關稅者，海關得依納稅義務人之申請，准其檢具審查所需文件資料，並繳納相當金額之保證金，先行驗放，事後由海關審查，並於貨物放行之翌日起六個月內核定其應納稅額，屆期視為依納稅義務人之申報核定應納稅額。

進口貨物有下列情事之一者，不得依第一項規定先行徵稅驗放。但海關得依納稅義務人之申請，准其繳納相當金額之保證金，先行驗放，並限期由納稅義務人補辦手續，屆期未補辦者，沒入其保證金：

一、納稅義務人未即時檢具減、免關稅有關證明文件而能補正。

二、納稅義務人未及申請簽發輸入許可文件，而有即時報關提貨之需要。但以進口貨物屬准許進口類貨物者為限。

三、其他經海關認為有繳納保證金，先行驗放之必要。

依法得減免關稅之進口貨物，未依前項第一款規定申請繳納保證金而繳稅者，得於貨物進口放行前或放行後四個月內，檢具減、免關稅有關證明文件申請補正及退還其應退之關稅。

第 19 條　海關得對納稅義務人、貨物輸出人或其他供應鏈相關業者實施優質企業認證，經認證合格者，給予優惠措施。

依前項規定認證合格之納稅義務人或貨物輸出人，經向海關提供相當金額之擔保或申請核准自行具結者，其特定報單之貨物得先予放行，並按月就放行貨物彙總完成繳納稅費手續。

第一項申請認證應具備之資格條件、申請程序、優質企業之分類、供應鏈業別、優惠措施、停止或廢止適用條件、第二項得先予放行之特定報單、擔保方式、申請自行具結之條件、稅費繳納方式及其他應遵行事項之辦法，由財政部定之。

第 20 條　載運客貨之運輸工具進出口通關，應填具之貨物艙單、旅客與服務人員名單及其他進出口必備之有關文件，由運輸工具負責人或運輸工具所屬運輸業者向海關申報。

前項運輸工具負責人，在船舶為船長；在飛機為機長；在火車為列車長；在其他運輸工具為該運輸工具管領人。

經營第一項業務之運輸工具所屬運輸業者，應向海關申請登記及繳納保證金；運輸工具負責人或運輸工具所屬運輸業者辦理進出口通關、執行運輸業務、通關事項管理，與運輸工具所屬運輸業者應具備之資格、條件、保證金數額與種類、申請程序、登記與變更、證照之申請、換發及其他應遵行事項之辦法，由財政部定之。

第 20-1 條　前條運輸工具載運之貨物由經海關核准登記之承攬業承攬運送者，其貨物艙單得由該業者向海關申報；其轉運、轉口相關事宜，亦得由該業者向海關辦理。

辦理前項業務之承攬業者，應向海關申請登記及繳納保證金；承攬業者應具備之資格、條件、保證金數額與種類、申報內容與程序、申請程序、登記與變更、證照之申請、換發、通關事項管理及其他應遵行事項之辦法，由財政部定之。

第 21 條　納稅義務人或其代理人得於貨物進口前，向海關申請預先審核進口貨物之稅則號別，海關應以書面答復之。

海關對於前項預先審核之稅則號別有所變更時，應敘明理由，以書面通知納稅義務人或其代理人。經納稅義務人或其代理人舉證證明其已訂定契約並據以進行交易，且將導致損失者，得申請延長海關預先審核稅則號別之適用，並以延長九十日為限。但變更後之稅則號別，涉及貨物輸入規定者，應依貨物進口時之相關輸入規定辦理。

納稅義務人或其代理人不服海關預先審核之稅則號別者，得於貨物進口前，向財政部關務署申請覆審，財政部關務署除有正當理由外，應為適當之處理。

第一項申請預先審核之程序、所需文件、海關答復之期限及前項覆審處理之實施辦法，由財政部定之。

第 22 條　貨物應辦之報關、納稅等手續，得委託報關業者辦理；其向海關遞送之報單，應經專責報關人員審核簽證。

前項報關業者，應經海關許可，始得辦理公司或商業登記；並應於登記後，檢附相關文件向海關申請核發報關業務證照。

報關業者之最低資本額、負責人、經理人與專責報關人員應具備之資格、條件、職責、許可之申請程序、登記與變更、證照之申請、換發、廢止、辦理報關業務及其他應遵行事項之辦法，由財政部定之。

第 23 條　海關對於進口、出口及轉口貨物，得依職權或申請，施以查驗或免驗；必要時並得提取貨樣，其提取以在鑑定技術上所需之數量為限。

前項查驗、取樣之方式、時間、地點及免驗品目範圍，由財政部定之。

第一項貨物查驗時，其搬移、拆包或開箱、恢復原狀等事項及所需費用，進出口貨物統由納稅義務人或貨物輸出人負擔；轉口貨物則由負責申報之運輸業者或承攬業者負擔。

第 24 條　進出口貨物應在海關規定之時間及地點裝卸；其屬於易腐或危險物品，或具有特殊理由，經海關核准者，其裝卸不受時間及地點限制。

第 25 條　未經海關放行之進口貨物、經海關驗封之出口貨物及其他應受海關監管之貨物，申請在國內運送者，海關得核准以保稅運貨工具為之。

前項保稅運貨工具所有人，應向海關申請登記及繳納保證金；其應具備之資格、條件、保證金數額與種類、申請程序、登記與變更、證照之申請、換發、保稅運貨工具使用管理及其他應遵行事項之辦法，由財政部定之。

第 26 條　未完成海關放行手續之進出口貨物，得經海關核准，暫時儲存於貨棧或貨櫃集散站。

前項貨棧或貨櫃集散站業者，應向所在地海關申請登記及繳納保證金；其應具備之資格、條件、保證金數額與種類、申請程序、登記與變更、證照之申請、換發、廢止、貨櫃與貨物之存放、移動、通關、管理及其他應遵行事項之辦法，由財政部定之。

第 27 條　為加速通關，快遞貨物、郵包物品得於特定場所辦理通關。

前項辦理快遞貨物通關場所之設置條件、地點、快遞貨物之種類、業者資格、貨物態樣、貨物識別、貨物申報、理貨、通關程序及其他應遵行事項之辦法，由財政部定之。

第一項郵包物品之通關場所、應辦理報關之金額、條件、申領、驗放、通關程序及其他應遵行事項之辦法，由財政部定之。

第 28 條　海關對進口貨物原產地之認定，應依原產地認定標準辦理，必要時，得請納稅義務人提供產地證明文件。在認定過程中如有爭議，納稅義務人得請求貨物主管機關或專業機構協助認定，其所需費用統由納稅義務人負擔。

前項原產地之認定標準，由財政部會同經濟部定之。

納稅義務人或其代理人得於貨物進口前，向海關申請預先審核進口貨物之原產地，海關應以書面答復之。

納稅義務人或其代理人不服海關預先審核之原產地者，得於貨物進口前向海關申請覆審。

第三項申請預先審核之程序、所需文件、海關答復之期限及前項覆審處理之實施辦法，由財政部定之。

第 28-1 條　海關為確保貨物安全，對於保稅運貨工具與經海關核准之運貨工具及卸存碼頭之海運貨櫃，得加封封條。

下列業者經申請海關許可，得於所定運貨工具或海運貨櫃加封自備封條：

一、經海關登記且運輸工具為船舶之運輸業、承攬業，就其所載之海運貨櫃。

二、經海關核准實施自主管理且位於機場管制區外之航空貨物集散站業，就其自有之保稅運貨工具。

三、經海關核准實施自主管理之物流中心業，就運出該物流中心之海運貨櫃、保稅運貨工具或經海關核准之運貨工具。

四、經海關登記之內陸貨櫃集散站業，就進儲該集散站或自該集散站轉運出站之海運轉口貨櫃。

前二項所稱封條，指以單一識別碼標記，可供海關查證並確保貨物安全之裝置。

第二項業者申請海關許可使用自備封條應具備之資格、條件、程序、自備封條之類別、驗證基準、使用範圍、校正、管理、許可之廢止與重新申請及其他應遵行事項之辦法，由財政部定之。

第 二 節　完稅價格

第 29 條　從價課徵關稅之進口貨物，其完稅價格以該進口貨物之交易價格作為計算根據。

前項交易價格，指進口貨物由輸出國銷售至中華民國實付或應付之價格。

進口貨物之實付或應付價格，如未計入下列費用者，應將其計入完稅價格：

一、由買方負擔之佣金、手續費、容器及包裝費用。

二、由買方無償或減價提供賣方用於生產或銷售該貨之下列物品及勞務，經合
　　理攤計之金額或減價金額：

　　㈠組成該進口貨物之原材料、零組件及其類似品。

　　㈡生產該進口貨物所需之工具、鑄模、模型及其類似品。

　　㈢生產該進口貨物所消耗之材料。

　　㈣生產該進口貨物在國外之工程、開發、工藝、設計及其類似勞務。

三、依交易條件由買方支付之權利金及報酬。

四、買方使用或處分進口貨物，實付或應付賣方之金額。

五、運至輸入口岸之運費、裝卸費及搬運費。

六、保險費。

依前項規定應計入完稅價格者，應根據客觀及可計量之資料。無客觀及可計量
之資料者，視為無法按本條規定核估其完稅價格。

海關對納稅義務人提出之交易文件或其內容之真實性或正確性存疑，納稅義務
人未提出說明或提出說明後，海關仍有合理懷疑者，視為無法按本條規定核估
其完稅價格。

第 30 條　進口貨物之交易價格，有下列情事之一者，不得作為計算完稅價格之根據：

一、買方對該進口貨物之使用或處分受有限制。但因中華民國法令之限制，或
　　對該進口貨物轉售地區之限制，或其限制對價格無重大影響者，不在此
　　限。

二、進口貨物之交易附有條件，致其價格無法核定。

三、依交易條件買方使用或處分之部分收益應歸賣方，而其金額不明確。

四、買、賣雙方具有特殊關係，致影響交易價格。

前項第四款所稱特殊關係，指有下列各款情形之一：

一、買、賣雙方之一方為他方之經理人、董事或監察人。

二、買、賣雙方為同一事業之合夥人。

三、買、賣雙方具有僱傭關係。

四、買、賣之一方直接或間接持有或控制他方百分之五以上之表決權股份。

五、買、賣之一方直接或間接控制他方。

六、買、賣雙方由第三人直接或間接控制。

七、買、賣雙方共同直接或間接控制第三人。

八、買、賣雙方具有配偶或三親等以內之親屬關係。

第 31 條　進口貨物之完稅價格，未能依第二十九條規定核定者，海關得按該貨物出口時或出口前、後銷售至中華民國之同樣貨物之交易價格核定之。核定時，應就交易型態、數量及運費等影響價格之因素作合理調整。

前項所稱同樣貨物，指其生產國別、物理特性、品質及商譽等均與該進口貨物相同者。

第 32 條　進口貨物之完稅價格，未能依第二十九條及前條規定核定者，海關得按該貨物出口時或出口前、後銷售至中華民國之類似貨物之交易價格核定之。

核定時，應就交易型態、數量及運費等影響價格之因素作合理調整。

前項所稱類似貨物，指與該進口貨物雖非完全相同，但其生產國別及功能相同，特性及組成之原材料相似，且在交易上可互為替代者。

第 33 條　進口貨物之完稅價格，未能依第二十九條、第三十一條及前條規定核定者，海關得按國內銷售價格核定之。

海關得依納稅義務人請求，變更本條及第三十四條核估之適用順序。

第一項所稱國內銷售價格，指該進口貨物、同樣或類似貨物，於該進口貨物進口時或進口前、後，在國內按其輸入原狀於第一手交易階段，售予無特殊關係者最大銷售數量之單位價格核計後，扣減下列費用計算者：

一、該進口貨物、同級或同類別進口貨物在國內銷售之一般利潤、費用或通常支付之佣金。

二、貨物進口繳納之關稅及其他稅捐。

三、貨物進口後所發生之運費、保險費及其相關費用。

按國內銷售價格核估之進口貨物，在其進口時或進口前、後，無該進口貨物、同樣或類似貨物在國內銷售者，應以該進口貨物進口之翌日起九十日內，於該進口貨物、同樣或類似貨物之銷售數量足以認定該進口貨物之單位價格時，按

其輸入原狀售予無特殊關係者最大銷售數量之單位價格核計後，扣減前項所列各款費用計算之。

進口貨物非按輸入原狀銷售者，海關依納稅義務人之申請，按該進口貨物經加工後售予無特殊關係者最大銷售數量之單位價格，核定其完稅價格，該單位價格，應扣除加工後之增值及第三項所列之扣減費用。

第 34 條　進口貨物之完稅價格，未能依第二十九條、第三十一條、第三十二條及前條規定核定者，海關得按計算價格核定之。

前項所稱計算價格，指下列各項費用之總和：

一、生產該進口貨物之成本及費用。

二、由輸出國生產銷售至中華民國該進口貨物、同級或同類別貨物之正常利潤與一般費用。

三、運至輸入口岸之運費、裝卸費、搬運費及保險費。

第 35 條　進口貨物之完稅價格，未能依第二十九條、第三十一條、第三十二條、第三十三條及前條規定核定者，海關得依據查得之資料，以合理方法核定之。

第 36 條　納稅義務人得以書面請求海關說明對其進口貨物完稅價格之核定方法；海關之答復，應以書面為之。

第 36-1 條　納稅義務人或其代理人得於貨物進口前，向財政部關務署申請預先審核進口貨物之實付或應付價格有無第二十九條第三項規定或其他應計入完稅價格之費用，審核之答復應以書面為之。

財政部關務署對於前項預先審核結果有所變更時，應敘明理由，以書面通知納稅義務人或其代理人。納稅義務人或其代理人於收到書面通知後，得提出證據證明其已訂定契約並據以進行交易，適用變更後之審核結果將導致損失，申請延長原預先審核結果之適用，延長以收到書面通知之翌日起九十日為限。

納稅義務人或其代理人不服第一項預先審核之結果者，得於貨物進口前，向財政部關務署申請覆審。

第一項申請預先審核之程序、所需文件、答復之期限及前項覆審處理之實施辦法，由財政部定之。

第 37 條　運往國外修理、裝配或加工之貨物，復運進口者，依下列規定，核估完稅價格：

一、修理、裝配之貨物，以其修理、裝配所需費用，作為計算根據。

二、加工貨物，以該貨復運進口時之完稅價格與原貨出口時同樣或類似貨物進口之完稅價格之差額，作為計算根據。

前項運往國外修理、裝配或加工之貨物，應於出口放行之翌日起一年內復運進口。如因事實需要，於期限屆滿前，得以書面敘明理由，向海關申請延長六個月；逾期復運進口者，應全額課稅。

第 38 條　進口貨物係租賃或負擔使用費而所有權未經轉讓者，其完稅價格，根據租賃費或使用費加計運費及保險費估定之。

納稅義務人申報之租賃費或使用費偏低時，海關得根據調查所得資料核實估定之。但估定之租賃費或使用費，每年不得低於貨物本身完稅價格之十分之一。

依第一項規定按租賃費或使用費課稅之進口貨物，除按租賃費或使用費繳納關稅外，應就其與總值應繳全額關稅之差額提供保證金，或由授信機構擔保。

第一項貨物，以基於專利或製造上之秘密不能轉讓，或因特殊原因經財政部專案核准者為限。

第一項租賃或使用期限，由財政部核定之。

第 39 條　從價課徵關稅之進口貨物，其外幣價格應折算為新臺幣；外幣折算之匯率，由財政部關務署參考外匯市場即期匯率，定期公告之。

第 40 條　整套機器及其在產製物品過程中直接用於該項機器之必須設備，因體積過大或其他原因，須拆散、分裝報運進口者，除事前檢同有關文件申報，海關核明屬實，按整套機器設備應列之稅則號別徵稅外，各按其應列之稅則號別徵稅。

第 41 條　由數種物品組合而成之貨物，拆散、分裝報運進口者，除機器依前條規定辦理外，按整體貨物應列之稅則號別徵稅。

第 42 條　海關為查明進口貨物之正確完稅價格，得採取下列措施，被調查人不得規避、妨礙或拒絕：

一、檢查該貨物之買、賣雙方有關售價之其他文件。

二、調查該貨物及同樣或類似貨物之交易價格或國內銷售價格，及查閱其以往進口時之完稅價格紀錄。

三、調查其他廠商出售該貨物及同樣或類似貨物之有關帳簿及單證。

四、調查其他與核定完稅價格有關資料。

第 三 節　納稅期限與行政救濟

第 43 條　關稅之繳納,自稅款繳納證送達之翌日起十四日內為之。

前述所處罰鍰及追繳貨價之繳納,應自處分確定,收到海關通知之翌日起十四日內為之。

處理貨物變賣或銷毀貨物應繳之費用,應自通知書送達之翌日起十四日內繳納。

第 44 條　應徵關稅之進口貨物,應於繳納關稅後,予以放行。但本法另有規定或經海關核准已提供擔保者,應先予放行。

前項提供擔保之手續、擔保之範圍或方式、擔保責任之解除及其他應遵行事項之辦法,由財政部定之。

第 45 條　納稅義務人如不服海關對其進口貨物核定之稅則號別、完稅價格或應補繳稅款或特別關稅者,得於收到稅款繳納證之翌日起三十日內,依規定格式,以書面向海關申請復查,並得於繳納全部稅款或提供相當擔保後,提領貨物。

第 46 條　海關對復查之申請,應於收到申請書之翌日起二個月內為復查決定,並作成決定書,通知納稅義務人;必要時,得予延長,並通知納稅義務人。延長以一次為限,最長不得逾二個月。

復查決定書之正本,應於決定之翌日起十五日內送達納稅義務人。

第 47 條　納稅義務人不服前條復查決定者,得依法提起訴願及行政訴訟。

經依復查、訴願或行政訴訟確定應退還稅款者,海關應於確定之翌日起十日內,予以退還;並自納稅義務人繳納該項稅款之翌日起,至填發收入退還書或國庫支票之日止,按退稅額,依繳納稅款之日郵政儲金一年期定期儲金固定利率,按日加計利息,一併退還。

經依復查、訴願或行政訴訟確定應補繳稅款者,海關應於確定之翌日起十日內,填發補繳稅款繳納通知書,通知納稅義務人繳納,並自該項補繳稅款原應繳納期間屆滿之翌日起,至填發補繳稅款繳納通知書之日止,按補繳稅額,依原應繳納稅款之日郵政儲金一年期定期儲金固定利率,按日加計利息,一併徵收。

第 48 條　納稅義務人或受處分人欠繳應繳關稅、滯納金、滯報費、利息、罰鍰或應追繳之貨價者,海關得就納稅義務人或受處分人相當於應繳金額之財產,通知有關機關不得為移轉或設定他項權利;其為營利事業者,並得通知主管機關限制其減資之登記。

納稅義務人或受處分人未經扣押貨物或提供適當擔保者，海關為防止其隱匿或移轉財產以逃避執行，得於稅款繳納證或處分書送達後，就納稅義務人或受處分人相當於應繳金額部分，聲請法院就其財產實施假扣押或其他保全措施，並免提供擔保。但納稅義務人或受處分人已提供相當擔保者，不在此限。

前項實施假扣押或其他保全措施之裁量基準及作業辦法，由財政部定之。

民法第二百四十二條至第二百四十四條規定，於關稅之徵收準用之。

納稅義務人或受處分人已確定之應納關稅、依本法與海關緝私條例所處罰鍰及由海關代徵之應納稅捐，屆法定繳納期限而未繳納者，其所欠金額單計或合計，個人在新臺幣一百萬元以上，法人、合夥組織、獨資商號或非法人團體在新臺幣二百萬元以上者；在行政救濟程序確定前，個人在新臺幣一百五十萬元以上，法人、合夥組織、獨資商號或非法人團體在新臺幣三百萬元以上，得由財政部函請內政部移民署限制該納稅義務人或受處分人或其負責人、代表人、管理人出國。

財政部函請內政部移民署限制出國時，應同時以書面敘明理由並附記救濟程序通知當事人，依法送達。

海關未執行第一項前段或第二項規定者，財政部不得依第五項規定函請內政部移民署限制出國。但經查納稅義務人或受處分人無財產可供執行者，不在此限。

限制出國之期間，自內政部移民署限制出國之日起，不得逾五年。

納稅義務人、受處分人或其負責人、代表人、管理人經限制出國後，具有下列各款情形之一者，財政部應函請內政部移民署解除其出國限制：

一、限制出國已逾前項所定期間。

二、已繳清限制出國時之欠稅及罰鍰，或向海關提供欠稅及罰鍰之相當擔保。

三、經行政救濟程序終結，確定之欠稅及罰鍰合計未達第五項所定之金額。

四、依本法限制出國時之欠稅及罰鍰，已逾法定徵收期間。

五、欠繳之公司組織已依法解散清算，且無賸餘財產可資抵繳欠稅及罰鍰。

六、欠繳人就其所欠稅款已依破產法規定之和解或破產程序分配完結。

第三章　稅款之優待

第一節　免稅

第 49 條　下列各款進口貨物，免稅：

一、總統、副總統應用物品。

二、駐在中華民國之各國使領館外交官、領事官與其他享有外交待遇之機關及人員，進口之公用或自用物品。但以各該國對中華民國給予同樣待遇者為限。

三、外交機關進口之外交郵袋、政府派駐國外機構人員任滿調回攜帶自用物品。

四、軍事機關、部隊進口之軍用武器、裝備、車輛、艦艇、航空器與其附屬品，及專供軍用之物資。

五、辦理救濟事業之政府機構、公益、慈善團體進口或受贈之救濟物資。

六、公私立各級學校、教育或研究機關，依其設立性質，進口用於教育、研究或實驗之必需品與參加國際比賽之體育團體訓練及比賽用之必需體育器材。但以成品為限。

七、外國政府或機關、團體贈送之勳章、徽章及其類似之獎品。

八、公私文件及其類似物品。

九、廣告品及貨樣，無商業價值或其價值在限額以下者。

十、中華民國漁船在海外捕獲之水產品；或經政府核准由中華民國人民前往國外投資國外公司，以其所屬原為中華民國漁船在海外捕獲之水產品運回數量合於財政部規定者。

十一、經撈獲之沈沒船舶、航空器及其器材。

十二、經營貿易屆滿二年之中華民國船舶，因逾齡或其他原因，核准解體者。但不屬船身固定設備之各種船用物品、工具、備用之外貨、存煤、存油等，不包括在內。

十三、經營國際貿易之船舶、航空器或其他運輸工具專用之燃料、物料。但外國籍者，以各該國對中華民國給予同樣待遇者為限。

十四、旅客攜帶之自用行李、物品。

十五、進口之郵包物品數量零星在限額以下者。

十六、政府機關自行進口或受贈防疫用之藥品或醫療器材。

十七、政府機關為緊急救難自行進口或受贈之器材與物品及外國救難隊人員為緊急救難攜帶進口之裝備、器材、救難動物與用品。

十八、中華民國籍船員在國內設有戶籍者，自國外回航或調岸攜帶之自用行李物品。

十九、政府機關為舉辦國際體育比賽自行進口或受贈之比賽用必需體育器材或用品。

前項貨物以外之進口貨物，其同批完稅價格合併計算在財政部公告之限額以下者，免稅。但進口次數頻繁或經財政部公告之特定貨物，不適用之。

第一項第二款至第六款、第九款、第十四款、第十五款與第十八款所定之免稅範圍、品目、數量、限額、通關程序及其他應遵行事項之辦法、前項但書進口次數頻繁之認定，由財政部定之。

第 50 條　進口貨物有下列情形之一，免徵關稅：

一、在國外運輸途中或起卸時，因損失、變質、損壞致無價值，於進口時，向海關聲明者。

二、起卸以後，驗放以前，因天災、事變或不可抗力之事由，而遭受損失或損壞致無價值者。

三、在海關查驗時業已破漏、損壞或腐爛致無價值，非因倉庫管理人員或貨物關係人保管不慎所致者。

四、於海關放行前，納稅義務人申請退運出口經海關核准者。

五、於海關驗放前，因貨物之性質自然短少，其短少部分經海關查明屬實者。

第 51 條　課徵關稅之進口貨物，發現損壞或規格、品質與原訂合約規定不符，由國外廠商賠償或調換者，該項賠償或調換進口之貨物，免徵關稅。但以在原貨物進口之翌日起一個月內申請核辦，並提供有關證件，經查明屬實者為限。

前項貨物如係機器設備，得於安裝就緒試車之翌日起三個月內申請核辦。

第一項賠償或調換進口之貨物，應自海關通知核准之翌日起六個月內報運進口；如因事實需要，於期限屆滿前，得申請海關延長之，其延長，以六個月為限。

第 52 條　應徵關稅之貨樣、科學研究用品、試驗用品、展覽物品、遊藝團體服裝、道具、攝製電影電視之攝影製片器材、安裝修理機器必需之儀器、工具、盛裝貨物用

之容器，進口整修、保養之成品及其他經財政部核定之物品，在進口之翌日起六個月內或於財政部核定之日期前，原貨復運出口者，免徵關稅。

前項貨物，因事實需要，須延長復運出口期限者，應於出口期限屆滿前，以書面敘明理由，檢附有關證件，向原進口地海關申請核辦；其復運出口期限如原係經財政部核定者，應向財政部申請核辦。

第 53 條　貨樣、科學研究用品、工程機械、攝製電影、電視人員攜帶之攝影製片器材、安裝修理機器必需之儀器、工具、展覽物品、藝術品、盛裝貨物用之容器、遊藝團體服裝、道具，政府機關寄往國外之電影片與錄影帶及其他經財政部核定之類似物品，在出口之翌日起一年內或於財政部核定之日期前原貨復運進口者，免徵關稅。

前項貨物，如因事實需要，須延長復運進口期限者，應於復運進口期限屆滿前，以書面敘明理由，檢附有關證件，向原出口地海關申請核辦；其復運進口期限如原係經財政部核定者，應向財政部申請核辦。

第 54 條　納稅義務人得以暫准通關證替代進口或出口報單辦理貨物通關，該貨物於暫准通關證有效期限內原貨復運出口或復運進口者，免徵關稅。逾期未復運出口者，其應納稅款由該證載明之保證機構代為繳納；逾期復運進口者，依法課徵關稅。

適用暫准通關證辦理通關之貨物範圍、保證機構之保證責任、暫准通關證之簽發、管理及其他應遵行事項之辦法，由財政部定之。

第 55 條　減免關稅之進口貨物，轉讓或變更用途時，應由原進口時之納稅義務人或現貨物持有人自轉讓或變更用途之翌日起三十日內，向原進口地海關按轉讓或變更用途時之價格與稅率，補繳關稅。但有下列情事之一者，免予補稅：

一、轉讓或變更用途時已逾財政部規定年限。

二、經海關核准原貨復運出口。

三、經原核發同意或證明文件之機關核轉海關查明原貨復運出口。

四、轉讓與具有減免關稅條件。

分期繳稅或稅款記帳之進口貨物，於關稅未繳清前，除強制執行或經海關專案核准者外，不得轉讓。

依前項規定經強制執行或專案核准者，准由受讓人繼續分期繳稅或記帳。

第一項減免關稅貨物補稅、免補稅年限、申辦程序、完稅價格之核估及其他應遵行事項之辦法，由財政部定之。

第 56 條　進口供加工外銷之原料，於該原料進口放行之翌日起一年內，經財政部核准復運出口者，免稅。

前項復運出口之原料，其免稅手續應在出口日之翌日起六個月內申請辦理。

第 57 條　外銷品在出口放行之翌日起三年內，因故退貨申請復運進口者，免徵成品關稅。但出口時已退還之原料關稅，應仍按原稅額補徵。

前項復運進口之外銷品，經提供擔保，於進口之翌日起六個月內整修或保養完畢並復運出口者，免予補徵已退還之原料關稅。但因天災、事變或不可抗力之事由致無法如期復運出口者，其復運出口期限不得超過一年。

第 二 節　保稅

第 58 條　進口貨物於提領前得申請海關存入保稅倉庫。在規定存倉期間內，原貨出口或重整後出口者，免稅。

國產保稅貨物進儲保稅倉庫後，得依規定辦理除帳；供重整之國內貨物進儲保稅倉庫後，除已公告取消退稅之項目外，得於出口後依第六十三條規定辦理沖退稅。

前二項存倉之貨物在規定存倉期間內，貨物所有人或倉單持有人得申請海關核准於倉庫範圍內整理、分類、分割、裝配或重裝。

保稅倉庫業者應向所在地海關申請登記及繳納保證金；其應具備之資格、條件、設備建置、保證金數額與種類、申請程序、登記與變更、證照之申請、換發、貨物之存儲、管理及其他應遵行事項之辦法，由財政部定之。

第 59 條　外銷品製造廠商，得經海關核准登記為海關管理保稅工廠，其進口原料存入保稅工廠製造或加工產品外銷者，得免徵關稅。

保稅工廠所製造或加工之產品及依前項規定免徵關稅之原料，非經海關核准並按貨品出廠形態報關繳稅，不得出廠。

保稅工廠進口自用機器、設備，免徵關稅。但自用機器、設備於輸入後五年內輸往課稅區者，應依進口貨品之規定，補繳關稅。

保稅工廠業者應向所在地海關申請登記；其應具備之資格、條件、最低資本額、申請程序、設備建置、登記與變更、證照之申請、換發、保稅物品之加工、管理、通關、產品內銷應辦補稅程序及其他應遵行事項之辦法，由財政部定之。

第 60 條　經營保稅貨物倉儲、轉運及配送業務之保稅場所，其業者得向海關申請登記為物流中心。

進儲物流中心之貨物，因前項業務需要，得進行重整及簡單加工。

進口貨物存入物流中心，原貨出口或重整及加工後出口者，免稅。國內貨物進儲物流中心，除已公告取消退稅之項目外，得於出口後依第六十三條規定辦理沖退稅。

物流中心業者應向所在地海關申請登記及繳納保證金；其應具備之資格、條件、最低資本額、保證金數額與種類、申請程序、登記與變更、證照之申請、換發、貨物之管理、通關及其他應遵行事項之辦法，由財政部定之。

第 61 條　經營銷售貨物予入出境旅客之業者，得向海關申請登記為免稅商店。

免稅商店進儲供銷售之保稅貨物，在規定期間內銷售予旅客，原貨攜運出口者，免稅。

免稅商店之保稅貨物，應存儲於專供存儲免稅商店銷售貨物之保稅倉庫。

免稅商店業者應向所在地海關申請登記；其應具備之資格、條件、最低資本額、申請程序、登記與變更、證照之申請、換發、貨物之管理、通關、銷售及其他應遵行事項之辦法，由財政部定之。

第 62 條　進口貨物在報關前，如因誤裝、溢卸或其他特殊原因須退運或轉運出口者，應於裝載該貨之運輸工具進口之翌日起十五日內向海關申請核准，九十日內原貨退運或轉運出口；其因故不及辦理者，應於期限屆滿前，依第五十八條規定向海關申請存儲於保稅倉庫。

不依前項規定辦理者，準用第七十三條第二項規定，將其貨物變賣、處理。

第 三 節　退稅

第 63 條　外銷品進口原料關稅，除經財政部公告取消退稅之項目及原料可退關稅占成品出口離岸價格在財政部核定之比率或金額以下者，不予退還外，得於成品出口後依各種外銷品產製正常情況所需數量之原料核退標準退還之。

外銷品進口原料關稅，得由廠商提供保證，予以記帳，俟成品出口後沖銷之。

外銷品應沖退之原料進口關稅，廠商應於該項原料進口放行之翌日起一年六個月內，檢附有關出口證件申請沖退，逾期不予辦理。

前項期限，遇有特殊情形經財政部核准者，得展延之，其展延，以一年為限。

外銷品沖退原料關稅，有關原料核退標準之核定、沖退原料關稅之計算、申請沖退之手續、期限、提供保證、記帳沖銷及其他應遵行事項之辦法，由財政部定之。

第 64 條　已繳納關稅進口之貨物，有下列各款情事之一者，退還其原繳關稅：

　　一、進口一年內因法令規定禁止其銷售、使用，於禁止之翌日起六個月內原貨
　　　　復運出口，或在海關監視下銷毀。

　　二、於貨物提領前，因天災、事變或不可抗力之事由，而遭受損失或損壞致無
　　　　價值，並經海關查明屬實。

　　三、於貨物提領前，納稅義務人申請退運出口或存入保稅倉庫，經海關核准。

第 65 條　短徵、溢徵或短退、溢退稅款者，海關應於發覺後通知納稅義務人補繳或具領，
　　　　或由納稅義務人自動補繳或申請發還。

　　　　前項補繳或發還期限，以一年爲限；短徵、溢徵者，自稅款完納之翌日起算；
　　　　短退、溢退者，自海關填發退稅通知書之翌日起算。

　　　　第一項補繳或發還之稅款，應自該項稅款完納或應繳納期限截止或海關填發退
　　　　稅通知書之翌日起，至補繳或發還之日止，就補繳或發還之稅額，依應繳或實
　　　　繳之日郵政儲金一年期定期儲金固定利率，按日加計利息，一併徵收或發還。

　　　　短徵或溢退之稅款及依前項規定加計之利息，納稅義務人應自海關補繳通知送
　　　　達之翌日起十四日內繳納；屆期未繳納者，自期限屆滿之翌日起，至補繳之日
　　　　止，照欠繳稅額按日加徵滯納金萬分之五。

第 66 條　應退還納稅義務人之款項，海關應先抵繳其積欠，並於扣抵後，立即通知納稅
　　　　義務人。

第 四 章　特別關稅

第 67 條　進口貨物在輸出或產製國家之製造、生產、銷售、運輸過程，直接或間接領受
　　　　財務補助或其他形式之補貼，致損害中華民國產業者，除依海關進口稅則徵收
　　　　關稅外，得另徵適當之平衡稅。

第 68 條　進口貨物以低於同類貨物之正常價格輸入，致損害中華民國產業者，除依海關
　　　　進口稅則徵收關稅外，得另徵適當之反傾銷稅。

　　　　前項所稱正常價格，指在通常貿易過程中，在輸出國或產製國國內可資比較之
　　　　銷售價格，無此項可資比較之國內銷售價格，得以其輸往適當之第三國可資比
　　　　較之銷售價格或以其在原產製國之生產成本加合理之管理、銷售與其他費用及
　　　　正常利潤之推定價格，作爲比較之基準。

第 69 條　前二條所稱損害中華民國產業，指對中華民國產業造成實質損害或有實質損害
　　　　之虞，或實質延緩國內該項產業之建立。

平衡稅之課徵，不得超過進口貨物領受之補貼金額；反傾銷稅之課徵，不得超過進口貨物之傾銷差額。

平衡稅及反傾銷稅之課徵範圍、對象、稅率、開徵或停徵日期，應由財政部會商有關機關後公告實施。

有關申請課徵平衡稅及反傾銷稅之案件，其申請人資格、條件、調查、認定、意見陳述、案件處理程序及其他應遵行事項之實施辦法，由財政部會同有關機關擬訂，報請行政院核定。

第 70 條　輸入國家對中華民國輸出之貨物或運輸工具所裝載之貨物，給予差別待遇，使中華民國貨物或運輸工具所裝載之貨物較其他國家在該國市場處於不利情況者，該國輸出之貨物或運輸工具所裝載之貨物，運入中華民國時，除依海關進口稅則徵收關稅外，財政部得決定另徵適當之報復關稅。

財政部為前項之決定時，應會商有關機關，並報請行政院核定。

第 71 條　為應付國內或國際經濟之特殊情況，並調節物資供應及產業合理經營，對進口貨物應徵之關稅或適用之關稅配額，得在海關進口稅則規定之稅率或數量百分之五十以內予以增減。但大宗物資價格大幅波動時，得在百分之一百以內予以增減。增減稅率或數量之期間，以一年為限。

前項增減稅率或數量之貨物種類，實際增減之幅度及開始與停止日期，由財政部會商有關機關擬訂，報請行政院核定。

第 72 條　依貿易法採取進口救濟或依國際協定採取特別防衛措施者，得分別對特定進口貨物提高關稅、設定關稅配額或徵收額外關稅。

前項額外關稅於該貨物之累積進口量超過基準數量時，應以海關就該批進口貨物核定之應徵稅額為計算基礎；於該進口貨物之進口價格低於基準價格時，應以海關依本法核定之完稅價格與基準價格之差額為計算基礎。其額外關稅之課徵，以該二項基準所計算稅額較高者為之。

第一項關稅之提高、關稅配額之設定或額外關稅之徵收，其課徵之範圍、稅率、額度及期間，由財政部會同有關機關擬訂，報請行政院核定；關稅配額之實施，依第五條第二項關稅配額之實施辦法辦理。

第 五 章　罰則

第 73 條　進口貨物不依第十六條第一項規定期限報關者，自報關期限屆滿之翌日起，按日加徵滯報費新臺幣二百元。

前項滯報費徵滿二十日仍不報關者，由海關將其貨物變賣，所得價款，扣除應納關稅及必要之費用外，如有餘款，由海關暫代保管；納稅義務人得於五年內申請發還，逾期繳歸國庫。

第 74 條　不依第四十三條規定期限納稅者，自繳稅期限屆滿之翌日起，照欠繳稅額按日加徵滯納金萬分之五。

前項滯納金加徵滿三十日仍不納稅者，準用前條第二項規定處理。

第 75 條　海關依第十三條第二項及第四十二條規定進行調查時，被調查人規避、妨礙或拒絕提供資料、到場備詢或配合調查者，處新臺幣三千元以上三萬元以下罰鍰；並得按次處罰。

第 76 條　依第五十五條規定應繳之關稅，該貨原進口時之納稅義務人或現貨物持有人，應自稅款繳納證送達之翌日起十四日內繳納；屆期不繳納者，依第七十四條第一項規定辦理。

不依第五十五條規定補繳關稅者，一經查出，除補徵關稅外，處以應補稅額一倍之罰鍰。

第 77 條　依法辦理免徵、記帳及分期繳納關稅之進口機器、設備、器材、車輛及其所需之零組件，應繳或追繳之關稅延不繳納者，除依法移送強制執行外，自繳稅期限屆滿日或關稅記帳之翌日起至稅款繳清日止，照欠繳或記帳稅額按日加徵滯納金萬分之五。但不得超過原欠繳或記帳稅額百分之三十。

第 78 條　違反第五十九條第二項規定，將保稅工廠之產品、免徵關稅之原料出廠，或將未依第五十九條第三項但書規定補繳關稅之自用機器、設備輸往課稅區者，以私運貨物進口論，依海關緝私條例有關規定處罰。

第 79 條　外銷品原料之記帳稅款，不能於規定期限內申請沖銷者，應即補繳稅款，並自記帳之翌日起至稅款繳清日止，照應補稅額，按日加徵滯納金萬分之五。但不得超過原記帳稅額百分之三十。

前項記帳之稅款，有下列情形之一者，免徵滯納金：

一、因政府管制出口或配合政府政策，經核准超額儲存原料。

二、工廠遭受天災、事變或不可抗力之事由，經當地消防或稅捐稽徵機關證明屬實。

三、因國際經濟重大變化致不能於規定期限內沖銷，經財政部及經濟部會商同意免徵滯納金。

四、因進口地國家發生政變、戰亂、罷工、天災等直接影響訂貨之外銷，經查
　　證屬實。

五、在規定沖退稅期限屆滿前已經出口，或在規定申請沖退稅期限屆滿後六個
　　月內出口者。

第 80 條　（刪除）

第 81 條　經營報關、運輸、承攬、倉儲、貨櫃集散站及其他與通關有關業務之業者，違
　　　　　反第十條第三項所定辦法中有關辦理電腦連線或電子資料傳輸通關資料之登
　　　　　記、管理或通關程序之規定者，海關得予以警告並限期改正或處新臺幣六千元
　　　　　以上三萬元以下罰鍰；並得按次處罰；處罰三次仍未完成改正者，得停止六個
　　　　　月以下之連線報關。

第 82 條　經營與海關電腦連線或電子資料傳輸通關資料業務之通關網路業者，違反第十
　　　　　條第五項所定辦法中有關營運項目、收費基準、營業時間或管理之規定者，財
　　　　　政部得予以警告並限期改正或處新臺幣十萬元以上五十萬元以下罰鍰；並得按
　　　　　次處罰；處罰三次仍未改正者，得停止六個月以下傳輸通關資料業務或廢止其
　　　　　許可。

第 83 條　載運客貨運輸工具負責人或運輸工具所屬運輸業者，違反第二十條第三項所定
　　　　　辦法中有關辦理進出口通關、執行運輸業務、通關事項管理、變更登記、證照
　　　　　之申請或換發之規定者，海關得予以警告並限期改正或處新臺幣六千元以上三
　　　　　萬元以下罰鍰；並得按次處罰；處罰三次仍未完成改正者，得停止報關。

第 83-1 條　承攬業者違反第二十條之一第二項所定辦法中有關申報內容、程序、變更登
　　　　　記、證照之申請、換發或通關事項管理之規定者，海關得予以警告並限期改正
　　　　　或處新臺幣六千元以上三萬元以下罰鍰；並得按次處罰；處罰三次仍未完成改
　　　　　正者，得停止申報貨物艙單及辦理轉運、轉口業務。

第 84 條　報關業者違反第二十二條第三項所定辦法中有關變更登記、證照申請、換發或
　　　　　辦理報關業務之規定者，海關得予以警告並限期改正或處新臺幣六千元以上三
　　　　　萬元以下罰鍰；並得按次處罰；處罰三次仍未完成改正或違規情節重大者，得
　　　　　停止六個月以下之報關業務或廢止報關業務證照。

　　　　　報關業者因報單申報錯誤而有前項情事者，於海關發現不符、接獲走私密報、
　　　　　通知實施事後稽核前，主動依第十七條第五項規定及第六項所定辦法代理納稅
　　　　　義務人或貨物輸出人申請更正報單，並經海關准予更正，免依前項規定處罰。

專責報關人員違反第二十二條第三項所定辦法中有關專責報關人員職責之規定者，海關得予以警告並限期改正或處新臺幣二千元以上五千元以下罰鍰；並得按次處罰；處罰三次仍未完成改正者，得停止六個月以下之報關審核簽證業務或廢止其登記。

第 85 條　保稅運貨工具所有人違反第二十五條第二項所定辦法中有關變更登記、證照之申請、換發或保稅運貨工具使用管理之規定者，海關得予以警告並限期改正或處新臺幣三千元以上一萬元以下罰鍰；並得按次處罰；處罰三次仍未完成改正者，得停止六個月以下裝運貨物或廢止其登記。

第 86 條　貨棧或貨櫃集散站業者違反第二十六條第二項所定辦法中有關變更登記、證照之申請、換發、貨櫃及貨物之存放、移動、通關或管理之規定者，海關得予以警告並限期改正或處新臺幣六千元以上三萬元以下罰鍰；並得按次處罰；處罰三次仍未完成改正或違規情節重大者，得停止六個月以下進儲貨櫃及貨物或廢止其登記。

第 87 條　經營快遞業務之業者辦理快遞貨物通關，違反第二十七條第二項所定辦法中有關業者資格、貨物態樣、貨物識別、貨物申報、理貨或通關程序之規定者，海關得予以警告並限期改正或處新臺幣六千元以上三萬元以下罰鍰；並得按次處罰；處罰三次仍未完成改正者，得停止六個月以下快遞貨物通關之業務。

第 87-1 條　經海關許可使用自備封條之業者，違反第二十八條之一第四項所定辦法中有關自備封條之類別、驗證基準、使用範圍、校正或管理之規定者，海關得停止其一年以下使用自備封條，情節重大者，得廢止其許可，並自廢止許可之日起一年內不得再申請使用自備封條。

第 88 條　保稅倉庫業者違反第五十八條第四項所定辦法中有關變更登記、證照之申請、換發、保稅倉庫之設備建置、貨物之存儲或管理之規定者，海關得予以警告並限期改正或處新臺幣六千元以上三萬元以下罰鍰；並得按次處罰；處罰三次仍未完成改正者，得停止六個月以下進儲保稅貨物、按月彙報或廢止其登記。

第 89 條　保稅工廠業者違反第五十九條第四項所定辦法中有關變更登記、證照之申請、換發、保稅工廠之設備建置、保稅物品之加工、管理、通關或產品內銷應辦補稅程序之規定者，海關得予以警告並限期改正或處新臺幣六千元以上三萬元以下罰鍰；並得按次處罰；處罰三次仍未完成改正者，得停止六個月以下保稅工廠業務之一部或全部、按月彙報或廢止其登記。

第 90 條　物流中心業者違反第六十條第四項所定辦法中有關變更登記、證照之申請、換發、貨物之管理或通關之規定者,海關得予以警告並限期改正或處新臺幣六千元以上三萬元以下罰鍰;並得按次處罰;處罰三次仍未完成改正者,得停止六個月以下貨物進儲、按月彙報或廢止其登記。

第 91 條　免稅商店業者違反第六十一條第四項所定辦法中有關變更登記、證照之申請、換發、貨物之管理、通關或銷售之規定者,海關得予以警告並限期改正或處新臺幣六千元以上三萬元以下罰鍰;並得按次處罰;處罰三次仍未完成改正者,得停止六個月以下免稅商店業務之經營或廢止其登記。

第 92 條　辦理外銷品沖退稅之廠商,違反第六十三條第五項所定辦法中有關沖退原料關稅計算或記帳沖銷之規定者,海關得停止廠商六個月以下之記帳。

第 93 條　依第二十條第三項、第二十條之一第二項、第二十五條第二項、第二十六條第二項、第五十八條第四項、第六十條第四項規定繳納保證金之業者,欠繳依本法規定應繳稅款、規費或罰鍰時,海關得就其所繳保證金抵繳。

保證金因前項抵繳而不足時,海關得通知於一定期限內補足差額;屆期不補足者,得停止業務之經營或廢止其登記。

第 94 條　進出口貨物如有私運或其他違法漏稅情事,依海關緝私條例及其他有關法律之規定處理。

第 六 章　執行

第 95 條　依本法應繳或應補繳之下列款項,除本法另有規定外,經限期繳納,屆期未繳納者,依法移送強制執行:

一、關稅、滯納金、滯報費、利息。

二、依本法所處之罰鍰及追繳之貨價。

三、處理變賣或銷毀貨物所需費用,而無變賣價款可供扣除或扣除不足者。但以在處理前通知納稅義務人者為限。

納稅義務人對前項繳納有異議時,準用第四十五條至第四十七條之規定。

第一項應繳或應補繳之款項,納稅義務人已依第四十五條規定申請復查者,得提供相當擔保,申請暫緩移送強制執行。但已依第四十五條規定提供相當擔保,申請將貨物放行者,免再提供擔保。

第一項應繳或應補繳之關稅,應較普通債權優先清繳。

第 96 條　不得進口之貨物，海關應責令納稅義務人限期辦理退運；如納稅義務人以書面聲明放棄或未依限辦理退運，海關得將其貨物變賣，所得價款，於扣除應納關稅及必要費用後，如有餘款，應繳歸國庫。

依前項及第七十三條第二項、第七十四條第二項規定處理之貨物，無法變賣而需銷毀時，應通知納稅義務人限期在海關監視下自行銷毀；屆期未銷毀者，由海關逕予銷毀，其有關費用，由納稅義務人負擔，並限期繳付海關。

已繳納保證金或徵稅放行之貨物，經海關查明屬第一項應責令限期辦理退運，而納稅義務人未依限辦理者，海關得沒入其保證金或追繳其貨價。

第一項海關責令限期辦理退運及前項沒入保證金或追繳貨價之處分，應自貨物放行之翌日起算一年內為之。

第 七 章　附則

第 97 條　依本法登記之貨棧、貨櫃集散站、保稅倉庫、物流中心及其他經海關指定之業者，其原由海關監管之事項，海關得依職權或申請，核准實施自主管理。

海關對實施自主管理之業者，得定期或不定期稽核。

第一項自主管理之事項、範圍、應備條件及其他應遵行事項之辦法，由財政部定之。

第 98 條　關稅納稅義務人或貨物輸出人及其關係人對於與進出口貨物有關之紀錄、文件、會計帳簿及相關電腦檔案或資料庫等資料，應自進出口貨物放行之翌日起，保存五年。

第 99 條　依本法應補徵之稅款，在財政部公告之金額以下者，得予免徵。

第 100 條　中華民國政府依法與其他國家或地區簽定之協定中，涉及關務部分，另有規定者，從其規定。

第 101 條　海關對進出口運輸工具與貨物所為之特別服務，及各項證明之核發，得徵收規費；其徵收之項目、對象、條件、金額、標準、方式及程序之規則，由財政部定之。

第 102 條　本法施行細則，由財政部定之。

第 103 條　本法自公布日施行。

二、貨物通關自動化實施辦法

名稱：貨物通關自動化實施辦法

修正日期　民國 107 年 8 月 21 日

第 一 章　總則

第 1 條　本辦法依關稅法第十條第三項規定訂定之。

第 2 條　本辦法所用名詞定義如下：

一、通關網路：指與關港貿單一窗口（以下簡稱單一窗口）連線，提供通關電子資料傳輸服務，經依通關網路經營許可及管理辦法設立供營運之網路。

二、電腦連線：指與貨物通關有關之機關、機構、業者或個人，以電腦主機、個人電腦或端末機，透過網際網路與單一窗口連線，傳輸電子資料或訊息，以取代書面文件之遞送。

三、電子資料傳輸：指與貨物通關有關之機關、機構、業者或個人，利用電腦或其他連線設備，經由通關網路透過單一窗口相互傳輸訊息，以取代書面文件之遞送。

四、連線機關：指主管有關貨物進出口之簽審、檢疫、檢驗、關務、航港、外匯或其他貿易管理，而與單一窗口電腦連線之行政機關或受各該行政機關委託行使其職權之機構。

五、連線金融機構：指受委託代收或匯轉各項稅費、保證金或其他款項，而與通關網路或單一窗口電腦連線之金融機構或經財政部指定之機構。

六、連線業者：指以電腦連線或電子資料傳輸方式傳輸電子資料或訊息，以取代書面文件遞送之報關業、承攬業、運輸業、倉儲業、貨櫃集散站業、進出口業、個人或其他與通關有關業務之業者或其代理人。

七、未連線業者：指未以電腦連線或電子資料傳輸方式傳輸電子資料或訊息，以取代書面文件遞送之前款業者或其代理人。

八、連線通關：指依照規定之標準格式，以電腦連線或電子資料傳輸方式辦理貨物進出口、轉運或轉口通關程序。

九、連線申報：指連線業者依連線通關方式依關稅法規之規定所為應行辦理或提供之各種申報、申請、繳納或其他應辦事項。

十、連線核定：指連線之海關對於前款之連線申報所為之各種核定稅費繳納證或准單之核發、補正、貨物查驗或放行之通知或其他依法所為之准駁決定，經由單一窗口傳輸之各種核定信息。

十一、線上扣繳：指連線業者與指定之連線金融機構約定開立繳納稅費帳戶，並於連線申報時在報單上「繳稅方式」之「線上扣繳」欄填記，其應納稅費、保證金或其他款項透過電腦連線作業由該帳戶直接扣繳國庫。

十二、連線轉接服務業者：指按照通關網路公告之技術規範，提供相關用戶與通關網路間為連線所需之資訊轉接服務事業。

第 3 條　以電腦連線或電子資料傳輸方式辦理通關，依本辦法之規定，本辦法未規定者，依其他有關法令之規定。

第 4 條　連線申報有關事項依關稅法第十條規定，需經海關電腦記錄者，海關得委託經營通關網路之事業或由單一窗口以其電腦檔案代為記錄。

海關實施通關自動化有關事項，除前項規定者外，得視需要委託經營通關網路之事業或由單一窗口辦理之。

第 二 章　申請程序

第 5 條　實施貨物通關自動化通關作業之關區名稱、連線作業項目及範圍，應由財政部關務署事先公告之。

第 6 條　下列連線通關文件之傳輸，應依電子資料標準格式為之：

一、進、出口報單。

二、進出口貨物稅費繳納證。

三、國庫專戶存款收款書。

四、轉運申請書。

五、轉運准單。

六、電腦放行通知。

七、進（轉）口貨物短卸、溢卸報告。

八、進口貨物進倉異常報告。

九、查驗貨物通知。

十、其他通關有關文件。

前項標準格式由財政部關務署公告之。

第 7 條　連線業者申請連線申報，應依下列方式辦理：

一、以電腦連線方式辦理者：應先於單一窗口以憑證提出註冊申請，經核准後開始連線申報等作業。

二、以電子資料傳輸方式辦理者：應先向經營通關網路之事業提出申請，經訂立契約後轉送連線之地區海關登記，並於單一窗口以憑證提出註冊申請，經核准後開始連線申報等作業。但申請者如屬報關業者，在訂立契約前應先向該地區海關報備，並取得電子郵箱號碼。

第 8 條　連線轉接服務業不得兼營報關業務，其申請、訂約及登記，準用前條第二款之規定。

第 三 章　通關程序

第 9 條　連線業者之連線申報，依第七條第一款辦理者，於輸入單一窗口之電腦記錄有案時，視為已到達海關；連線核定依通關資料庫記錄核定時點，推定已到達應受通知之人；依第七條第二款辦理者，在輸入通關網路，經電腦之檔案予以記錄時，視為已到達海關；連線核定於輸入單一窗口之電腦記錄有案時，推定已到達應受通知之人，並適用關稅法規有關規定辦理。

前項連線申報，其適用關稅法規基準日之認定，與未連線業者發生差異時，得適用最有利於連線業者之基準日。

第一項依第七條第二款辦理者，其傳輸時間及內容，當事人得向經營通關網路之事業申請證明，經營通關網路之事業不得拒絕。

連線申報及未連線申報之收單時間，得由海關另行分別訂定公告之。

第 10 條　飛機載運進口貨物抵達本國機場前；或船舶載運進口貨物抵達本國港口前，已以電子資料傳輸方式傳輸艙單者，納稅義務人得以連線申報方式預先申報進口，由海關即時辦理通關手續。其作業規定，由海關訂定公告之。

第 11 條　連線業者辦理連線申報時，應依據原始真實發票、提單或其他有關資料文件，依規定正確申報貨名、稅則號別或其他應行申報事項，製作進出口報單、艙單或其他報關文件。

第 12 條　（刪除）

第 13 條　海關對於連線通關之報單實施電腦審核及抽驗，其通關方式分為下列三種：

一、免審免驗通關：免審書面文件免驗貨物放行。

二、文件審核通關：審核書面文件免驗貨物放行。

三、貨物查驗通關：查驗貨物及審核書面文件放行。

第 14 條　依前條規定核列為免審免驗通關方式處理之貨物，於完成繳納稅費手續後，海關應以連線核定方式將放行通知傳送報關人及貨棧，報關人憑電腦放行通知及有關單證前往貨棧提領。其報關有關文件，應由報關人依關務法規規定之期限妥為保管；經海關通知補送資料者，報關人應於接到通知後三日內補送之。

經核列按文件審核通關方式處理之貨物，報關人應於接獲海關連線核定通知之翌日辦公時間終了前，補送書面報單及其他有關文件以供查核。但經海關公告得傳送文件電子檔之文件，得以連線申報方式取代書面補件。

經核列按貨物查驗通關方式處理之貨物，報關人應於接獲海關連線核定通知之翌日辦公時間終了前，補送書面報單及其他有關文件以供查驗貨物，海關並得通知貨棧配合查驗。但經海關公告得傳送文件電子檔之文件，得以連線申報方式取代書面補件。

第二項、第三項貨物之繳納稅費、放行及提領之作業方式與第一項同。其備供查核之文件如採連線申報方式辦理，並經海關電腦核銷、比對相符者，得准免予補送書面文件。

第 15 條　連線通關之納稅義務人得選擇下列各款規定方式之一繳納稅費、保證金或其他款項：

一、線上扣繳。

二、依進口貨物先放後稅實施辦法規定提供擔保，辦理先放後稅。

三、以匯款方式由往來銀行透過指定連線金融機構分別匯入國庫存款戶或海關專戶。

四、以現金向駐當地海關之代庫銀行收稅處繳納。

前項第一款及第二款規定之繳納方式，海關對於適用對象，啟用日期等事項，得視事實需要予以限制或變更。

第一項納稅義務人選擇同項第二款至第四款規定方式繳納者，應依連線核定所傳輸之稅費、保證金或其他款項應行繳納訊息，列印海關進出口貨物稅費繳納證或國庫專戶存款收款書，持憑繳納。

海關得憑連線金融機構傳輸之稅費、保證金或其他款項收訖訊息，由電腦自動核對紀錄相符後辦理放行等後續作業，免再以人工核對稅費繳納證或國庫專戶存款收款書存查聯及人工配單工作。

第 16 條　未連線業者所遞送書面報單、艙單或其他報關文件，由海關代爲輸入者，依海關徵收規費規則有關規定徵收費用。

　　　　報關業者尙未完成連線作業之期間，得暫准以提供媒體方式代替輸入，不適用前項之規定。至其提供之期間以六個月爲限，必要時得申請延長之。

　　　　連線業者除具有正當理由經海關核准者外，其所遞送書面報單、艙單或其他報關文件，由海關代爲輸入者，依海關徵收規費規則有關規定徵收費用。

第 17 條　通關網路或單一窗口記錄於電腦之報單及其相關檔案應自進出口貨物放行之翌日起保存五年，期滿予以銷毀。

　　　　通關網路記錄於電腦之艙單、出口裝船清表檔案，應自進出口貨物放行之翌日起保存五年，期滿除另有約定外予以銷毀。

第 四 章　罰則

第 18 條　連線轉接服務業者違反第八條規定兼營報關業務者，海關得依關稅法第八十一條規定，視其情節輕重，處新臺幣六千元以上三萬元以下罰鍰，並得按次處罰；處罰三次仍未完成改正者，得停止六個月以下之連線轉接服務。

第 19 條　連線業者除個人及進出口業者外違反第十一條規定者，海關得依關稅法第八十一條規定，視其情節輕重，予以警告並限期改正或處新臺幣六千元以上三萬元以下罰鍰；並得按次處罰。

第 20 條　（刪除）

第 21 條　報關人以電腦連線方式向海關辦理通關業務者違反第十四條規定，海關得依關稅法第八十一條規定，予以警告並限期改正或處新臺幣六千元罰鍰；並得按次處罰。

第 五 章 附則

第 22 條　連線業者因違反契約條款或滯欠使用費致終止或解除契約者，經營通關網路之事業應於三十日前通知海關配合註銷其連線登記。

　　　　前項情形情節輕微，僅暫時停止使用而不終止或解除契約者，經營通關網路之事業應於三日前通知海關。

第 23 條　連線通關因電信線路或電腦故障致未能開始或繼續進行者，得改以書面人工作業方式辦理。其作業方式及通關程序，由海關另行訂定公告之。

第 24 條　　未連線業者之報關，除本辦法另有規定外，不適用連線通關之規定。

第 25 條　　進出口貨物之電腦連線通關作業，依本辦法之規定辦理。但專屬於進口貨物之特別規定及機邊驗放之出口生鮮動、植物經海關核准得事後傳輸者，不在此限。

第 26 條　　實施本辦法之作業程序及報關手冊，由財政部關務署訂定並公告之。

第 27 條　　本辦法自發布日施行。

參 考 文 獻

1. 關務年報，財政部，2020 年。

2. 關務署簡報，財政部關務署，2020 年。

3. 預報貨物通關報關手冊，財政部關關務署，2021 年。

4. 今日海關，財政部關務署，2012-2021 年。

5. 中華民國輸出入貨品分類表，經濟部國際貿易局，2021 年。

6. 通關實務與法規，東華書局，2020 年。

【進口通關自動化實務－學科篇】
考試辦法

一、說明：

　(一) 證照名稱：海空運報關專業人才認證

　(二) 發證單位：高雄市報關商業同業公會

　(三) 代辦單位：宇柏資訊股份有限公司

二、辦法：

　(一) 考試對象：商學院或管理學院相關科系學生（具國際貿易課程基礎尤佳）

　(二) 考試時間：每年 5、6 月及 12、1 月舉行（以網站公告爲準）

　(三) 考試方式：學、術科一律採筆試測驗，共計 2 小時

　　　（含開放考生進場 20 分鐘、宣達考試規則 10 分鐘及筆試 90 分鐘）

　(四) 命題類型：選擇題、問答題。

　(五) 通過標準：考試成績滿分爲 100 分，成績達（含）70 分者將頒予證書

　(六) 報考費用：1. 每人 NT$1,600 元。

　　　　　　　　 2. 具備原住民、低收入戶與領有殘障手冊者，需於申請報名的同時上傳證
　　　　　　　　　　明文件，報考費每人 NT$1,000 元。

　　　　　　　　 3. 重補考生，報考費每人 NT$1,000 元。

　　　　　　　　 4. 以上報考費用，依教材封面內頁下方優惠密碼報名考試，可立即享有
　　　　　　　　　　NT$200 元折扣優惠一次，已使用過的優惠密碼不得再使用。

　(七) 報名方式：一律採線上報名，詳細報名方式及考試辦法說明請至「海空運報關專業人
　　　才證照服務網」查詢：http://cer.ipacs.com.tw/ediweb

　(八) 攜帶文件：應試當天請攜帶准考證（於考前一週至報名網站下載列印）及個人身份等
　　　雙證件進入考場，例如：身份證、學生證、健保卡、駕照等身份證明文件

　(九) 匯款方式：由宇柏資訊股份有限公司代辦收費

　　　銀行：土地銀行（005）長安分行

　　　帳號：008001078632

　　　戶名：宇柏資訊股份有限公司

　(十) 榜單發佈：考試後一個月，由發證單位公告於「海空運報關專業人才證照服務網」

三、考試其他相關說明：

　(一) 考試推薦用書：進口通關自動化實務－學科篇（全華圖書發行），本教材爲高雄市報
　　　關商業同業公會「海空運報關專業人才認證」適用教材

　(二) 最新考試辦法說明及相關訊息，請以發證單位及「海空運報關專業人才證照服務網」
　　　公告爲主，或電洽證照代辦單位：宇柏資訊股份有限公司
　　　02-25231213#115～116。

國家圖書館出版品預行編目資料

進出口通關自動化實務. 學科篇/林清和編著. --
二版. -- 新北市：全華圖書股份有限公司,
2021.10
　面；　公分
ISBN 978-986-503-954-7(平裝)
1.海關行政　2.通關自動化
568.733　　　　　　　　　110017343

進出口通關自動化實務－學科篇(第二版)

作者 / 林清和

發行人 / 陳本源

執行編輯 / 楊軒竺

封面設計 / 盧怡瑄

出版者 / 全華圖書股份有限公司

郵政帳號 / 0100836-1 號

印刷者 / 宏懋打字印刷股份有限公司

圖書編號 / 0828601

二版一刷 / 2021 年 11 月

定價 / 新台幣 400 元

ISBN / 978-986-503-954-7(平裝)

全華圖書 / www.chwa.com.tw

全華網路書店 Open Tech / www.opentech.com.tw

若您對本書有任何問題，歡迎來信指導 book@chwa.com.tw

臺北總公司(北區營業處)
地址：23671 新北市土城區忠義路 21 號
電話：(02) 2262-5666
傳真：(02) 6637-3695、6637-3696

南區營業處
地址：80769 高雄市三民區應安街 12 號
電話：(07) 381-1377
傳真：(07) 862-5562

中區營業處
地址：40256 臺中市南區樹義一巷 26 號
電話：(04) 2261-8485
傳真：(04) 3600-9806(高中職)
　　　(04) 3601-8600(大專)

（請由此線剪下）

歡迎加入 全華會員

● 會員獨享

　會員享購書折扣、紅利積點、生日禮金、不定期優惠活動…等。

● 如何加入會員

　掃 QRcode 或填妥讀者回函卡直接傳真 (02) 2262-0900 或寄回，將由專人協助登入會員資
　料，待收到 E-MAIL 通知後即可成為會員。

如何購買 全華書籍

1. 網路購書

　全華網路書店「http://www.opentech.com.tw」，加入會員購書更便利，並享有紅利積點
　回饋等各式優惠。

2. 實體門市

　歡迎至全華門市（新北市土城區忠義路 21 號）或各大書局選購。

3. 來電訂購

　(1) 訂購專線：(02) 2262-5666 轉 321-324
　(2) 傳真專線：(02) 6637-3696
　(3) 郵局劃撥（帳號：0100836-1　戶名：全華圖書股份有限公司）
　※ 購書未滿 990 元者，酌收運費 80 元。

OpenTech 全華網路書店 .com.tw

全華網路書店 www.opentech.com.tw
E-mail: service@chwa.com.tw

※ 本會員制如有變更則以最新修訂制度為準，造成不便請見諒。